U0036904

中部的秘境、打卡聖地特別多，
請盡情享受您的愜意の旅。

攝於石川縣
金沢城公園

序

由開始撰寫第一本版遊書至今，只不過是一年半的時間，我卻要推出第三本作品，實在很奇妙。為了將美好的遊歷公諸同好，我在這年半內全神貫注地筆耕，即使早前身體不適留院，仍然在病床中撰寫新潟縣的打卡秘境，為了圓夢我已變得瘋狂。有一位朋友看過《日本關東》後，在其 IG 寫道：「作者打從心底喜愛日本」，我給她 100 分。天有不測之風雲，在餘下的生命裡，我只想做我所喜歡做的事，努力實現夢想，讓這生不會有遺憾。

作為一個新手作者，無可避免會遇上不少困難，感恩得到讀者的支持和親朋老師在背後的給力，也幸運地遇上一位心靈與我漸漸融為一體的設計同事，才令我可在短期內出版三本作品，創造了奇蹟，我無言感激。

過去幾年受疫情影響下遊客銳減，許多景點設施都利用這段時間重新包裝，務求以嶄新形象來吸引更多遊客垂青。因此，我在本書出版前專程重遊了多個縣市，拍攝了很多景點的全新相片，致力向讀者提供最新的資訊。此外，我還走訪了不少飲食店及不斷試食，這些依舊保持水準的地道美食和新發掘的名物都會推介給讀者。不過，由於《日本中部》囊括九個縣，包含的景點實在太多，所以受頁數所限，各地美食會在 FooSan 日記的社交頻道中介紹，敬請訂閱及關注。

祝願各位讀者朋友，未來的旅程一次比一次精彩。

2023 年 6 月

第三集～中部篇

　　日本中部即是指東海及北陸甲信越地區，包括愛知、岐阜、靜岡、山梨、長野、新潟、富山、石川及福井合共九個縣。中部地區有很多世界知名的觀光地，如白川鄉、飛驒高山、金沢、立山黑部、上高地及富士五湖等，而書內亦有不少隱世秘境未被廣泛關注，所以想玩盡中部，絕對要多遊幾次。

　　由於中部涉及多縣，到不同縣地遊覽必須留意應該以哪個機場為出發點，並非一定要乘搭前往中部國際機場（名古屋）的航班，例如遊覽靜岡（伊豆）、山梨、長野、新潟等地就應該由東京出發。各位規劃行程時，可以參考書中所列的交通時間和所需的費用。

特別提示

- 日本沒有 G/F（地下），地下即是 1/F（一樓），本書跟隨日本用法。
- 車站名稱、巴士站名稱及地址等，刻意沿用日文，方便讀者辨識。
- 交通方面特別是巴士的班次及時間經常會更改，因此本書不會列出交通時間表，但有列明有關官方網站，以供讀者查閱最新安排。
- 本書所有景點設施的開放日期、時間、收費及車資等，均為撰書時所得的資訊以供參考，日後或會作出調整。

有關各地美食介紹，
請瀏覽「# FooSan 日記」社交頻道

🔍 FooSan 日記 📘 📷 ▶️

4

5

目錄 Contents

📍 **1. 愛知縣 Aichi**

P.10　名古屋
P.26　犬山
P.30　長久手
P.33　知多半島
P.39　三河地區

📍 **2. 岐阜縣 Gifu**

P.48　下呂溫泉
P.52　高山市
P.62　白川鄉
P.66　岐阜市・大垣市
P.70　多治見市・惠那市・中津川市

📍 **3. 靜岡縣 Shizuoka**

P.80　熱海市
P.92　三島市・沼津市・御殿場市
P.98　伊豆
P.104　伊東市
P.112　河津町
P.115　下田市
P.119　浜松市

📍 **4. 山梨縣 Yamanashi**

P.126　富士五湖
P.146　甲府
P.153　笛吹市
P.158　清里高原

📍 **5. 長野縣 Nagano**

P.164　輕井沢
P.169　長野市
P.173　小布施
P.175　山ノ內町
P.178　白馬村
P.184　松本
P.192　駒ヶ根
P.195　飯田市・阿智村

📍 **6. 新潟縣 Niigata**

P.202　新潟市
P.210　新發田
P.212　佐渡
P.218　彌彥
P.222　越後湯沢
P.225　十日町
P.231　上越

標誌涵義
📍 地址　　🆑 休息　　📖 交通　　🐦 Twitter　　🕐 開放時間
📞 電話　　🏠 住宿　　🌐 網址　　💲 入場費　　📘 Facebook
🍴 餐廳營業時間　　🏛 博物館開放時間　　🛍 購物中心營業時間

日本海

N

太平洋

📍 **7. 富山縣** Toyama

P.234 富山市
P.243 立山黑部
P.252 黑部市
P.257 高岡市・射水市・冰見市
P.268 五箇山

📍 **9. 福井縣** Fukui

P.318 福井市及周邊
P.330 越前海岸・越前町
P.334 敦賀市
P.339 若狹町・小浜市

📍 **8. 石川縣** Ishikawa

P.274 金沢
P.287 能登半島
P.304 加賀溫泉郷

📍 新潟縣

📍 石川縣

📍 富山縣

📍 福井縣

📍 岐阜縣

📍 長野縣

山梨縣
📍 山梨縣

📍 愛知縣

📍 静岡縣

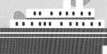

愛知縣

Aichi

愛知縣與靜岡縣、長野縣、岐阜縣及三重縣接鄰，是中部的**工商業及經濟重地**。其首府名古屋位處在東京和大阪之間，是**貫穿東西方的重要交通樞紐**，因此繁榮程度絕對不遜東京和大阪。名古屋是集結購物餐飲消閒娛樂設施的大都會，而在知多半島和三河地區也隱藏了許多治癒身心的景點，如可以體驗日本遺產常滑燒的陶器散步道、滿山紅葉的香嵐溪和坐擁絕美海景的溫泉鄉等。愛知縣還是戰國三名將的誕生地，清洲城、犬山城、岡崎城和名古屋城都是歷史迷的聖地。

🌐 愛知縣觀光情報：https://www.aichi-now.jp/

9

"名古屋"
♀Nagoya

名古屋市是愛知縣的首府，也是中部地區最大的都市，交通網絡十分完善。名古屋市的人口眾多，僅次於東京、横濱和大阪，在全國排行第四，所以市內熱熱鬧鬧，觀光景點很多元化。大型商場、商店街、樂園、水族館、動物園、神社、庭園、城郭等，購物娛樂餐飲場所多不勝數。戰國時期三大武將當中的織田信長和豐臣秀吉，都是出身於名古屋，市內亦有與他們相關的觀光地，在繁華的城市中滲透著歷史氣息。

🚄 (1) JR東京駅 → JR名古屋駅（東海道新幹線，約1小時40分鐘，¥11,700(指定席)）
(2) JR新大阪駅 → JR名古屋駅（東海道新幹線，約50分鐘，¥7,080(指定席)）
(3) JR京都駅 → JR名古屋駅（東海道新幹線，約34分鐘，¥6,310(指定席)）
(4) 中部國際空港 → 名鐵名古屋駅（名鐵ミュースカイ，約28分鐘，¥1,250(指定席)）（名鐵空港線（特急），約37分鐘，¥890）

🌐 名古屋觀光情報：https://www.nagoya-info.jp/
JR東海：http://jr-central.co.jp/
名古屋鐵道：http://www.meitetsu.co.jp/
名鐵巴士：http://www.meitetsu-bus.co.jp/

名古屋地下鐵

名古屋市內的交通工具有JR、名鐵、地下鐵及觀光循環巴士等。但遊覽市內的景點，覆蓋最廣是具有6條路線的地下鐵（單程收費¥210至¥340）。如果前往多個地方，建議購買地下鐵全線一日乘車券以節省車資。

🎫 地下鐵全線一日乘車券：成人¥760、小童¥380
🌐 名古屋地下鐵：https://www.kotsu.city.nagoya.jp/jp/pc/subway/

1 新幹線地下街ESCA

~ 美食店特別多

　ESCA 是距離名古屋駅新幹線出口最近的地下商店街，位處就在太閣通口，購物和用餐都很方便。這裡匯聚各式名古屋特色美食店，還有地道特產、服飾店、藥妝店、紀念品店等共80 多間，環境寬敞舒適，十分好逛。

- 📍 愛知県名古屋市中村区椿町 6 − 9 先
- 📞 +81-52-459-0380
- 🕐 商店 10:00-20:30；Café 7:00-22:30；餐廳 10:00-22:30；
- 🚫 1 月 1 日、2 月第 3 個星期四及 9 月第 2 個星期四
- 🌐 https://www.esca-sc.com/
- 🚉 JR「名古屋」駅（太閣通口）即到達。

2 MIDLAND SQUARE

~ 全國最高室外展望台

　於 2006 年開幕的 MIDLAND SQUARE，高度 247 米，是現時中部地區最高的大樓，在日本全國則排名第 7 高。MIDLAND SQUARE 分為商場及辦公大樓兩部分。商場部分連地庫共 6 層高，匯集了世界高級品牌商店、餐廳和電影院等 60 間店鋪。而位於辦公大樓的 44 至 46 樓的 Sky Promenade，是全國最高的室外展望台，能從 220 米的高處以 360 度無阻擋觀賞名古屋市的全景，在晚間每隔 30 分鐘還有噴霧安排，結合璀璨夜景，變換著多種色彩的霧氣營造出夢幻的空間。

MIDLAND SQUARE 商場入口。

於辦公大樓乘搭 E 升降機可直達 42 樓 Sky Promenade 售票處。

從 Sky Promenade 能俯瞰名古屋市的全景。

- 📍 愛知県名古屋市中村区名駅 4 丁目 7 − 1
- 📞 +81-52-527-8877
- 🕐 商店 11:00-20:00；餐廳 11:00-23:00；Sky Promenade 11:00-22:00（7 月至 9 月 11:00-23:00；1 月至 2 月 13:00-21:00，12 月 31 日 11:00-18:00）
- 🚫 年中無休
- 💲 成人 ¥800，中學生及 65 歲以上 ¥500，小學生 ¥300（一日券：成人 ¥1,100，中學生及 65 歲以上 ¥800，小學生 ¥600）
- 🌐 https://www.midland-square.com/
- 🚉 JR「名古屋」駅（桜通口）即到達。

3 JR Central Towers · JR Gate Tower

位於 JR 名古屋駅正上方兩座高聳的大樓 JR Central Towers 及 JR Gate Tower，是集結酒店、辦公室、百貨公司和餐廳於一身的綜合商業設施，當中最為人熟悉的有 Tokyu Hands、高島屋、Bic Camera 及三省堂等，由於位置方便，終日人潮旺盛。

📍 愛知県名古屋市中村区名駅一丁目1番4号
📞 +81-52-586-7999
🕐 各店有異
🅲 各店有異
🌐 https://www.towers.jp/
🚉 JR「名古屋」駅直達。

4 名鐵百貨店

～型格 Nana 人人愛

名鐵百貨店為名古屋鐵道轄下經營的老牌百貨公司，分為男士館及本館兩座大樓。男士館當然主要銷售男士服飾用品；本館則銷售女士服飾、化妝品、手袋及雜貨外，還招攬了名古屋招牌美食的分店進駐，如矢場とん、山本屋總本家等。在男士館入口前方，有一個於 1973 年誕生的 Nana 人形，高度6米，隨著季節會更換新裝，盡顯時尚型格，成為深受喜愛的地標。

📍 愛知県名古屋市中村区名駅 1-2-1
📞 +81-52-585-1111
🕐 10:00-20:00；餐廳 11:00-23:00
🅲 1月1日
🌐 https://www.e-meitetsu.com/
🚉 JR「名古屋」駅（桜通口）徒步5分鐘／「名鉄名古屋駅」（西口）直達。

5 豐田產業技術紀念館

（トヨタ産業技術記念館）

提到豐田，就令人聯想起汽車，但其實豐田最初是經營紡織業。豐田在其集團發祥地的珍貴廠房上，開設了豐田產業技術紀念館，傳達從明治時代至今的豐田企業歷史演變。館內大致分為「纖維機械館」和「自動車館」兩部分。訪客可以在大正時代建造的紡紗廠內，了解紡織機械和技術的進步；也可在7,900平方米的廣闊展廳中，參觀豐田汽車歷代產品和了解豐田汽車發展史，實在令人大開眼界。

現作為紀念館的紅磚建築物是昔日豐田紡織株式會社的工廠。

纖維機械館內有多名職員為來訪者介紹展品的特色。

在紀念館的入口處，重點展示由豐田集團創始人豐田佐吉在1906年發明的環狀織布機。

- 愛知縣名古屋市西區則武新町 4-1-35
- +81-52-551-6115
- 9:30-17:00
- 星期一（公眾假期則順延至翌日）及年末年始
- 成人 ¥500，65 歲以上及中學生 ¥300，小學生 ¥200
  ※ 與（長久手）豐田博物館共通券：成人 ¥1,400，65 歲以上 ¥740，中學生 ¥640，小學生 ¥460
- http://www.tcmit.org/
- 名鐵「榮生」駅徒步 3 分鐘。
  ※ 名鐵名古屋駅→榮生駅（名鐵犬山線，約 2 分鐘，¥170）

自動車館內展示著數十部歷代豐田汽車，車迷看到一定好興奮。

6 大須觀音

～日本三大觀音

大須觀音始創於 1324 年，屬真言宗智山派，正式名稱為北野山真福寺寶生院，但當地人普遍稱其為大須觀音，與淺草觀音及津觀音並稱為日本三大觀音。寺內除了供奉觀音之外，大須文庫亦收藏著 15,000 冊珍貴的典籍，包括國寶《古事記》手稿。每月 18 日和 28 日為「緣日」，境內會舉辦古董市場，許多市民都會前來湊熱鬧。

本堂（大悲殿）在明治時期的大須大火和戰爭中被毀，現在的本堂是 1970 年重建的。

- 愛知縣名古屋市中區大須 2 丁目 21 - 47
- +81-52-231-6525
- 24 小時
- 年中無休
- 免費
- http://www.osu-kannon.jp/
- 地下鐵「大須觀音」駅（2 號出口）即到達。
  ※ 名古屋駅→伏見駅→大須觀音駅（地下鐵東山線·鶴舞線，約 10 分鐘，¥210）

7 大須商店街 ~大人氣商店街

大須觀音旁邊的大須商店街，是從大須二丁目延伸到三丁目的大型商店街，在大須觀音通、大須本通、仁王門通、門前町通、萬松寺通、東仁王門通、新天地通及赤門通的多條街道兩旁，約有1,200間商鋪林立，包括有經典名古屋美食店、多國餐廳及咖啡店，也有從最新潮流到獨特的二手服飾、生活雜貨、電器等商品，被譽為名古屋最熱鬧的商店街，是遊客必訪之地。

商店街附近有一座樓高四層的DAISO，是地域最大級的￥100店。

📍 愛知縣名古屋市中區大須2丁目~3丁目　📞 +81-52-261-2287（大須商店街連盟）
🕐 各店有異　🅲 各店有異　🌐 http://osu.co.jp/　🚇 地下鉄「大須觀音」駅和「上前津」駅之間。

8 鶴舞公園 ~百年歷史賞櫻公園

於1909年開園的鶴舞公園，是名古屋的首個都市公園。園內的西側是噴泉塔和西式庭園，東側也有蝴蝶池和龍池的日式庭園，和洋文化融合的明治風格，被指定為「日本歷史公園100選」及「國家登錄紀念物」，歷史價值備受關注。公園裡遍植四季花草，玫瑰、鳶尾、繡球花、楓葉都十分漂亮，而春天約750棵櫻花盛放之美麗風景最受歡迎，是市民鍾愛的賞櫻之地。

蝴蝶池是迴遊式日本庭園。

櫻花漫天飛舞，多麼漂亮，果真是賞櫻名所。

奏樂堂具有意大利文藝復興時期的建築風格。

和洋風格的噴泉塔是鶴舞公園的象徵。

📍 愛知縣名古屋市昭和區鶴舞1　📞 +81-52-751-5128
🕐 24小時　🅵 免費　🌐 https://tsurumapark.info/
🚇 JR‧地下鉄「鶴舞」駅即到達。
　※ 名古屋駅→鶴舞駅（JR中央本線，約7分鐘，￥190）
　※ 名古屋駅→伏見駅→鶴舞駅（地下鉄東山線‧鶴舞線，約15分鐘，￥240）

9 久屋大通公園 ~ 全新休閒場所

位於名古屋市中心繁華地區的久屋大通公園,以嶄新面貌於 2020 年秋季開幕,增設了來自國內外約 35 間人氣店舖,提供時尚及運動服飾、美食等多種商業設施,打造成綠色公園與特色商店融合一體的休閒新場所。

📍 愛知県名古屋市中区丸の内 3 丁目、錦 3 丁目
📞 +81-52-265-5575
🕐 各店有異 ⏰ 各店有異
🌐 https://rhp.nagoya/
🚇 地下鉄「久屋大通」駅或「栄」駅下車即到達。
　※ 名古屋駅→久屋大通駅（地下鉄桜通線,約 5 分鐘,¥210）
　※ 名古屋駅→栄駅（地下鉄東山線,約 5 分鐘,¥210）

10 Oasis 21 (オアシス 21)

位於久屋大通公園旁邊的 Oasis 21,外觀獨特如宇宙飛船,自 2002 年落成至今,仍然是名古屋市內具代表性建築之一。Oasis 21 是一座綜合商業設施。在地庫的「銀河之廣場」上,經常舉辦不同推廣活動,兩旁則有 30 間各式商店及餐廳;一樓是「栄巴士總站」;二樓是擁有廣闊草坪的「綠之大地」;頂層就是觀景台「水之宇宙船」。

~ 栄の地標

在銀河之廣場兩旁有多間商店和餐飲店。

從 MIRAI TOWER 俯瞰的 Oasis 21。

在晚間從水之宇宙船上觀賞亮燈後的 MIRAI TOWER,格外美麗。

📍 愛知県名古屋市東区東桜 1 丁目 11-1　📞 +81-52-962-1011
🕐 商店 10:00-21:00;餐廳 10:00-22:00;銀河之廣場 6:00-23:00;水之宇宙船 10:00-21:00;綠之大地 24 小時
⏰ 年中無休　🌐 https://www.sakaepark.co.jp/　🚇 地下鉄「栄」駅（東口）直達。

15

11 NHK 名古屋放送體驗

位於 Oasis 21 旁邊的 NHK 名古屋放送中心大樓內,設有免費讓公眾參觀的設施。雖然規模不大,但可以看到一些電視節目的道具佈景及隨意拍照留念,又可體驗當主播的樂趣,有時間可以去開心一番。

📍 愛知縣名古屋市東區東櫻 1-13-3 NHK 名古屋放送センタービル 1 階　　📞 +81-52-952-7291
🕐 10:00-17:00　　🅲 星期一(公眾假期則順延至翌日)、2 月及 8 月第 1 個星期日及 12 月 29 日至 1 月 3 日
💰 免費　　🌐 http://www.nhk.or.jp/nagoya/　　🚇 Oasis 21 旁邊。

12 中部電力 MIRAI TOWER

(名古屋電視塔)

於 1954 年落成的名古屋電視塔,高 180 米,是日本第一座電波鐵塔,雖然它已不再擔起傳送電波的使命,但仍然是市內具代表性的地標。近年鐵塔更採用了世界首創的抗震施工方法修復保養,再於 2020 年 9 月重開,並換上「中部電力 MIRAI TOWER」的嶄新名字。重新面世的鐵塔內,除了有餐飲店和手信店外,4 樓至 5 樓更打造成別具特色的 The Tower Hotel。距離地面 90 米高的室內展覽台和 100 米高的室外展覽台,同樣可以一覽名古屋的全景。

室內展覽台的裝飾擺設十分舒適。

腳下的久屋大通公園一覽無遺。

室外展覽台被選定為「戀人之聖地」。

📍 愛知縣名古屋市中區錦三丁目 6-15 先
📞 +81-52-971-8546　　🕐 10:00-21:00;星期六 10:00-21:40　　🅲 年中無休
💰 成人 ¥1,300,小／中學生 ¥800　　🌐 http://www.nagoya-tv-tower.co.jp/
🚇 地下鐵「久屋大通」駅(4B 出口)即到達／地下鐵「榮」駅(3 號、4 號出口)徒步 3 分鐘。

13 SUNSHINE SAKAE

～獨特摩天輪商場

於 2005 年開業的 SUNSHINE SAKAE，是一座共有 7 樓層的商業設施，大樓內有美容店、髮型屋、咖啡店及 SKE48 劇場等。雖然商場好像欠缺吸引力，不過這裡附有一座全透明的 Sky-Boat 摩天輪，只要付上 ¥600，就可以在繁榮的鬧市中感受漂浮在天空中的感覺。如購物逛累了，可以讓雙足休息，眼睛看風景，不失為一個開心的特備節目。

- 🏠 愛知県名古屋市中区錦 3-24-4
- 🕐 各店有異；Sky-Boat 12:00-22:00
- 💰 Sky-Boat ¥600，3 歲以下免費（1 周需時 15 分鐘）
- 🌐 http://www.sunshine-sakae.jp/index.html
- ☎ +81-52-310-2211
- 📅 各店有異
- 🚇 地下鉄「栄」駅（8 號出口）即到達。

---

14 名古屋城

～日本三大名城

名古屋城是由德川家康下令建造，於 1612 年落成，此後一直是德川三家的居所。於 1945 年的名古屋空襲中，城堡大部分建築物化為灰燼，只有西南隅櫓和東南隅櫓等六座建築保留了尾張時代的風貌。直到 1959 年，裝飾著金鯱的七層大天守和小天守重建落成，恢復了昔日德川家的威嚴。而曾被指定為國寶第一號的本丸御殿，也根據昔日的文獻圖紙重建，並於 2018 年落成向公眾開放。名古屋城也是著名的賞櫻勝地，每到春季城內約 1,000 棵櫻花盛開，城郭與櫻花的構圖十分漂亮。

為 加強抗震能力，天守閣已於 2018 年 5 月起關閉並進行木造結構修復工程，至撰書為止仍未能內進參觀，但名古屋城在此期間照常開放。

天守閣絕對是打卡熱點，在櫻花映襯下格外美麗。

- 🏠 愛知県名古屋市中区本丸 1－1
- ☎ +81-52-231-1700
- 🕐 9:00-16:30；天守閣・本丸御殿 9:00-16:00
- 📅 12 月 29 日至 1 月 1 日
- 💰 成人 ¥500，中學生以下免費
  （※ 與德川園共通券 ¥640）
- 🌐 https://www.nagoyajo.city.nagoya.jp/
- 🚇 地下鉄「名古屋城」駅（7 號出口）徒步 5 分鐘。
  ※ 名古屋駅 → 栄 → 名古屋城駅（地下鉄東山線・名城線，約 12 分鐘，¥240）

於 2018 年重建而成的本丸御殿，最初建於 1615 年，於 1930 年曾與天守閣一同被指定為國寶。

城內千棵櫻花怒放，美極了！

適逢櫻花祭來訪，數十攤檔美食在前，好氣氛，真開心！

17

15 德川園

建於1900年的黑門，是尾張德川家宅邸的珍貴遺物。

由全檜木建造而成的虎仙橋，也是攝影師的至愛。

德川園本是建於1695年的大曾根宅邸，昔日是德川三家之一的尾張藩二代藩主德川光友的隱居所。於1931年，第19代當家捐贈予名古屋市，經修葺後翌年向公眾開放。佔地面積2.3公頃的德川園，是一座池泉迴遊式的日式庭園，擁有岩石、瀑布、溪流、龍仙湖、牡丹園等，自然景觀豐富多彩，尤其秋季紅葉滿園的景象特別迷人。

龍仙湖是德川園的代表風景。

落差6米的大曾根瀑布，從三段不同形態的岩石落下，水花飛濺。

📍 愛知縣名古屋市東區德川町1001
📞 +81-52-935-8988
🕐 9:30-17:30
🚫 星期一（公眾假期則順延至翌日）及12月29日至1月1日
💴 成人￥300，中學生以下免費　🌐 https://www.tokugawaen.aichi.jp/
🚃 (1) JR「大曾根」駅（南口）徒步10分鐘（名古屋站→大曾根駅，JR中央本線，約12分鐘，￥200）
　　(2) 地下鐵「大曾根」駅（3號出口）徒步15分鐘（榮駅→大曾根駅，地下鐵名城線（右回り），約14分鐘，￥240）

16 東山動植物園
～飼養動物種類最多

東山動植物園的正門入口。

於1937年開園的東山動植物園，佔地約60公頃，是集結動物園、植物園及遊樂園於一體的綜合性公園。動物園內飼養著500多種動物，據說是全國飼養動物種類最多的動物園，無論是獅子、老虎、大象、長頸鹿、猩猩、樹熊、企鵝等，都帶給訪客很多歡樂。植物園種植了7,000種四季植物，除有花田、梅園、玫瑰園、大溫室外，還有約100品種共1,000棵的櫻花迴廊在春天綻放色彩，美麗至極。

📍 愛知縣名古屋市千種區東山元町3丁目70
📞 +81-52-782-2111
🕐 9:00-16:50
🚫 星期一（公眾假期則順延至翌日）及12月29日至1月1日
💴 成人￥500，中學生以下免費
　　（※ 與東山Sky Tower共通券￥640）
🌐 http://www.higashiyama.city.nagoya.jp/
🚃 地下鐵「東山公園」駅（3號出口）徒步3分鐘。
　　※ 名古屋駅→東山公園駅（地下鐵東山線，約18分鐘，￥270）

17 東山 Sky Tower

（東山スカイタワー）

Sky Tower 是東山動植物園附屬的展望塔，於1989年為紀念名古屋建市100周年而建。塔中的展望室距離地面100米高，由於 Sky Tower 位處80米的小山丘上，所以訪客實際是從180米的高處欣賞城市的風景。在晴朗的日子裡，還可以看到遠處的御嶽山、鈴鹿山脈和阿爾卑斯山脈。這裡夜景也很精彩，更被選為「日本夜景遺產」和「夜景100選」之一。

📍 愛知県名古屋市千種区田代町瓶杁1－8
📞 +81-52-781-5586
🕐 9:00-21:30
📅 星期一（公眾假期則順延至翌日）及年末年始
💴 成人 ¥300，中學生以下免費
　（※ 與東山動植物園共通券 ¥640）
🌐 http://www.higashiyamaskytower.jp/
🚇 地下鉄「東山公園」駅徒步15分鐘。

遊樂園有十多種機動遊戲設施。

18 白鳥庭園 ~築園風格精心細膩

清羽亭是由京都和尾張的工匠使用天然材料建造的正宗數寄屋建築。

於1991年開園的白鳥庭園，面積約3.7公頃，是東海地區最大的池泉迴遊式日本庭園。這裡看起來就像中部地區的地形般，假山好比御嶽山，水流好比木曾川，流入池塘就好比伊勢灣，築園風格別具精心。春櫻、秋葉和冬雪，庭園隨季節變換，呈現出不同的美景。位於庭園中央的清羽亭，儼如一隻天鵝俯衝下來，外觀優美。遊客可到汐入的庭品嘗抹茶菓子，細賞隨著潮起潮落而變化的景色。

- 📍 愛知県名古屋市熱田区熱田西町2－5
- 📞 +81-52-681-8928
- 🕐 9:00-17:00
- C 星期一（公眾假期則順延至翌日）及12月29日至1月3日
- 💰 成人￥300，中學生以下免費
- 🌐 http://www.shirotori-garden.jp/
- 🚇 地下鉄「熱田神宮西」駅（4號出口）徒步10分鐘。
- ※ 名古屋駅→栄駅→熱田神宮西駅
  （地下鉄東山線．名城線，約24分鐘，￥240）

園內的溪流美景，賞心悅目。

19 熱田神宮

~1,900年歷史的著名神宮

創建於景行43年（113年）的熱田神宮，自古以來供奉著熱田大神而備受崇敬，是繼伊勢神宮之後被尊為守護國家的神宮。熱田大神即指草薙神劍，正式名稱為天叢雲劍，是作為皇位繼承的三大神器之一。在約19萬平方米的境內，種植著樹齡超過1,000年的神木，氣氛肅穆神聖。而草薙館和寶物館收藏著許多珍貴的刀劍和6,000多件重要寶物，當中170多件是被登錄為國家和愛知縣指定文化財產，值得參觀。

據說這棵千年神木大楠是由弘法大師親手栽種。

本宮內供奉著熱田大神，草薙神劍就是收藏在內。

- 📍 愛知県名古屋市熱田区神宮1丁目1－1熱田神宮
- 📞 +81-52-671-4151
- 🕐 24小時；寶物館及草薙館9:00-16:30
- C 寶物館每月最後的星期三、四及12月25日至31日；草薙館不定休
- 💰 免費；寶物館及草薙館分別收費 成人￥500，小／中學生￥200（兩館共通券 成人￥800，小／中學生￥300）
- 🌐 https://www.atsutajingu.or.jp/jingu/
- 🚇 (1)名鉄「神宮前」駅徒步3分鐘（名鉄名古屋駅→神宮前駅，名古屋本線，約7分鐘，￥230）。
  (2)地下鉄名城線「熱田神宮西」駅徒步7分鐘。

20 名古屋港水族館

~日本最大級水族館

名古屋港水族館於 1992 年開館,分為南館和北館。南館以南極之旅為主題,設有從日本到南極的 5 個海域,介紹棲息在其中的生物及自然環境。北館則主要介紹鯨魚的進化過程,也可以在日本最大的水池中看到極具人氣的海豚表演。水族館擁有 500 多種約 5 萬隻海洋生物,包括白鯨、殺人鯨、企鵝、海龜、五顏六色的熱帶魚等,而五彩繽紛的珊瑚和夢幻般的水母世界亦相當吸睛。

觀賞海豚和虎鯨表演的水池是全國最大級,觀眾席可容納 3,000 人。

水族館門外的企鵝郵筒,真的卡娃伊啊!

在黑潮大水槽中可以看到數以萬計的沙甸魚群,十分震撼。

📍 愛知縣名古屋市港区港町 1-3
📞 +81-52-654-7080
🕐 3 月下旬至 11 月 9:30-17:30;
12 月至 3 月中旬 9:30-17:00;
黃金周及暑假 9:30-20:00
📅 星期一(公眾假期則順延至翌日)
(黃金周及春假不休息)
💴 成人 ¥2,030、小/中學生 ¥1,010,
幼兒(4 歲以上)¥500
🌐 https://nagoyaaqua.jp/
🚇 地下鉄「名古屋港」駅(3 號出口)
徒步 5 分鐘。
※ 名古屋駅→栄駅→名古屋港駅
(地下鉄東山線・名城線(左回
り)/名港線,約 30 分鐘,
¥270)

在極光之海可以觀賞白鯨優雅的泳姿。

南極之海的可愛企鵝深受小朋友歡迎。

寶物館收藏著 6,000 多件歷史文物,定期會更換展品。

2021 年 6 月建成的草薙館,館內展示著熱田神宮供奉的歷代名刀。

2021 年 7 月落成的やすらぎ廣場,是設有紀念品店及食店的休息地方。

21

21 リニア・鉄道館

~鐵道迷朝聖之地

JR鐵道公司於 2011 年在名古屋開設了「リニア・鉄道館」，館內以東海道新幹線為中心，展示著從普通列車到磁浮列車共 39 輛曾經在軌道上運行的列車，詳盡說明高速鐵道技術進步的歷程，充滿魅力。訪客還可以參與模擬駕駛體驗，以及參觀日本最大的鐵路立體模型等，總之樂趣多多，是鐵道迷朝聖之地。

室內屋館可以欣賞到許多退役多年的列車，十分難得。

📍 愛知縣名古屋市港区金城ふ頭 3 丁目 2－2
📞 +81-52-389-6100　🕙 10:00-17:30
📅 星期二（公眾假期則順延至翌日）及 12 月 28 日至 1 月 1 日
🎫 成人 ¥1,000、小／中學生 ¥500，幼兒（3 歲以上）¥200
🌐 https://museum.jr-central.co.jp/
🚃 臨海高速鉄道あおなみ線（Aonami 線）「金城ふ頭」駅下車後徒步 2 分鐘
　※ 名古屋駅→金城ふ頭駅（あおなみ線，約 24 分鐘，¥360）

蒸汽火車與子彈火車並列，相映成趣。

鐵道模型精緻逼真。

歷史展示室詳盡介紹鐵道的發展進程，資料豐富。

22 LEGOLAND JAPAN

~ 日本初 LEGO 樂園

LEGOLAND Japan 於 2017 年 4 月 1 日在名古屋金城碼頭開幕，是日本首個以 LEGO 為主題的樂園。整個樂園共有 8 個不同主題的區域，包括 Factory、Bricktopia、Adventure、LEGO City、Knight's Kingdom、Pirate Shores、Miniland 及 Ninjago World。樂園使用了約 1,700 萬塊 LEGO 組成 10,000 個模型，日本各地為人熟悉的風景和城市景觀都呈現眼前，十分精彩。這裡擁有超過 40 多個遊樂項目和表演，還有劇院、餐飲設施、商店等，完全能讓人沉醉在 LEGO 的世界裡，盡情享受歡樂時光。

📍 名古屋市港区金城ふ頭二丁目 7 番地 1
📞 +81-50-5840-0505
🕐 10:00-16:00 / 17:00
　（黃金周至 18:00）
🅲 不定休
💰 成人 ¥5,000 至 ¥7,400，
　小童（3 歲至 12 歲）¥3,700 至 ¥4,800

🌐 https://www.legoland.jp/
🚉 あおなみ線（Aonami 線）
　「金城ふ頭」駅下車後徒步 8 分鐘。

忠實粉絲還可以選擇在
LEGOLAND HOTEL 住宿呢！

~織田信長的居城

清洲城最初建於 1405 年。戰國名將織田信長於 1555 年佔領了清洲城，作為其統一全國的據點。由於德川家康於 1610 年下令建造名古屋城而需要大量建材，因此當時許多城樓包括清洲城遭到拆掉。現在的清洲城天主閣是在 1989 年重建而成的四層高城樓，內裡展示了清須市的文物和介紹城樓的歷史，也可從展望台一覽周邊的城市風貌。據說舊城址其實是城樓附近的清洲公園，遊畢清洲城後，別忘記到清州古城跡感受更深厚的歷史文化氣息。

清洲城是日本戰國時期的名城之一。

📍 愛知縣清須市朝日城屋敷 1-1　　📞 +81-52-409-7330
🕐 9:00-16:30　　📅 星期一（公眾假期則順延至翌日）及 12 月 29 日至 12 月 31 日
💴 成人 ¥300，小 / 中學生 ¥150　　🌐 https://www.city.kiyosu.aichi.jp/index.html
🚃 名鉄「新清洲」駅／ JR「清洲」駅徒步約 15 分鐘。
　　※ 名鉄名古屋駅→新清洲駅（名鉄名古屋本線（急行），約 10 分鐘，¥240）
　　※ 名古屋駅→清洲駅（ JR 東海道本線，約 7 分鐘，¥200）

從展望台可以欣賞四周風光，了解附近一帶的地貌。

城樓內有不少展品，當中金鯱最吸引。

在清洲古城跡內，有一座供奉織田信長的小神社。

24 有松町

～江戶時代風情小鎮

位於名古屋市綠區的有松町，昔日是連接江戶和京都的舊東海道池鯉鮒宿和鳴海宿之間的茶屋村落，是以傳統染織工藝「有松絞り」而繁榮起來的小鎮。全長約 800 米平緩彎曲的東海道，至今仍然保留著江戶時代的傳統建築，當中包括富麗堂皇的絞商主屋，除了被國家指定為「重要傳統的建造物群保存地區」之外，有松地區亦因傳遞著江戶傳統藍染文化而被認定為「日本遺產」。

在「有松・鳴海絞會館」可以了解有松絞染織工藝技術和歷史，參觀費成人￥300、小／中學生￥100。一樓銷售區可自由內進參觀。

「有松絞り」擁有 400 年歷史，其製品佔全國一半產量。

符さん助您安排行程：

名古屋市景點眾多，但交通十分方便，安排上沒難度，隨自己喜好計劃逗留多少天就可以了。

📍 愛知県名古屋市綠区有松
🌐 https://www.city.nagoya.jp/kankou/index.html
🚃 名鉄「有松」駅徒步 5 分鐘。
※ 名鉄名古屋駅→有松駅（名鉄名古屋本線，約 28 分鐘，￥360）

犬山

犬山市位於愛知縣的北部，接近岐阜縣，距離名古屋僅半小時車程，交通方便。犬山市最具代表性的景點必定是具有濃厚歷史故事的犬山城，絕對應去一趟。附近的 明治村 可以看到60多座珍貴的明治建築物，彷彿踏進時光倒流的空間裡。如果與小朋友同遊，可到日本 Monkey Park，機動遊戲樂趣多，多種類的猿猴是世界之最，機會難逢。

🚃 名鉄名古屋駅→犬山駅（名鉄犬山線（快速特急・特急），約25分鐘，¥570）
🌐 犬山觀光情報：https://inuyama.gr.jp/
　　 岐阜巴士：https://www.gifubus.co.jp/
　　 名鐵巴士：http://www.meitetsu-bus.co.jp/

1 犬山城 ～日本最古老天守閣

犬山城是由織田信長的叔父織田信康於1537年建造，別稱白帝城，是現存日本12座天守閣當中最古老的一座，也是日本5大國寶級城郭之一。建在木曾川岸邊小山上的天守閣，從頂層的觀景迴廊可以看到木曾川、御嶽山、岐阜城和名古屋市的建築物，景色非常壯觀。犬山城在戰國時代是著名武將織田信長、豐臣秀吉和德川家康的征戰舞台，經歷了多次戰事仍然倖存下來，非常難得，所以長年都吸引許多遊客造訪，名氣很大。

※日本5大國寶級城郭：
愛知縣犬山城、長野縣松本城、兵庫縣姬路城、滋賀縣彥根城和島根縣松江城。

祈求良緣的三光稻荷神社，鎮守在犬山城下。

從天守閣頂層的觀景迴廊可以360度欣賞四周美景。

城下町充滿古色古香的舊街道兩旁各式老舖林立，經常人潮聚集，氣氛熱鬧。

📍 愛知県犬山市犬山北古券65-2
📞 +81-568-61-1711
🕐 9:00-17:00
📅 12月29日至12月31日
🎫 成人 ¥550，小/中學生 ¥110
　※ 與明治村共通券：成人 ¥2,400，小/中學生 ¥750.
　　與日本 Monkey Centre 共通券：成人 ¥1,400，小/中學生 ¥510
🌐 http://inuyama-castle.jp/
🚃 名鉄「犬山」駅徒步15分鐘。

位於城下町的どんでん館，是犬山祭巡遊山車的展館。
開放時間：9:00-17:00，成人收費 ¥100，中學生以下免費參觀。

2 博物館明治村

於1965年開館的明治村，位於犬山市郊外風景秀麗的入鹿池畔，是佔地廣闊的戶外博物館。為保存珍貴的明治建築，村內被搬遷及復原的建築物如教堂、學校、郵局等多達60多座，當中11座更被指定為國家重要文化財產。每座建築物都可以入內參觀，可以仔細欣賞融入了西方風格的明治建築。村內還有蒸汽火車、復古足湯、明治美食等許多有趣的節目。春季的櫻花、夏季的煙花、秋季的楓葉、冬季的雪景，四季都有不同氛圍，是小朋友會感到開心、情侶會感到浪漫的景點。

~穿越歷史浪漫時空

建於1907年的金沢監獄正門。

建於1907年的聖ヨハネ教會堂，是日本聖公會的教堂。

建於1877年的西鄉從道邸，是明治維新功臣西鄉隆盛弟弟從道的住宅。

宇治山田郵便局舍是建於1909年。

穿上明治時期和服漫遊，更能感受跨越時空的氛圍。（租服詳情請瀏覽網站）

明治村內食道樂的小食十分好味！

必食炸物

食道樂のコロッケー

牛肉可樂餅，蝦可樂餅 ¥300

咖喱包 ¥350

明治村面積非常大，可選擇乘坐村營巴士代步，巴士行駛正門至帝國酒店共9個站，一日乘車券成人¥500、小學生¥300。

📍 愛知縣犬山市內山1　　📞 +81-568-67-0314
🕐 9:30-17:00；8月10:00-17:00；11月9:30-16:00；12月至2月10:00-16:00　　🅲 不定休（請瀏覽網站）
🎫 成人¥2,000、65歲以上及大學生¥1,600、高校生¥1,200、小／中學生¥700
🌐 https://www.meijimura.com/
🚌 (1)由「犬山」駅東口乘搭「明治村線」（岐阜）巴士，於「明治村」下車，車程約21分鐘，車費¥430。
　　(2)由名鐵Bus Centre乘搭前往「桃花台・明治村」（名鐵）近距離高速巴士，於「明治村」下車，車程約82分鐘，車費¥980。

3 日本 Monkey Park

（日本モンキーパーク）

WELCOME TO THE MONKEY PARK!

於 1960 年開園的日本 Monkey Park，是日本唯一以猿猴為主題的綜合樂園，分為機動遊樂園和 Monkey Centre 兩個區域。機動遊樂園內有超過 30 種遊樂設施，從驚險刺激至適合兒童玩樂兼備，夏天還有水之樂園。位處遊樂園對面的 Monkey Centre，園內飼養了 60 多種共 800 多隻猿猴，是世界上首屈一指的猿猴動物園。

Monkey Park 內有超過 30 種遊樂設施。

📍 愛知県犬山市犬山官林 26　　📞 +81-568-61-2327
🕐 平日 9:30-17:00；星期六、日及假期 10:00-16:00　　🅒 不定休（請瀏覽網站）
💴 Monkey Park：成人（中學生以上）¥1,300，小童（2 歲以上）¥900
　　Monkey Centre：成人 ¥1,200，小 / 中學生 ¥500，幼兒 ¥300
　　Monkey Park 及 Monkey Centre 共通券：成人 ¥2,300，中學生以上 ¥1,600，
　　　　　　　　　　　　　　　　　　小學生 ¥1,200，幼兒 ¥1,000
　　1 Day Pass 成人：¥3,900，小學生 ¥3,500，幼兒 ¥2,700
🌐 https://www.japan-monkeypark.jp/
🚌 由「犬山」駅東口乘搭「リトルワールド・モンキーパーク線
（Little World・Monkey Park 線）」（岐阜）巴士，於「モンキーパーク」下車，車程約 5 分鐘，車費 ¥170。

Monkey Centre
內可以看到很多
種類的猿猴。

符さん助您安排行程：

由 名古屋前往犬山市只不過半小時車程，適合即日往返一天遊。犬山市接近岐阜縣，又可安排朝向岐阜的景點。

"長久手"

Nagakute

1 愛・地球博紀念公園

於 2005 年舉辦愛知世界博覽會的長久手會場，在世博會結束後改建成愛・地球博紀念公園，作為公眾休閒場地繼續對外開放。園內佔地約 190 公頃，除了世博紀念館外，還有兒童廣場、單車徑、日本庭園及茶室等許多消閒遊樂設施，是享受家庭樂的好去處。

📍 愛知縣長久手市茨ケ迴間乙 1533-1
📞 +81-561-64-1130
🕐 8:00-19:00；11 月至 3 月 8:00-18:30
🅲 星期二（公眾假期則順延至翌日）及 12 月 29 日至 1 月 1 日
💰 公園及紀念館免費入場（其他設施另需付費）
🌐 https://www.aichi-koen.com/moricoro/
🚃 名古屋駅→藤が丘駅→愛・地球博記念公園駅
　　（地下鉄東山線，東部丘陵線（リニモ單軌列車），
　　約 46 分鐘，¥670）

愛・地球博紀念公園入口。

Morizo 與 Kikkoro 是
2005 年舉辦世博會
的吉祥物。

公園面積十分廣闊，
幸好園內有提供免費
穿梭巴士服務。

愛・地球博紀念館是免費
參觀設施，館內展出大量
世博會期間的物品。

2 吉卜力公園

（ジブリパーク）

位於愛・地球博紀念公園內的吉卜力公園，是吉卜力工作室與愛知縣合作下全新打造的動畫主題公園，以《龍貓》、《天空之城》、《千與千尋》、《心之谷》、《貓之報恩》、《哈爾移動城堡》、《魔女宅急便》等著名動畫為主軸，建造五個區域，分兩期落成。第一期區域已於 2022 年 11 月開園，包括「吉卜力大倉庫」、「青春之丘」及「Dondoko 森林」；而第二期區域的「幽靈之鄉」及「魔女之谷」則預期在 2023 年秋天落成。重現動畫畫景的吉卜力公園是沒有任何遊樂設施，其建設概念是透過大自然來表現吉卜力的世界觀，讓遊客漫步在森林和道路上，以體驗各個經典作品所表達的觀點。吉卜力公園很受歡迎，一票難求，建議盡早購票。

~ 著名動畫實景重現

🕙 10:00-17:00；星期六、日及假期 9:00-17:00
🚫 星期二（公眾假期則順延至翌日）
🎫

	吉卜力大倉庫	青春之丘 吉卜力大倉庫	Dondoko 森林
平日	成人 ¥2,000 小學生 ¥1,000	成人 ¥3,000 小學生 ¥1,500	成人 ¥1,000
星期六、 日及假期	成人 ¥2,500 小學生 ¥1,250	成人 ¥3,500 小學生 ¥1,750	小學生 ¥500

※ 3 歲以下免費
※ 門票是完全預售制，約在 3 個月前開始在 Boo-Woo Ticket、Lawson 及 Ministop 便利店出售。
※ 「幽靈之鄉」及「魔女之谷」的門票價格請在開園後查閱網站
🌐 https://ghibli-park.jp/

3 豐田博物館

（トヨタ博物館）

汽車館展出的歷代汽車，
有不少造型相當獨特，
真的令人大開眼界。

於 1989 年開館的豐田博物館，是介紹汽車歷史和汽車文化的博物館。館內分為「汽車館」和「文化館」。汽車館內展示了來自日本、美國和歐洲約 140 輛汽車，當中不少古董車非常珍貴，值得多看。文化館是傳遞汽車文化的資料館，內裡展出海報、玩具、徽章等與汽車相關的展品多達 4,000 件，十分豐富。博物館內還有餐廳及紀念品店，令車迷心滿意足。

📍 愛知縣長久手市橫道 41 番地 100　📞 +81-561-63-5151
🏛 9:30-17:00　📅 星期一（公眾假期則順延至翌日）及年末年始
🎫 成人 ¥1,200，65 歲以上 ¥700，中學生 ¥600，小學生 ¥400
（※ 與（名古屋）豐田產業技術紀念館共通券：成人 ¥1,400，
65 歲以上 ¥740，中學生 ¥640，小學生 ¥460）

🌐 http://www.toyota.co.jp/Museum/
🚃 名古屋駅→藤が丘駅→芸大通（地下鉄東山線・
東部丘陵線（リニモ單軌列車），約 42 分鐘，¥610）

文化館的展品
也豐富有趣，
好看！

符さん助您安排行程：

建 議以名古屋為住宿據點，安排即日往返一天遊以上景點。

"知多半島"

◉Chita

位 於愛知縣西部的知多半島，三面環海，被三河灣及伊勢灣擁抱，有著得天獨厚的自然資源、海產豐富、風光秀麗。大部分遊客來到愛知縣，都會朝向名古屋及犬山等熱門觀光地，卻甚少前往知多半島。其實常滑陶器散步道的歷史遺產、花廣場的壯麗花海、日間賀島的章魚河豚小島風情等，都是放空的好去處，遊覽一趟知多半島，可以體驗到愛知縣另一面的風光和特色。

🚃 (1) 名鉄名古屋駅→常滑駅（名鉄常滑線（特急），約30分鐘，¥680）
　　(2) 名鉄名古屋駅→りんくう常滑駅（名鉄空港線（急行・準急），約45分鐘，¥780）
　　(3) 名鉄名古屋駅→河和駅（名鉄河和線（特急），約45分鐘，¥950）
　　(4) 名鉄名古屋駅→野間駅（名鉄知多新線（特急），約52分鐘，¥1,070）
🌐 常滑市觀光情報：https://www.tokoname-kankou.net/
　　南知多町觀光協會：http://www.minamichita-kk.com/
　　美浜町觀光協會：https://aichi-mihama.com/
　　海っ子巴士：https://www.town.minamichita.lg.jp/kurashi/bus/index.html
　　知多巴士：https://www.chitabus.co.jp/route_bus/
　　名鐵海上觀光船：http://www.meikaijo.co.jp/index.html

作者名
羽田桂子

作者名
家田明博

1 常滑陶器散步道

（常滑やきもの散步道）

寬度 6.3 米、高 3.8 米的巨型招財貓「とこにゃん」，是散步道最具代表性的地標，最強打卡熱點。

～少女最愛打卡熱點

常滑市位於知多半島的中部，距離中部國際機場只有兩個名鐵車站。陶器是常滑的代表產業之一，千年歷史常滑燒已被認定為日本遺產，位於常滑駅附近的陶器散步道，是昭和初期最繁榮的陶器村，至今仍保留著古老的風情，廣受打卡客喜愛。散步道分為 1.6 公里的 A 路段和 4 公里的 B 路段，只要在車站觀光案內所取一張地圖，就可以在迷宮般的小巷中漫步，參觀散落在各處的歷史遺產，如煙囪、窯爐及工房等。近年，因為特色 Café 及雜貨店也在這裡開業，所以不但是陶器收藏家及攝影家，就連年輕女性都熱捧此地。

📍 愛知縣常滑市栄町
🌐 http://tokonamesanpo.jp/
🚃 名鐵「常滑」駅（東口）徒步 5 分鐘

從車站起步最先來到的是常滑招財貓大道，圍牆上排列著 39 個由當地陶藝師親手製作的招財貓，每個都有不同含意的祝福。

散步期間看到一些已停用的煙囪，是一道懷舊的風景。

從江戶時代至明治時代經營航運業的「迴船問屋瀧田家」，內裡展示著日式船模型及航運業的歷史。參觀費成人 ¥200，中學生以下免費；開放時間：9:30-16:30，逢星期三休息。

牆壁兩旁鋪滿土管和酒瓶的土管坂極具特色，也是大人氣的打卡位。

許多陶器店都同時經營陶藝教室，有興趣可以體驗一番呢！

登窯（又稱陶榮窯）有十座高低不一的煙囪一字排開，堪稱傑作。這些煙囪已於 1974 年停用，由於是日本現存最古老、最大規模的，所以已被列為國家重要有形民俗文化財產。

近年有不少年輕人善用古民家經營 Café，主打健康食材，深受女性歡迎。

明太子商品
選擇很多，
有些更是限
定商品。

2 MENTAI PARK 常滑

（めんたいパーク常滑）

總 部位於福岡的明太子老字號店舖 KANEFUKU（かねふく），在群馬縣、茨城縣、琵琶湖和靜岡伊豆等地開設了多間明太子主題公園。而中部的明太子公園就在常滑市，於 2012 年開館。明太公園是免費參觀的設施，內設明太子博物館、工場、直銷店和餐廳等，集結遊樂、學習、購物和美食多方面的享樂。

餐廳提供各種明太子美食，當中最
熱賣是明太子飯糰，每日火速售罄。

- 📍 愛知県常滑市りんくう町 1 丁目 25－4
- 📞 +81-569-35-9900
- ⏰ 9:30-17:30；星期六、日及假期 9:00-18:00；工場參觀至 17:00
- 📅 年中無休　💲 免費
- 🌐 http://www.mentai-park.com/tokoname/
- 🚃 名鉄「常滑」駅（西口）徒步 12 分鐘。

訪客可以隔著玻璃參觀工場
的運作。

小朋友可寓遊戲於學習。

3 AEON MALL 常滑

於 2015 年開業的 AEON MALL 常滑，距離機場只有十分鐘車程，是歸航前血拼衝刺的大型購物聖地。商場內約有 170 間各式商店和美食店舖，選擇多樣。這裡有一座為顧客送上福氣的超巨型常滑招財貓「多福」，約 6.5 米高，是世界上最大的招財貓，成為矚目的打卡點。

~ **最後の血拼**

世界一的「多福」
是鎮場之寶，
人見人愛。

AEON MALL 招徠各品牌、餐廳進駐，
也有大型華妝部及超市，場內舒適寬
敞，十分好逛！

「多福」背後陳列著
各款常滑招財貓擺
設，任君選購。

- 📍 愛知県常滑市りんくう町 2 丁目 20 番 3
- 📞 +81-569-35-7500　⏰ 10:00-21:00　🍴 11:00-22:00
- 📅 年中無休　🌐 https://tokoname-aeonmall.com/
- 🚃 名鉄「りんくう常滑」駅徒步 1 分鐘。
- ※ 中部國際空港有免費穿梭巴士往來，需時約 15 分鐘。
  （疫下或只在星期日行駛，請瀏覽網站查閱最新安排）

4 常滑 RINKU BEACH
（常滑りんくうビーチ）

中部國際機場對岸的常滑 RINKU BEACH，全長 630 米，是東海地區最大的人造沙灘。由於位於被防波堤包圍的內灣，海浪非常平靜，沙灘也很潔白，夏季是當地人暢泳和燒烤的勝地。如打算到 AEON MALL，也可順到來沙灘跟耀眼的黃色紀念牌打卡，再於 SEA AND SKY TERRACE 享受一客下午茶，觀賞眼前的飛機起降、夕陽與大海，留下開心憶記。

📍 愛知縣常滑市りんくう町２丁目りんくうビーチ
📞 +81-90-1413-7918
🕐 SEA AND SKY TERRACE 11:00-18:00（夏季 10:00-19:00）
🅲 SEA AND SKY TERRACE 冬季休息
🌐 http://rinku-beach.jp/
🚃 名鉄「りんくう常滑」駅徒步約 13 分鐘。

SEA AND SKY TERRACE。

6 觀光農園花廣場

位於南知多町的觀光農園花廣場，是知多半島具有名氣的賞花農場，一年四季都有鮮花綻放。12 月至 3 月的油菜花、3 月至 5 月的罌粟花、10 月的秋櫻等，美麗花田賞心悅目。不過，最精彩還是 6 月中旬至 11 月下旬共 140,000 株向日葵盛開，規模之大讓人嘆為觀止。訪客不但可以賞花，也可以免費採花，還可以隨季節參與士多啤梨、藍莓、哈密瓜等採摘體驗，樂趣多多。採摘體驗最好事前以電話或網上預約。

~沉醉在愛知縣的花花世界

入園時園主會提供鉸剪，訪客可隨意穿梭花田選花，喜歡的就剪下帶回家（酒店）裝飾一番。

📍 愛知縣知多郡南知多町豊丘高見台 48
📞 +81-569-65-2432　🕐 8:00-17:00　🅲 1 月 1 日至 1 月 3 日
💴 成人（中學生以上）¥800，小學生 ¥400；
　士多啤梨採摘體驗（40 分鐘）成人 ¥2,000，小學生 ¥1,800，3 歲以上 ¥1,300
　（入園＋士多啤梨採摘體驗套票）成人 ¥2,500，小學生 ¥2,000）；
　入園＋藍莓採摘體驗（40 分鐘）成人 ¥2,000，小學生 ¥1,500
🌐 http://www.hana-hiroba.net/
🚃 由名鉄「河和」駅乘搭前往「師崎港（豊浜線）」（海っ子）巴士，於「花ひろば・綜合体育館前」下

車後徒步約 10 分鐘，車程約 27 分鐘，車費 ¥300。

5 野間埼燈塔

於 1921 年落成的野間埼燈塔，高度 18 米，是美浜町的象徵，據說它是愛知縣最古老的燈塔。燈塔曾在蔚藍的大海中閃耀 90 載，守護著航行在伊勢灣的船隻安全，雖然現時已不再點亮，但這座純潔的白色燈塔卻成為拍拖聖地，吸引了成雙成對的戀人前來欣賞日落美景，敲響矗立在旁邊的「絆の鐘」，許下愛的盟誓，浪漫至極。

~縣內最古老燈塔

📍 愛知県知多郡美浜町小野浦岩成 20－1　🕐 24 小時
🌐 https://romance-toudai.uminohi.jp/toudai/nomasaki.php
🚃 名鉄「野間」駅乘的士約 5 分鐘或徒步約 35 分鐘。

7 羽豆岬 ~欣賞日出日落的岬角

羽 豆岬是位於知多半島最南端的岬角，屬於三河灣國定公園的一部分。穿過師崎港碼頭附近的紅色大鳥居地標，再走上小山坡即可到達羽豆岬展望台，可以將三河灣、伊勢灣、渥美半島等景色盡收眼底，而遠處的篠島及日間賀島如漂浮在空中的景色也特別吸引。這裡還有一座羽豆神社，也曾是日本女子偶像組合 SKE48 同名單曲《羽豆岬》MV 的取景地，當地特意在羽豆岬公園內建造了一座紀念歌碑予樂迷打卡留念。

鎮守在面向日出日落的岬角的羽豆神社，讓人感覺特別神聖。

《羽豆岬》紀念歌碑上刻有歌曲的歌詞，是 SKE48 粉絲們朝聖之地。

📍 愛知県知多郡南知多町師崎
🌐 http://minamichita-kk.com/spot
🚃 (1) 由名鉄「河和」駅乘搭前往「師崎港」（知多）巴士，
　　於終點下車後徒步 5 分鐘，車程約 30 分鐘，車費 ¥300。
　　(2) 由名鉄「河和」駅乘搭前往「師崎港（豐浜線）」
　　（海っ子）巴士，於終點下車後徒步 5 分鐘，
　　車程約 45 分鐘，車費 ¥300。
　　（由「花ひろば・綜合体育館前」
　　上車則需時 18 分鐘，車費 ¥160）

從羽豆岬展望台可以 360 度欣賞四周風景，心曠神怡。

8 日間賀島 ~章魚河豚小島風情

日間賀島是距離名古屋最近的島嶼，可以從河和港或師崎港乘坐高速船，約10至20分鐘便可到達島上東西兩側的港口，十分便捷。日間賀島是愛知縣最細的島嶼，這裡是海產的寶庫，尤其是章魚和河豚很有名氣，島上有不少可以品嘗海鮮的餐廳。這個小島周長約5.5公里，被三河灣環繞，自然風光明媚，悠閒自在繞島散步也不用兩小時，亦可以在西港租用單車或電動滑板代步，盡情享受小島風情。

日間賀島西港的章魚地標。

📍 愛知縣知多郡南知多町大字日間賀島
🌐 https://www.himaka.net/
🚌 (1) 由名鉄「河和」駅徒步7分鐘到「河和港」，乘坐（名鐵海上觀光船）高速船到「日間賀島西港・東港」，船程約20~25分鐘，船費單程￥1,420／來回￥2,720。
(2) 由「師崎港」乘坐高速船到「日間賀島東港・西港」，船程約10~20分鐘，船費單程￥710／來回￥1,360。

如要租用單車或電動滑板，必須在西港下船，這裡的店鋪比東港多。

沙灘旁的人氣鞦韆，必玩、必吃、必打卡。

環島散步處處風光明媚。

在島上隨處都見到章魚，包括這座駐在所（警署）。

東港附近的沙灘，水清沙幼。

來到日間賀島必吃章魚，好味道！（￥1,200）

沙灘附近還有日間賀島神社。

符さん提提您：

如一天內多次乘搭海っ子巴士和知多巴士（師崎線），可以在車上購買一日乘車券以節省車費，成人￥500，小童￥250。

符さん助您安排行程：

常滑可以安排在乘搭夜機回航前最後衝刺的景點。如打算再到美浜町和南知多町遊覽，則需要多安排一至兩天時間。

"三河地區"
♀Mikawa

位於愛知縣中東部的三河地區，是一個被大海和群山環繞的地方，蘊含著許多美麗的自然風光和優質的溫泉。三河地區可分為西三河與東三河兩部分。西三河有豐田市的香嵐溪，紅楓之美聞名全國；而岡崎市德川家康故鄉的岡崎城，更是國民朝聖之地。東三河蒲郡市的竹島、豐川市日本三大稻荷之一的豐川稻荷及田原市的伊良湖岬等，都是值得遊覽的名勝。

🚃(1) 名鉄名古屋駅→東岡崎駅（名鉄名古屋本線（特急），約32分鐘，¥680）
(2) 名鉄名古屋駅→吉良吉田駅（名鉄西尾線（急行），約63分鐘，¥1,010）
(3) 名古屋駅→蒲郡駅（JR東海道本線（快速），約43分鐘，¥990）
(4) 名古屋駅→豐橋駅→豐川駅（JR東海道本線（快速），JR飯田線，約80分鐘，¥1,520）
(5) 名鉄名古屋駅→国府駅→豐川稻荷駅（名鉄名古屋本線（特急），名鉄豐川線，約65分鐘，¥1,140）
(6) 名鉄名古屋駅→豐橋駅（徒步6分鐘）→新豐橋駅→三河田原駅（名鉄名古屋本線（特急），豐橋鉄道渥美線，約90分鐘，¥1,660）
🌐 名鐵巴士：http://www.meitetsu-bus.co.jp/
豐鐵巴士：https://www.toyotetsu.jp/
名鐵海上觀光船：http://www.meikaijo.co.jp/index.html

1 岡崎城

~ 德川家康的故鄉

樓高 5 層的岡崎城為「日本名城 100 選」之一，2 至 4 樓是歷史資料博物館。

據說岡崎城起源於 1455 年，由西鄉賴嗣在龍頭山明大寺建造而成。於 1531 年，德川家康的祖父松平清嗣將其遷移至現址後，才定名為岡崎城。德川家康於 1542 年在岡崎城出生，不過他年僅 6 歲已被織田信秀和今川義元挾為人質居於異地，直到 19 歲時今川義元戰死才可回城，此後便以岡崎城作為統一天下的根據地。城郭大部分建築已於明治時代 1873 年被拆毀，其後城址作為公園開放。現在的天守閣是在 1959 年復原，公園內有很多與德川家康相關的看點，可以了解更多歷史知識。

📍 愛知縣岡崎市康生町 561 岡崎公園內
📞 +81-564-22-2122
🕐 公園 24 小時免費開放；岡崎城 9:00-17:00
📅 12 月 29 日至 12 月 31 日
🎫 岡崎城 成人（中學生以上）¥300，小童（5 歲以上）¥150
🌐 https://okazaki-kanko.jp/okazaki-park/
🚃 名鉄「東岡崎」駅徒步 15 分鐘。

5 樓是可以飽覽岡崎市全景的展望台。

德川家康出生後首次沐浴的水，就是從這個「產湯之井戶」打水出來。

位於城郭旁邊的龍城神社，據說由東照宮和映世神社合併而成，供奉著德川家康和本多忠勝。

3 三州足助屋敷

~ 體驗農家生活文化

於 1980 年開館的三州足助屋敷，是一所傳遞山區古農家生活的民俗資料館，希望透過賣演和體驗，將各種手工藝如藍染、織布、紙傘、稻草編織等技術傳承予後世。館內保存了多座足助地區的傳統建築物，如土藏、井戶、水車和母屋等，也可看到家禽及耕牛，能感受到當地農民生活的文化特色。

📍 愛知縣豐田市足助町飯盛 36
📞 +81-565-62-1188
🕐 9:00-17:00
📅 星期四（公眾假期則順延至翌日）及 12 月 25 日至 1 月 2 日（黃金周及 11 月不休息）
🎫 成人 ¥300，小／中學生 ¥100
🌐 http://asukeyashiki.jp/
🚃 香嵐溪香積寺附近。

2 香嵐溪 ~中部紅葉勝地

待月橋是香嵐溪的象徵。

位於豐田市足助町的香嵐溪,是國內享有盛名的紅葉勝地。相傳香積寺第11代三榮和尚每讀一卷《心經》,就會種下一棵楓樹。其後居民亦開始加入栽種,令整座山上覆蓋著約4,000棵楓樹,秋季時樹木染成鮮艷的色彩,倒映在巴川河面上的景象彷彿人間仙境。每年11月舉辦紅葉祭之時,從日落到晚上9時還會點亮夜燈,遊客可以觀賞到與日間不一樣的夢幻紅葉美景。香嵐溪是中部很有名氣的觀光地,所以茶屋、攤檔及手信店特別多,是一個十分熱鬧的旅遊景點。

香嵐吊橋也是打卡熱點。

📍 愛知縣豐田市足助町飯盛
📞 +81-565-62-1272(豐田市足助觀光協會)
🕐 亮燈時間由日落至 21:00(11 月 1 日至 30 日)
🌐 http://asuke.info/
🚌 由名鐵「東岡崎」駅(北口 4 號巴士站)乘搭前往「足助」(名鐵)巴士,於「香嵐溪」下車,車程約 65 分鐘,車費 ¥800。

創立於 1427 年的香積寺,位於足助氏的宅邸遺址上,距離溪流只有 5 分鐘步程。

香嵐溪的茶屋和攤檔提供很多美食,其中蕎麥麵、鹽烤鮎魚、五平餅和燒草餅等特別多人捧場。

三州足助屋敷入口。 館內的日式傳統建築,營造出原始懷舊風情。

遊客可以觀賞多位工匠、技師現場製作各種傳統工藝。

4 吉良溫泉

三河灣被渥美半島和知多半島包圍，既平靜又美麗，而吉良溫泉就是一處可以眺望三河灣的絕佳位置的溫泉小鎮。據說在明治時代這裡被稱為「宮崎湯治場」而廣為人知，直到50年代住宿設施才陸續落成，形成了吉良溫泉鄉。在一排酒店旅館前面的宮崎沙灘，水清沙白，沿灘種植了棕櫚樹，猶如熱帶度假勝地，日出日落的景色優美，被環境省選為「日本沙灘88選」之一。宮崎漁港每天捕獲最新鮮海產供應給住宿設施，讓住客可以品嘗到三河灣的海鮮美食。

~ 俯瞰三河灣絕景的溫泉鄉

吉良溫泉規模不大，只有十數間酒店旅館，大多數都面向三河灣的絕景。

📍 愛知縣西尾市吉良町
📞 +81-563-32-0525 (吉良溫泉觀光組合)
🌐 https://www.japan-net.ne.jp/~kira-spa/
🚃 由名鐵「三河鳥羽」駅或名鐵「吉良吉田」駅乘的士約4 / 8分鐘。部分酒店會提供往來車站接駁巴士服務。

有著夏威夷風情的宮崎沙灘，每逢夏季人潮湧現。

三河灣日出。

三河灣日落。

能夠看到日出和日落的浪漫之地，被選定為「戀人之聖地」。

符さん有感：

我愛跑步，更愛泡湯。那一年我來了吉良溫泉慶生，一清早外出晨跑迎接日出，許下願望，再返酒店泡泡湯，節目很簡單，但是很快樂。知足者常樂。

6 竹島水族館

~ 入場費超便宜

由車站步往竹島期間會經過竹島水族館。這座小型水族館，於1962年開館。雖然規模細小，但以超低價的入場費卻可以觀看500多種、約4,500隻生物而受到注目。水族館每天都有可愛的海獅表演，又有爆笑的水豚演出，更可觸摸深海生物、巨型甲蟲、日本蜘蛛蟹等。成本少，樂趣多，所以能吸引遊覽竹島的遊客順道一遊。

5 竹島 ～蒲郡天然紀念物

竹島是蒲郡市的象徵,是一座無人居住的小島,面積僅有 1.9 公頃,卻自然生長著 238 種暖帶氣候植物,被國家指定為天然紀念物。島上有五座神社鎮守,當中以八百富神社的人氣最旺盛。通過連接島嶼的竹島橋,沿著指示牌先往神社參拜,再沿遊步道環島一周散步,欣賞四周風光,十分寫意。

竹島是蒲郡市最受歡迎的觀光景點。

竹島橋全長 387 米,橋中建有八百富神社的鳥居。

八百富神社對祈求開運、安產及良緣特別靈驗。

在綠蔭蔭松林的小島上,空氣特別清新。

📍 愛知県蒲郡市竹島町
🌐 https://www.gamagori.jp/special/takeshima
🚃 JR・名鉄「蒲郡」駅(南口)徒步 15 分鐘。
　※ 吉良吉田駅→蒲郡駅(名鉄蒲郡線,約 30 分鐘,¥460)

特大花蛤是竹島名物,附近有不少海鮮燒烤店,吃一個花蛤(¥900),記住那份鮮甜美味。

全島周長 680 米,繞圈散步一周需時約 40 分鐘,沿途可以觀賞天然岩石和多角度景色。

📍 愛知県蒲郡市竹島町 1-6
📞 +81-533-68-2059
🕐 9:00-17:00
📅 星期二(公眾假期則順延至翌日)、6月第1個星期三及 12月 31日
🎫 成人 ¥500、小/中學生 ¥200
🌐 http://www.city.gamagori.lg.jp/site/takesui/
🚃 JR・名鉄「蒲郡」駅(南口)徒步 12 分鐘。

7 蒲郡溫泉 ~ 名湯與美景並存

在愛知縣具有名氣的蒲郡溫泉鄉，由四個地區：蒲郡溫泉、三谷溫泉、形原溫泉和西浦溫泉所組成。當中的蒲郡溫泉位處就在著名景點竹島前方，可以一邊欣賞三河灣的美景，一邊泡湯，是人氣溫泉地。泉水是鹼性透明無色，以能美肌見稱，據說對神經痛、肌肉痛、關節痛和消除疲勞有功效。蒲郡溫泉也能觀賞絕美的日出日落，附近景點較多，所以比吉良溫泉較為人多熱鬧。

📍 愛知縣蒲郡市竹島町　📞 +81-533-68-2526（蒲郡市觀光協會）
🌐 https://www.gamagori.jp/special/hotspring　🚃 JR．名鐵「蒲郡」駅（南口）徒步15分鐘。

8 豐川稻荷 ~ 日本三大稻荷

創建於1441年的豐川稻荷，正式名稱為妙嚴寺，是日本三大稻荷之一。寺院創立以後，一直深得織田信長、豐臣秀吉、德川家康等武將及文人墨客所崇敬。在江戶時代開始因供奉商賈繁盛之神靈而廣受商人信奉，至今在全國信眾很多，據說每年約有500萬人前來參拜。境內除了有總門、山門、本殿等多座古老建築物之外，多達1,000尊石狐像的靈狐塚亦大受注目。

總門是在1884年重建，使用了千年欅木建造而成，非常珍貴。

※ 日本三大稻荷：愛知縣豐川稻荷、京都府伏見稻荷大社及茨城縣笠間稻荷神社。

於1536年由今川義元捐贈的山門，是寺院現存最古老的建築。

大本殿是祈禱的道場，信徒的信仰中心。

供奉著石狐像的靈狐塚，因得到很多信眾的捐獻，現存有1,000多尊大大小小的石狐像，十分壯觀。

稻荷壽司是表參道的名物，據說吃了能開運得福。而我就點了鰻魚飯和稻荷壽司定食（¥2,300），再富貴一點，既開運又開心。

📍 愛知縣豐川市豐川町1番地
📞 +81-533-85-2030
🕐 5:00-18:00　📅 年中無休
💴 免費
🌐 https://www.toyokawainari.jp/
🚃 JR「豐川」駅．名鐵「豐川稻荷」駅徒步5分鐘。

# 9 伊良湖岬 ～愛是永恆・戀人聖地

伊良湖岬位於渥美半島的最前端,可以俯瞰太平洋、伊勢灣和三河灣的壯闊景色,是著名的浪漫拍拖聖地。這裡屹立著一座白色燈塔,與一望無際的碧海藍天構成一幅美麗的圖畫,被選為「日本燈塔50選」之一,是伊良湖岬的象徵。從燈塔距離「日出之石門」綿延1公里的白色沙灘,流傳著一段遠古的浪漫愛情故事,因此沙灘被稱為戀路之濱(恋路ヶ浜),並與燈塔一起成為「戀人之聖地」。

伊良湖岬的戀路之濱是當地人熱門的求婚聖地。

沙灘旁邊建立了「永恆愛情之鐘」。

📍 愛知県田原市伊良湖町
📞 +81-531-23-3516(渥美半島觀光局)
🌐 http://www.taharakankou.gr.jp/
🚌 (1) 由豐鐵「三河田原」駅乘搭前往「伊良湖岬」(豐鐵)巴士,於終點站下車,車程約50分鐘,車費 ¥1,070。
　 (2) 由「河和港」乘坐(名鐵海上觀光船)高速船到「伊良湖港」,船程約55分鐘,船費單程 ¥2,340 / 來回 ¥4,470。

觀賞日落是大部分人來這裡的目的。

燈塔自1929年落成以來一直點亮,守護著海上船隻的安全。

符さん有感:

停 車場旁邊有6間海鮮食店,我當然不會錯過。正當我還在觀察的時候,「伊良湖亭」的婆婆向我揮手微笑。好吧!我要敬愛長者。我又再選了超鮮甜的三河灣名物大花蛤(¥700一隻),婆婆一邊燒烤,一邊跟我談天說笑,很幽默。敬老的結果是買二送二,多謝伊良湖婆婆,祝願婆婆長命百二歲。那天我吸收的嘌呤實在太多了,哈哈!

符さん助您安排行程:

遊 覽以上三河地區的景點,建議安排三日兩夜的旅程時間。順便一提,從知多半島的日間賀島可乘坐高速船到伊良湖港,船程35分鐘,船費單程 ¥1,420。

岐阜縣

Gifu

岐阜縣是被七縣包圍的內陸縣，位處在日本的最中央，是名副其實的「日本中部」。岐阜縣的北部被稱為「飛驒地方」，而南部則被稱為「美濃地方」。世界文化遺產白川鄉合掌造集落、飛驒小京都高山市及日本三大名泉下呂溫泉，都是飛驒地方最享盛名的觀光地，全年遊客絡繹不絕。美濃地方的景點雖然名氣不大，但其實亦有不少特色之地，如多治見的陶器小鎮、惠那峽的絕美湖景、中津川的馬籠宿及儼如浮在天空的苗木城跡等，都是令人喜出望外的秘境。

🌐 岐阜縣觀光情報：https://www.kankou-gifu.jp/

下呂溫泉
Gero Onsen

下呂溫泉 ~三大名泉之一

位於岐阜縣下呂市的下呂溫泉，據說是藥師如來化身為一隻受傷的白鷺，在飛驒川（益田川）療傷時被村民發現了溫泉，距今已有千年歷史，與兵庫縣的有馬溫泉及群馬縣的草津溫泉並稱為「日本三大名泉」。這裡的泉質為鹼性單純溫泉，清澈透明，有淡淡香氣，是能使皮膚光滑的「美人の湯」，優良泉質聞名全國。以飛驒川為中心的溫泉街，觀光設施、飲食店和特產商店鱗次櫛比，熱鬧的氣氛與山村的氣息融為一體。現時這裡約有40間酒店旅館，也有三個共同浴場和隨處可見的足湯，是一個極富旅行感的溫泉小鎮。

📍 岐阜縣下呂市幸田、湯之島ほか

📞 +81-576-25-2064（下呂溫泉旅館協同組合）

🚃 (1) JR 名古屋駅 → JR 下呂駅（高山本線特急ひだ号，約1小時40分鐘，¥5,100（指定席））
(2) JR 高山駅 → JR 下呂駅（JR 高山本線（普通），約1小時，¥990／高山本線特急ひだ号，約45分鐘，¥2,680（指定席））

💻 下呂市觀光情報：https://www.city.gero.lg.jp/site/kanko/
下呂溫泉觀光協會：https://www.gero-spa.com/
下呂溫泉旅館協同組合：http://www.gero-spa.or.jp/

噴泉池

~ 下呂溫泉的地標

位於下呂大橋下飛驒川旁邊的噴泉池，以能享受無敵開放感的露天混浴溫泉而聞名，為下呂溫泉的地標。這裡是從 JR 車站前往溫泉街的必經之路，全日人來人往，所以規定穿著泳衣才能泡湯。不過，由於違規事件經常發生，因此從 2021 年 12 月起，噴泉池只能泡足，雖然有點可惜，但它還是最受歡迎、最好景觀的足湯。

📍岐阜県下呂市幸田　🕐 24 時間
💰免費　🚃 JR「下呂」駅徒步 3 分鐘。

溫泉街

~ 長年人氣旺盛

從 JR 下呂駅起步，穿過下呂大橋，約 5 分鐘步程就來到溫泉街。這裡有各式商店、食店林立，周圍亦散布不少看點、足湯設施，所以經常人潮聚集，氣氛熱鬧。

ゆあみ屋の足湯

ゆあみ屋是人氣甜品店，其溫泉蛋雪糕和布甸深受顧客喜愛，可以一邊品嘗甜品，一邊浸泡足湯，雙重享受。

さるぼぼ 黃金足湯

位於「さるぼぼ七福神社」內的足湯，隨處可見可愛的さるぼぼ（猴寶寶）。

加恵瑠神社（かえる神社）

在 下呂溫泉經常會看到青蛙的蹤影，只因下呂的日文讀音 GERO 與青蛙的叫聲相似，加上青蛙也有吉祥之意，所以就連加恵瑠神社都佈滿青蛙，甚有特色，成為受歡迎的打卡點。

下呂發溫泉博物館

在 日本全國以溫泉為主題的博物館為數不多，當中下呂這一所可謂最具代表性。博物館以科學和文化的角度探究溫泉的誕生、泉質及功效等，還介紹了不少溫泉的傳說和排名等有趣資料。

📍 岐阜縣下呂市湯之島 543-2
📞 +81-576-25-3400
🕐 9:00-17:00　　🅲 星期四（公眾假期照常開放）
🎫 成人 ¥400，小學生 ¥200
🌐 http://www.gero.jp/museum/index.html
🚉 JR「下呂」駅徒步 8 分鐘。

白鷺の湯

外 觀為羅馬風格的白鷺の湯，是下呂溫泉其中一個共同浴場，深受日歸遊客喜愛，門前也設有「ビーナスの足湯」。

📍 岐阜縣下呂市湯ノ島 856-1　　📞 +81-576-25-2462
🕐 10:00-21:00　　🅲 星期三
🎫 成人 ¥430，小學生 ¥160，幼兒 ¥80
🌐 http://www.gero.jp/museum/sirasagi.html
🚉 JR「下呂」駅徒步 7 分鐘。

溫泉寺 ~ 紅葉名所

建於 1671 年的溫泉寺，位於溫泉街的半山，需要步上 173 級石階。

相 傳很久以前下呂的湯之峰溫泉突然停止湧出，當村民困惑之時，藥師如來化身為一隻受傷的白鷺，提示村民新源泉的所在地，其後當地便興建了溫泉寺以供奉藥師如來。溫泉寺也是下呂溫泉的賞楓名所，每年紅葉季節境內都擠滿許多賞楓客。

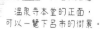

溫泉寺本堂的正面，可以一覽下呂市的街景。

📍 岐阜縣下呂市湯之島 680
📞 +81-576-25-2465　　🌅 日出至日落
🌐 http://www.onsenji.jp/
🚉 JR「下呂」駅徒步 15 分鐘。

下呂溫泉合掌村

呈現珍貴日本原始風貌

距離溫泉街約 15 分鐘步程的下呂溫泉合掌村，是一個被大自然包圍的古民家博物館。村內共有 10 棟合掌造建築物，全是從白川鄉等山村遷移過來，當中包括被指定為重要有形民俗文化遺產的「舊大戶家住宅」。這裡還有和紙、陶藝等工房，而在「しらさぎ座」劇場還能欣賞皮影戲，可以深入體會其獨特文化。每年 3 月上旬至 12 月上旬期間，每天 8:00-12:00 在村外的前方還有「いでゆ朝市」開市，十數間小店銷售很多價廉物美的當地特產，如漬物、地酒及手工藝品等。

- 岐阜縣下呂市森 2369
- +81-576-25-2239
- 8:30-17:00；12 月 31 日至 1 月 2 日 9:00-16:00
- 年中無休
- 成人 ¥800、小／中學生 ¥400
- http://www.gero-gassho.jp/
- (1) JR「下呂」駅徒步 20 分鐘。
- (2) 由 JR「下呂」駅前乘搭「合掌村線（合掌村‧下呂交流会館行き）」，於「合掌村」下車，車程約 6 分鐘，車費 ¥100。巴士時表：http://www.gero-gassho.jp/access/。

「しらさぎ座」劇場是欣賞皮影戲的場所。

舊大戶家住宅於 1833 年開始建造，直到 1846 年才落成，是下呂溫泉合掌村內最受注目的建築物。

村內設有「合掌の足湯」，供遊客免費享用。

高橋神社是供奉栃木縣、島根縣及大阪府三地之料理之神，據說參拜過後會令廚藝大增。

符さん助您安排行程：

下呂溫泉的景點很集中，徒步便能到達，花上三數小時便可遊畢景點。如選擇日歸行程，可安排在高山住宿。下呂溫泉旅館眾多且豐儉由人，如能在三大名泉之一的旅館留宿會大大提升享受度。

高山市
⦿Takayama

位於岐阜縣北部的高山市，是全國最大面積的市町，為岐阜縣重點觀光地之一。高山市有飛驒小京都之稱，市內仍保留著不少江戶時期的古老建築，城下町風情濃厚。高山觀光三名物的春秋二祭、古い町並及朝市最令人印象深刻。距離高山市中心稍遠一點的奧飛驒溫泉鄉，是由平湯、福地、新平湯、栃尾及新穗高共五個溫泉區組成，以大量露天溫泉而為人所知。奧飛驒的新穗高空中纜車，亦因是日本唯一的雙層纜車得以聞名，遊客眾多。

高山濃飛巴士中心。

高山周遊「匠」巴士。

🚃 (1) JR 名古屋駅→JR 高山駅（高山本線特急ひだ号，約2小時20分鐘，¥6,540（指定席））
(2) 名鐵巴士中心（JR 名古屋駅）→高山濃飛巴士中心（名鐵・濃飛高速巴士，約2小時50分鐘，單程¥3,100／來回¥5,400）
(3) JR 下呂駅→JR 高山駅（JR 高山本線（普通），約1小時，¥990）
🌐 飛驒高山觀光情報：https://www.hidatakayama.or.jp/
　奧飛驒溫泉鄉：https://www.okuhida.or.jp/
　名鐵高速巴士：http://www.meitetsu-bus.co.jp/express/index
　濃飛高速巴士：https://www.nouhibus.co.jp/highwaybus/
　濃飛路線巴士：https://www.nouhibus.co.jp/routebus/

高山「街景」巴士（Michinami）。

JR 高山駅的外觀。

JR 高山駅內展出了高山祭山車的車輪、裝飾品及工具等。

さるぼぼ（猴寶寶・飛驒寶寶）

飛驒名物さるぼぼ即是猴寶寶，又稱為飛驒寶寶，是飛驒地區的吉祥物，不同顏色有不同寓意，無論在高山、下呂或白川鄉等觀光地，都可以見到它的蹤影，但在高山就特別多見，是最佳的手信。

① 飛驒國分寺～飛驒最古老建築

相傳聖武天皇於741年下令在全國興建國分寺。位於高山市內的飛驒國分寺是由行基僧侶於746年創建，在飛驒地區是首屈一指的古老寺院，擁有不少看點。建於室町時代的本堂，呈現出飛驒工匠不凡的技藝，內裡安放著本尊藥師如來坐像。本堂旁邊有樹齡超過1,250年的大銀杏樹，氣勢逼人。還有飛驒地區唯一的三重塔、從高山城搬來的鐘樓門等，都是珍貴的歷史建築物。

本堂是高山市內最古老的建築物，被指定為國家重要文化財產。樹幹周長10米、高28米的大銀杏，也是國家指定天然紀念物。

三重塔建於1821年，塔高22米，是岐阜縣的重要文化財產。

📍 岐阜県高山市総和町1-83
📅 寶物殿 12月1日至1月1日
🌐 https://hidakokubunji.jp/
📞 +81-577-32-1395
💰 寶物殿 成人 ¥300、小/中學生 ¥250
🕐 24小時；寶物殿 9:00-16:00
🚉 JR「高山」駅徒步5分鐘。

② 高山陣屋 ~日本現存唯一代官所

高山陣屋原為高山城主金森氏的宅邸之一。於1692年飛驒成為德川幕府直轄領地之後,這裡就變作江戶的代官和郡代執行飛驒行政、財政和軍事等公務的場所,稱之為陣屋。明治維新後,這裡仍繼續作為地方官廳使用,直到1965年長達270餘年的官廳才正式關閉。據說在江戶時代末期,全國曾經有60多所陣屋,但如今只有高山陣屋得以留存下來,所以相當珍貴,被指定為國家歷史遺跡。

- 🏠 岐阜縣高山市八軒町1丁目5番地
- 📞 +81-577-32-0643
- 🕐 8:45-17:00;11月至2月 8:45-16:30
- 📅 12月29日、12月31日及1月1日
- 💰 成人 ¥440,中學生以下免費
- 🌐 https://jinya.gifu.jp/
- 🚉 JR「高山」駅徒步10分鐘。

高山陣屋的入口。

陣屋內有多個展室,此為當年官員的辦公地方。

於1816年改建而成的大廣間,是舉行會議和儀式的大廳。

---

③ 陣屋前朝市 ~日本三大朝市

高山朝市是高山市的象徵之一,與石川縣輪島朝市及千葉縣勝浦朝市合稱為「日本三大朝市」。高山朝市包括指陣屋前朝市和宮川朝市,最早出現在300年前的江戶時期,以售賣大米、桑葉和鮮花為主,至明治中期開始擺賣新鮮蔬菜。在陣屋前的廣場,每天早上約有30多間攤檔販賣新鮮蔬果、乾貨、味噌、漬物及手工藝品等,檔主多為年長的婦人,親切友善,十分好客。

- 🏠 岐阜縣高山市八軒町1-5
- 📞 +81-577-32-3333(陣屋前朝市組合)
- 🕐 1月至3月 7:00-12:00;4月至12月 6:00-12:00
- 📅 年中無休
- 🌐 https://www.jinya-asaichi.com/
- 🚉 JR「高山」駅徒步10分鐘。

④ 古い町並 ~高山人氣觀光地

古い町並是指高山市城下町的老街上三之町一帶。這裡從江戶時期開始已是十分繁榮的街道,至今仍保存著格子木造的傳統建築物,被國家列為「重要傳統建造物群保存地區」。現時街道兩旁林立著由舊民居改成的各式店舖,如地酒、特產、菓子、煎餅、食店、傳統工藝品及紀念品店等,是遊客必訪之地,高山市最熱鬧的地方。

必食名物

📍岐阜県高山市上三之町ほか
🕐各店有異
🅲各店有異
🌐https://www.hidatakayama.or.jp/watch/furuimachinami/
🚃JR「高山」駅徒步12分鐘。

飛驒牛是來岐阜縣必吃的名物,古い町並有不少飛驒牛美食如壽司、串燒、饅頭及可樂餅等都是熱賣品。

由陣屋步往上三之町會途經橫跨宮川的中橋,這是高山祭山車巡遊必經之橋,當春櫻盛開與紅橋合併之時,是高山的代表性景觀。

⑤ 宮川朝市 ～最好逛的朝市

宮川朝市是高山另一個人氣朝市，位於鍛治橋至彌生橋之間約350米長的宮川旁邊。每天早上靠近河岸邊約有40多間出售蔬菜、水果、漬物、香料、鮮花等等的露天攤檔，與之相對的靠街一邊則有出售小食、雜貨及工藝品的店舖，比陣屋前朝市更多選擇、更加好逛，所以人流更旺盛。

📍 岐阜縣高山市下三之町
📞 +81-80-8262-2185
　（飛驒高山宮川朝市協同組合）
🕐 7:00-12:00；12月至3月8:00-12:00
Ⓒ 年中無休
🌐 http://www.asaichi.net/
🚃 JR「高山」駅徒步10分鐘。

> 除了露天攤檔，另一邊有不少店舖林立，所以特別好逛呢！

自家焙煎 KOMA Coffee

意外發現了「自家焙煎 KOMA Coffee」，沒想到在朝市會遇上這麼講究的咖啡檔，十分驚喜。除了可用紙杯品嘗各式咖啡外，最大特色是檔主還自製曲奇杯，飲完咖啡後還可吃下逐漸滲透濃郁咖啡的曲奇，既美味又有趣，難怪成為少女們的打卡目標呢！

Espresso ¥600
Cappuccino ¥700

> 友善健談的檔主駒田匡俊先生和太太用心經營著這特色咖啡檔。

⑥ 高山祭

高山祭是高山市的重大祭典，每年舉行兩次，分為春之高山祭（4月14日及15日）和秋之高山祭（10月9日及10日）。春祭是日枝神社的例祭，又稱為「山王祭」；秋祭則是櫻山八幡宮的例祭，所以又名「八幡祭」。春秋二祭各有不同的山車及巡遊路線，是日本三大最美麗的祭典之一，在全國享有盛名。

山車富麗堂皇，圍觀者都忙著拍照。

~日本三大美祭

抵達高山駅後，取一張山車巡遊的時間表及路線圖，就可了解最精彩的看點。

祭典期間多條街道變作美食大道，祭典看得開心，美食吃得滿足。

⑦ 高山屋台會館

在高山屋台會館內，全年都展出秋祭巡遊的山車，並在3月、7月及11月更換一次展品，讓未能在祭典期間來訪的遊客都可以觀賞到華麗優雅的山車，感受高山祭的魅力。

~全年高山祭山車展

高山屋台會館的入口在櫻山八幡宮的境內。

在會館內可以慢慢欣賞多輛華麗的山車。

📍 岐阜県高山市桜町 178　📞 +81-577-32-5100
🕐 9:00-17:00；12月至2月 9:00-16:30　📅 年中無休
💰 成人 ¥1,000、小／中學生 ¥500（包含參觀櫻山日光館）
🌐 http://www.hidahachimangu.jp/yataikaikan/index.html
🚃 JR「高山」駅徒步 20 分鐘／由宮川朝市徒步 10 分鐘。

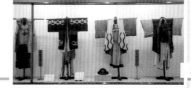

⑧ 櫸山日光館 ~迷你日光東照宮

位於屋台會館旁邊的櫸山日光館，內裡展出了 1：10 比例的日光東照宮模型，是在大正時期由長谷川喜十郎為首的 33 名工匠，歷經 15 年歲月傾力完成的傑作。這精巧細緻的迷你珍品，包括陽明門、本殿、拜殿、五重塔等 28 座建築物，以及鳥居等裝飾雕刻都如真物般呈現眼前，值得一看。

- 📍 岐阜縣高山市桜町 178 番地
- 📞 +81-577-32-5100
- 🕐 9:00-17:00；12 月至 2 月 9:00-16:30
- 📅 年中無休
- 🎫 與高山屋台會館共通券
  成人 ¥1,000，小／中學生 ¥500
- 🌐 http://www.hidahachimangu.jp/
  yataikaikan/nikkoukan.html
- 🚉 JR「高山」駅徒步 20 分鐘。

⑨ 櫸山八幡宮

櫸山八幡宮創建於 377 年，其後因戰亂而荒廢，直到 1623 年高山藩主金森重賴重建了社殿，其主祭神為八幡大神（應神天皇）。每年舉行的秋之高山祭就是櫸山八幡宮的年度大祭，是名揚全國的祭典，被國家指定為重要無形民俗文化財產。

現存的本殿是在 1976 年重建而成的。

- 📍 岐阜縣高山市桜町 178
- 📞 +81-577-32-0240
- 🕐 24 小時
- 🌐 http://www.hidahachimangu.jp/
- 🚉 JR「高山」駅徒步 20 分鐘。

⑩ 飛驒の里～重現昔日農村風貌

於1959年開業的飛驒の里,又稱為飛驒民族村,是一處可以體驗昔日飛驒農村生活的野外博物館。這裡匯集了約30棟古老的民房和合掌造,全部都是從飛驒各地搬遷至此,重現了飛驒鄉間的原始風景,當中更有4棟被國家指定為重要文化財產。除了可以內進古民房參觀內部構造和昔日的生活用具外,也有傳統工藝技師即場示範製作過程,部分更可讓遊客參與體驗。

舊吉真家建於1700年,由飛驒市河合町角川搬移至此。

建於1751年的舊若山家,前身是位於高山市庄川町下滝的農家。

山下勝之先生即席展示其「一位一刀彫」飛驒傳統木工雕刻技藝。

安江美香女士是招財貓繪畫師,遊客可以參與由她指導的繪畫體驗。

符さん提提您:
可於高山濃飛巴士中心購買來回巴士及入場優惠套票,成人￥800(不設小童)。

📍 岐阜県高山市上岡本町1丁目590番地
📞 +81-577-34-4711 　🕐 8:30-17:00 　📅 年中無休
🎫 成人￥700 / 小・中學生￥200
🌐 http://www.hidanosato-tpo.jp/
🚌 由高山濃飛巴士中心乘搭「匠巴士(飛驒の里線)」、さるぼぼ巴士」(濃飛路線巴士),於「飛驒の里」下車,車程約9分鐘,車費￥100。

⑪ 新穗高空中纜車

~ 日本唯一雙層纜車

新穗高空中纜車入口
——新穗高溫泉駅。

高山市奧飛驒溫泉鄉最受歡迎的景點，必定是乘坐新穗高空中纜車，飽覽北阿爾卑斯山脈的壯觀景色。於 1970 年開業的空中纜車，共有兩段不同車廂的路線：首段纜車是連接新穗高溫泉駅（標高 1,117 米）及鍋平高原駅（標高 1,305 米），全長 573 米，需時 4 分鐘；第二段纜車是由しらかば平駅（標高 1,308 米）轉乘需時 7 分鐘、全長 2,598 米的雙層纜車，最後抵達山頂的西穗高口駅（標高 2,156 米）。遊客可隨季節欣賞不同的景色之外，也可以享用足湯、天然溫泉和餐廳等各種設施。

首段纜車的車廂
可容納 45 人。

第二段纜車不但是日本唯一的雙層纜車，而且在 2020 年 7 月開業 50 周年紀念之時換上可容納 105 人的全新車廂，讓乘客可以更舒適地享受空中之旅。

しらかば平駅前的免費足湯設施，是很好的休息地。

しらかば平駅附近還有露天風呂「神宝乃湯」，使用時間：9:30-15:30，收費成人￥600，小童￥400。

山頂的展望台堪稱雲層上的世界，果然人山人海。

📍 岐阜縣高山市奧飛驒溫泉鄉新穗高　　📞 +81-578-89-2252
🕐 4 月至 11 月 8:30-16:00；8 月及 10 月份周末假日 8:00-16:00；
　 12 月至 3 月 9:00-15:30
🆑 年中無休　　🎫 來回：成人￥3,300，小童（6 歲至 12 歲）￥1,650
🌐 https://shinhotaka-ropeway.jp/
🚌 由高山濃飛巴士中心乘搭前往「新穗高ロープウェイ（平湯・新穗高線）」（濃飛）路線巴士，於終點站下車，車程約1小時 40 分鐘，車費￥2,200。

在展望台可一覽西穗高岳、槍ヶ岳、並ヶ岳等北阿爾卑斯群山全景，只可惜造訪當日天色不佳。

許多遊客都喜歡與列明標高2,156米的郵前打卡，駅內的商店有紀念明信片出售。

在寒冬山頂上形成了雪の回廊，玩雪的人很多。

限定冬季登場的雪人「にしほくん」（西穗君），深被遊客喜愛。

遇上飛驒寶寶、巨龍等雪雕傑作，大飽眼福！

⑫ 平湯大瀑布（平湯大滝）
～飛驒三大瀑布

造訪平湯大瀑布的遊客絡繹不斷。

位於平湯溫泉附近的平湯大瀑布，寬6米、落差64米，水量充沛，氣勢磅礡，是飛驒三大瀑布之一，也入選「日本瀑布100選」。

每年2月瀑布冰封之時，還會舉行「平湯大瀑布結冰祭」，將瀑布照上藍色燈光後，又添上夢幻神秘之美。

瀑布從岩壁直瀉而下，在現場能感受到強勁的氣勢。

📍 岐阜縣高山市奧飛驒溫泉鄉平湯　　🕐 24小時

🚌 由高山濃飛巴士中心乘搭前往「新穗高ロープウェイ（平湯・新穗高線）」（濃飛）路線巴士，於「大滝・キャンプ前」下車後徒步（900米）約15分鐘，車程約52分鐘，車費¥1,600。

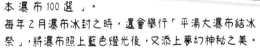

符さん提提您：

如在高山市出發，可於高山濃飛巴士中心購買「高山・平湯・新穗高2日乘車券＋新穗高空中纜車」優惠套票，票價成人¥6,800、小童¥3,400。

符さん助您安排行程：

除了飛驒の里需要乘搭巴士前往，漫步遊覽1至9的景點都很輕鬆。如前往新穗高空中纜車和平湯大瀑布，可考慮在奧飛驒溫泉鄉留宿。如不想轉換酒店，高山是非常適合作為住宿據點以遊覽高山駅周邊景點、奧飛驒、下呂及白川鄉。

白川鄉
♀Shirakawago

♙ 白川鄉合掌造集落

～日本原始風景的世界遺產

白川鄉位於岐阜縣白川村荻町的豪雪地帶，為抵禦每年冬季長達4個月的大量降雪，數百年前這裡的祖先以茅草建造了三角形屋頂的房屋，外觀像雙手合掌所以稱為「合掌造」。白川鄉於1976年被選為「重要傳統建築群保存地區」，更在1995年與富山縣五箇山的合掌造集落一起被列為

「世界文化遺產」。這裡現時仍保留著114座合掌造房屋，約有630名村民仍在此生活，是全國最大規模的合掌造集落，也是遊客最多的合掌造觀光地。集落散布著各種看點設施，包括可供參觀的合掌造古民家、戶外博物館、特產店、食店和民宿等。

♀ 岐阜縣大野郡白川村荻町　　📞 +81-5769-6-1013（白川鄉觀光協會）

🚌 (1) 名鐵巴士中心（JR名古屋駅）→白川鄉（岐阜高速巴士，約2小時42分鐘，¥3,000至¥4,000(預約制)）
　 (2) 金沢駅東口→白川鄉（北鐵．濃飛高速巴士，約75分鐘，¥2,600(預約制)）
　 (3) 高山濃飛巴士中心→白川鄉（濃飛．北鐵高速巴士，約50分鐘，程¥2,600(部分預約制)）

🌐 白川鄉觀光協會：https://shirakawa-go.gr.jp/
　 岐阜高速巴士：https://www.gifubus.co.jp/
　 北鐵高速巴士：http://www.hokutetsu.co.jp/highway-bus
　 濃飛高速巴士：https://www.nouhibus.co.jp/highwaybus/

📍 白川街道

白川鄉最熱鬧的白川街道兩旁，各式土產店及飲食店林立，附近亦散布民宿和合掌造展覽館等，是遊客必遊之處。

📍 荻町城跡展望台 ~ 必到拍照熱點

從白川街道徒步20分鐘，或乘搭10分鐘穿梭巴士，可到達荻町城跡展望台，俯瞰白川鄉的全景，拍下如畫般的深山秘境。

展望台觀光穿梭巴士乘車處在和田家旁邊，每程收費￥200，小童￥100。

📍 和田家 ~ 白川鄉合掌造代表

已有300多年歷史的和田家，是白川鄉最古老、規模最大的合掌造民居，也是唯一被指定為國家重要文化財產。和田家至今仍作為住宅，但建築物的一部分對外開放，內有圍爐、養蠶室、農具等，可以了解昔日的生活情況。

📍 岐阜縣大野郡白川村大字荻町山越997　📞 +81-5769-6-1058
🕐 9:00-17:00　🅲 不定休　💲 成人￥400，小學生￥200

📍 長瀨家 ～五層樓合掌造

長瀨家是擁有 250 年歷史的合掌造房屋，內有五層樓，祖先三代都是行醫，所以留下了不少江戶時代的醫療器具，另外還有展示一些昔日的生活用具。

- 📍 岐阜県大野郡白川村荻町 823-2
- 📞 +81-5769-6-1047
- 🕐 9:00-17:00
- 🅲 不定休
- 💰 成人 ¥400，小學生 ¥200

📍 明善寺鄉土館 ～展現農家生活

明善寺鄉土館由明善寺庫裡、鐘樓和本堂組成，全以合掌造風格建造。在 200 年歷史的庫裡內，收藏著許多昔日民家的生活用具，是白川鄉另一座具代表性的展館。

- 📍 岐阜県大野郡白川村荻町 679
- 📞 +81-5769-6-1009
- 🕐 8:30-17:00；12 月至 3 月 9:00-16:00
- 🅲 不定休
- 💰 成人 ¥400，小學生 ¥200

明善寺庫裡的外觀。

大部分合掌造內都有圍爐，成為訪客拍照點。

明善寺對面的「鄉愁」咖啡店，內裝舒適，咖啡味美，是歇息的好地方。

明善寺是真宗大谷派的寺院，建上茅草屋頂的本堂及鐘樓，別具特色。

であい橋

架設於庄川上的「であい橋」，連接「せせらぎ公園」停車場與白川街道。站在全長 107 米的吊橋上，可以欣賞美麗的河流和周圍群山的景色。

野外博物館 合掌造民家園

民家園是一個大型的參觀設施，全園共 25 座建築物，包括 9 座由其他山區遷移至此逾百多年歷史的合掌造民居，是岐阜縣指定重要文化財產。除了可以參觀合掌造民房之外，園內還有神社、水車小屋等，環境清幽，散步舒適。

📍 岐阜縣大野郡白川村荻町 2499
📞 +81-5769-6-1231
🕐 8:40-17:00；12 月至 2 月 9:00-16:00
📅 12 月至 3 月逢星期四（公眾假期則順延至翌日）
🎫 成人 ¥600，小／中學生 ¥400
🌐 http://www.shirakawago-minkaen.jp/
📍 位於せせらぎ公園停車場旁邊。

合掌造民宿

白川鄉現約有 20 間合掌造民宿，如果想深入體會世界文化遺產的魅力，可考慮留宿一晚，體驗與日間不一樣的感受。大部分民宿每日只招待幾組遊客，所以要及早預約。白川鄉觀光網站有民宿資料供參考，亦可透過網站預約。

符さん有感：

個人認為白川鄉是一生人最少來兩次的世界級觀光地。翠綠的白川鄉與雪白的白川鄉，景色同樣迷人。那一年的二月來到這裡，親身經歷了豪雪的威力，領悟到合掌造的誕生是昔日民間智慧的說法。

「合掌乃宿 孫右工門」建於江戶時代後期，已有 200 年歷史，是白川鄉較為高級的民宿。

符さん助您安排行程：

遊覽白川鄉約需時兩至三小時，如不在此留宿，建議在高山作為住宿據點，安排即日往返行程。順便一提，如果有興趣遊覽另外兩個位於富山縣五箇山的合掌造集落（菅沼和相倉），可在白川鄉乘搭加越能巴士公司營運的「世界遺產巴士」順遊兩地，最後到富山縣的高岡市，開展富山縣的旅程。

🌐 加越能巴士：http://www.kaetsunou.co.jp/company/sekaiisan/

岐阜市・大垣市

📍 Gifu City・Ogaki

造 訪岐阜縣除了必遊的下呂、白川鄉和高山之外，鄰近愛知縣（名古屋）的市町也散落一些值得一看的歷史景點。作為縣廳所在地的岐阜市和西濃地方的大垣市，擁有多個天守閣，最適合歷史迷走訪，深入了解昔日戰國名將的生平和史料。

🚃 (1) JR 名古屋駅 → JR 岐阜駅
　　（JR 東海道本線（快速），約 18 分鐘，¥470）
　(2) JR 名古屋駅 → JR 大垣駅
　　（JR 東海道本線（快速），約 32 分鐘，¥770）
🌐 岐阜市觀光情報：https://www.gifucvb.or.jp/
　大垣市觀光情報：https://www.ogakikanko.jp/
　岐阜巴士：https://www.gifubus.co.jp/
　名阪近鉄巴士：https://www.mkb.co.jp/

① 岐阜公園 ～織田信長故居遺址

位於岐阜市中心金華山山麓的岐阜公園，是戰國時代岐阜城主齊藤道三、織田信長的故居所在地，擁有濃厚的歷史氣息。園內還有歷史博物館、名和昆蟲博物館、加藤榮三・東一紀念美術館等設施外，登上金華山山頂的纜車站也設在公園內，所以人流不少。每逢春季，岐阜公園的櫻花十分美麗。

戰國名將織田信長故居的遺址就在岐阜公園內。

山坡上有一座建於1916年的鮮紅色三重塔，在綠樹環繞下特別耀眼。

📍 岐阜縣岐阜市大宮町　　☎ +81-58-264-4865（岐阜公園綜合案內所）　　🕐 24 小時
🌐 https://www.gifucvb.or.jp/sightseeing/index.php
🚌 由 JR「岐阜」駅（北口）12 或 13 號巴士站乘搭前往「長良橋・松籟団地・おぶさ・岐阜女子大等方向」（岐阜）路線巴士，於「岐阜公園歷史博物館前」下車後徒步 1 分鐘，車程約 14 分鐘，車費 ¥220。

② 金華山纜車
（金華山ロープウェー）

連接岐阜公園與金華山山頂的空中纜車，需時 4 分鐘便可抵達標高 329 米的山頂。在山頂上可以感受被樹木覆蓋的金華山，欣賞長良川的自然美景及岐阜市的城市景觀之外，還可以參觀岐阜城和松鼠村，也可以到展望餐廳享受美食。

📍 岐阜縣岐阜市千疊敷下 257
☎ +81-58-262-6784
🕐 3 月中旬至 10 月中旬 9:00-18:00；
　 10 月中旬至 3 月中旬 9:00-17:00；
　 1 月 1 日 5:00-17:00（※ 夜間營業詳情請瀏覽網站）
🈺 年中無休（年檢有臨時休息）
🎫 來回：成人（中學生以上）¥1,100，小童（4 歲至 11 歲）¥550
🌐 http://www.kinkazan.co.jp/　　🚃 岐阜公園內。

山麓駅入口在岐阜公園內。

松鼠村
🕐 9:30-16:30
💴 成人 ¥400、小童 ¥300

觀景一流的展望餐廳
「ル・ボン・ドゥ・シェル」
🍴 10:00-16:30

必食飛驒牛燒肉丼
(A5 等級 ¥1,700)，
美景伴美食，
感覺超值。

③ 岐阜城 ～ 了解織田信長歷史

岐阜城始建於 1201 年，最初稱為稻葉山城，戰國時代曾是齊藤道三的居城。於 1567 年，織田信長攻克城堡後，以此為統一天下的據點，改名為岐阜城。於 1600 年信長之孫敗於關原之戰，以致城郭淪陷。現時的天守閣是在 1956 年重建，內裡展示盔甲、日本刀等物品和歷史資料，頂層展望台可以將腳下著名清流長良川、遠處的惠那山和伊吹山等山脈美景一覽無遺。這裡也是知名的賞楓景點，每年 11 月上旬至下旬期間，楓葉包圍城堡，美不勝收。

屹立在金華山山頂的城郭，曾有「難攻不落之城」的稱號。

走上天守閣的最高處，可以感受昔日天下霸主眼下的風光。

天守閣內展出許多與織田信長相關的物品和歷史資料。

📍 岐阜縣岐阜市金華山天守閣 18　　📞 +81-58-263-4853
🕐 3 月 16 日至 5 月 11 日 9:30-17:30；5 月 12 日至 10 月 16 日 8:30-17:30；
10 月 17 日至 3 月 15 日 9:30-16:30；1 月 1 日 6:30-16:30
🗓 年中無休　💴 成人 ¥200，小童（4 歲至 16 歲）¥100（包含岐阜城資料館入場費）
🌐 https://www.city.gifu.lg.jp/kankoubunka/kankou/index.html　🚡 金華山纜車山頂駅徒步 8 分鐘。

④ 大垣城 ~昔日の國寶・大垣の象徵

據說大垣城於 1535 年由宮川安定築城，在關原之戰時曾被石田三成作為西軍的據點而為人所知。這座美麗的四層高天守閣，曾於 1936 年被指定為國寶，但在 1945 年毀於空襲的大火之中，直到 1959 年重建了天守閣，再成為大垣城下町的象徵，重現了歷史氣息。

作為昔日關原之戰的舞台，天守閣內展示許多與戰事相關的展品及珍貴資料。

鄉土館以歷代大垣藩主為中心展示歷史文物和美術品等。

📍 岐阜県大垣市郭町 2 丁目 52
📞 +81-584-74-7875　🕐 9:00-17:00
📅 星期二（公眾假期則順延至翌日）及 12 月 29 日至 1 月 3 日
💴 成人￥200，18 歲以下免費（包含鄉土館入場費）
🌐 https://www.city.ogaki.lg.jp/0000000577.html
🚃 JR「大垣」駅（南口）徒步約 7 分鐘。

⑤ 墨俁一夜城
~ 因豐臣秀吉而聞名

相傳墨俁城是由木下藤吉郎（後來的豐臣秀吉）一夜之間建成的，所以被稱為墨俁一夜城。不過一夜建城的說法沒有史料支持，而現在的城堡是仿照大垣城天守閣而建，作為墨俁歷史資料館陳列著許多與豐臣秀吉相關的歷史。從城郭展望台可以看到長良川及金華山等景色，最讓人印象深刻是腳下全長約 3.7 公里的犀川堤，每年 3 月下旬 800 棵吉野櫻爭相盛放，成為市內深受注目的櫻花景觀。

展望台是觀賞犀川堤櫻花的好地方。

📍 岐阜県大垣市墨俁町墨俁城之越 1742-1
📞 +81-584-62-3322　🕐 9:00-17:00
📅 星期一（公眾假期則順延至翌日）及 12 月 29 日至 1 月 3 日
💴 成人￥200，18 歲以下免費
🌐 http://www.city.ogaki.lg.jp/0000000723.html
🚃 (1) 由 JR「岐阜」駅（北口）6 號巴士站乘搭前往「墨俁」（岐阜）路線巴士，於終點站下車後徒步 12 分鐘，車程約 30 分鐘，車費￥510。
(2) 由 JR「大垣」駅（南口）2 號巴士站乘搭前往「岐阜聖德学園大学（岐垣線）」（名阪近鉄）路線巴士，於「墨俁」下車後徒步 12 分鐘，車程約 22 分鐘，車費￥380。

符さん助您安排行程：

由名古屋乘搭 JR 到岐阜及大垣都需時不多，班次也頻密，完全可以隨自己喜好安排即日往返行程。

多治見市・惠那市・中津川市

Tajimi・Ena・Nakatsugawa

位於岐阜縣東南部的多治見、惠那及中津川都屬
於東濃地方，以美濃燒而聞名，在多治見的
一條陶器街，融合了復古與現代的氣息近年大受歡
迎，還有打卡秘境馬賽克磁磚博物館，驚喜
程度意想不到。珍貴的江戶宿場馬籠宿和有天空城跡
之稱的苗木城跡，都是中津川的觀光寶庫。還有惠那
峽的湖光山色、土岐的特賣場，東濃魅力絕不可擋。

🚃 (1) JR名古屋駅 → JR多治見駅（JR中央本線（快速），約36分鐘，¥680）
(2) JR名古屋駅 → JR土岐市駅（JR中央本線（快速），約42分鐘，¥770）
(3) JR名古屋駅 → JR惠那駅（JR中央本線（快速），約64分鐘，¥1,170）
(4) JR名古屋駅 → JR中津川駅（JR中央本線（快速），約76分鐘，¥1,340）
🌐 多治見市觀光情報：https://tajimi-pr.jp/
惠那市觀光情報：https://www.kankou-ena.jp/
中津川市觀光情報：https://www.city.nakatsugawa.lg.jp/kanko/index.html
東鐵巴士：https://tohtetsu.co.jp/
北惠那交通：https://kitaena.co.jp/

① 多治見本町Oribe Street

（多治見本町オリベストリート）

多治見、土岐、瑞浪與可兒等地所製作的陶器被稱為「美濃燒」，其生產量是全國之冠。在多治見市這個陶器小鎮，有一條全長400米的本町Oribe Street，排列著從明治初期到昭和初期所建造的商店和倉庫，是昔日熱鬧的陶器批發街，這些舊建築物現被改成美濃燒店、畫廊、古董店等，也有新穎的Café和餐廳，保留著多治見的美濃燒文化外，也融合了復古與現代的氣息，成為閒逛放鬆的好地方。

在本町Oribe Street上漫步，既可觀賞古建築，也可選購美濃燒，一大樂事。

在古民家經營的美濃燒店，特別吸引顧客。

別以為美濃燒很昂貴，在這裡可以買到很多特價品。

適逢4月16日的陶器節到訪，街上增添許多露天攤檔，令人眼花繚亂。

📍 岐阜縣多治見市本町5～6
🕐 各店有異 　Ｃ 各店有異
🌐 https://www.oribe-street.com/
🚃 JR「多治見」駅徒步10分鐘。

71

② 虎溪山永保寺

~ 國寶級寺院

永保寺是臨濟宗南禪寺派的古老寺院，在鎌倉末期足利尊氏的捐助下，由夢窗國師所創建，由於境內的庭園與中國廬山的虎溪風景相似，因此被加上虎溪山三字。除了池泉迴遊式庭園被指定為國家名勝外，觀音堂和開山堂也名列國寶，十分珍貴。本堂前有一棵700年前由佛德禪師所栽種的大銀杏，每年11月中下旬變成耀眼的金黃色，與周圍的紅葉合併成美麗的風景畫。

雖然11月中下旬的大銀杏最美麗，但翠綠之時也不遜色。

國寶觀音堂與無際橋倒映在池泉之中，景色如詩如畫。

📍 岐阜縣多治見市虎溪山町1丁目40
📞 +81-572-22-0351
🕐 7:00-17:00　　🅲 年中無休　　💰 免費
🌐 https://kokeizan.or.jp/
🚃 (1) JR「多治見」駅（北口）徒步約30分鐘。
　　(2) JR「多治見」駅（北口）乘搭前往「小名田小滝（小名田線）」(東鐵)路線巴士，於「虎溪山」下車後徒步5分鐘，車程約7分鐘，車費¥190。

建於1352年的國寶開山堂，神秘莊嚴。

③ 多治見市馬賽克磁磚博物館

～超級大人氣打卡熱點

黏土山的外觀令博物館一直受到注目，打卡客源源不絕。

多治見市的笠原町是日本最大的馬賽克磁磚產地。這種面積小於50平方厘米的磁磚，被活用於日常生活之中，以豐富的色彩和形狀陪伴著人們一起生活。笠原町為傳達馬賽克磁磚的魅力，創立了主題博物館，請來著名建築師藤森照信監督，以磁磚原料的「黏土山」為概念，打造出外觀吸晴的建築物，自2016年開館至今，仍然是話題十足的參觀設施。博物館還利用收集而來的磁磚，拼湊成各式各樣的馬賽克磁磚壁畫、浴缸、洗手盆、座廁等，藝術感滿溢。周末及假期還可以參加預約制的體驗工房。

在館內可以欣賞到很多馬賽克磁磚壁畫及浴室設施，色彩繽紛，十分漂亮。

訪客可以付費挑選馬賽克磁磚，DIY獨一無二的相架等，十分受歡迎。

貼滿馬賽克磁磚的汽車，是博物館的代表作之一。

📍 岐阜縣多治見市笠原町2082-5　　📞 +81-572-43-5101
🏛 9:00-17:00　　🅲 星期一（公眾假期則順延至翌日）及12月29日至1月3日
💰 成人¥310，中學生以下免費　　🌐 https://www.mosaictile-museum.jp/
🚃 由JR「多治見」駅（南口）2號巴士站乘搭前往「東草口．羽根（笠原線）」（東鉄）路線巴士，
　　於「モザイクタイルミュージアム」下車，車程約17分鐘，車費¥360。

④ 土岐 Premium Outlets

（土岐プレミアム・アウトレット）

擁有 180 間品牌店舖的土岐 Premium Outlets，在壯麗的群山環抱下，自然環境優美舒適，購物輕鬆自在，是中部地區十分受歡迎的特賣場。

📍 岐阜県土岐市土岐ヶ丘 1 丁目 2
📞 +81-572-53-3160
🕐 商店 10:00-20:00；Café 9:30-20:00；餐廳 11:00-21:00
🅒 每年 2 月第 3 個星期四　🌐 https://www.premiumoutlets.co.jp/toki/
🚌 (1) 由 JR「多治見」駅（南口）3 號巴士站乘搭前往「土岐プレミアム・アウトレット（学園都市線）」（東鉄）路線巴士，車程約 30 分鐘，車費 ¥460。
　　(2) 由 JR「土岐市」駅 2 號巴士站乘搭前往「土岐プレミアム・アウトレット（土岐西部丘陵線）」（東鉄）路線巴士，車程約 18 分鐘，車費 ¥270。
　　(3) 由名古屋名鉄巴士中心（4F 23 號巴士站）乘搭前往「土岐プレミアム・アウトレット」（東鉄）高速巴士，車程約 70 分鐘，車費 ¥1,000。（※ 只在周末及假日運行，但減價期間平日也運行）

⑤ 惠那峽 ~ 日本觀光地 100 選—

惠那峽之名是在 1920 年由世界著名地理學家志賀重昂命名，它是興建大井水壩時截斷了木曽川而形成的人工湖。惠那峽兩旁懸崖怪石嶙峋，春天櫻花、杜鵑花盛開，初夏綠意盎然，秋天紅葉滿峽，冬日鴛鴦、野鴨等水鳥雲集，自然美景與人工美景巧妙融合，被選為「日本觀光地 100 選」之一。於 2020 年這裡重建了遊步道、觀景廣場和遊客中心，遊覽時更加舒適和享受。遊客還可乘坐大受歡迎的遊覽船，細嘗兩岸的奇岩美景。

觀景廣場上新設了一組英文字母，只要站在空位舉起雙手成"Y"字，便合成了"ENAKYO"，即是惠那峽的意思。

さざなみ公園上供奉的弁財天，自與建大井水霸開始已守護著惠那峽。

從巴士站徒步5分鐘可來到天然紀念物「傘岩」。

乘坐遊覽船看到的「品字岩」。

如在4月下旬至5月初造訪惠那峽，還可以順遊附近的惠那峽の里，觀賞鮮艷的之櫻。

📍 岐阜県惠那市大井町惠那峽
🌐 https://www.kankou-ena.jp/enakyo.php
🚌 由JR「惠那」駅前2號巴士站乘搭「惠那峽線」（東鉄）路線巴士，於「惠那峽」下車後徒步5分鐘，車程約15分鐘，車費¥200。

惠那峽遊覽船

30分鐘的遊覽船程，可以欣賞到獅子岩、品字岩、鏡岩等聳立在兩岸20餘座的巨岩奇石之外，隨季節變換的櫻花、紅葉和雪景也賞心悅目，是唯獨在船上才可以看到的廣闊全景。

📍 岐阜県惠那市大井町奧戶2709 − 104
📞 +81-573-25-4800
🕐 9:00-16:00；12月至3月10:00-15:00　　🅲 12月至3月15日期間逢星期二休息
💴 成人¥1,500，小學生¥750　　🌐 https://www.tohsyoh.jp/ship

⑥ 馬籠宿 ~ 珍貴宿場風貌

在 江戶時代往來京都與東京之間的中山道上，曾經擁有69個供旅人休息的宿場，至今仍散發著滿滿江戶風情的馬籠，就是當中第43個宿場。馬籠宿地形陡峭，順著山坡而上的石板路兩旁，格子窗民家、資料館、茶屋、特產店等讓人遙想到江戶時代的建築物櫛比鱗次。來到馬籠最適合放慢腳步，感受復古氣氛，一嘗煎餅、五平餅等地道小吃，享受悠閒時光。

散步在馬籠宿的石板路上，像穿越在古代的空間裡。

📍 岐阜縣中津川市馬籠
📞 +81-573-69-2336（馬籠觀光協會）
🌐 https://kiso-magome.com/
🚌 由JR「中津川」駅乘搭前往「馬籠」（北惠那）巴士，於終點站下車，車程約25分鐘，車費¥570。

出生於馬籠的作家島崎藤村，創作了不少以馬籠為背景的作品，參觀藤村紀念館會讓思緒流入其文學的世界。
💰 成人¥500、大學生¥400、小/中學生¥100
🕐 9:00-17:00（12月至3月9:00-16:00）

馬籠脇本陣史料館是可深入了解馬籠歷史的參觀設施。
💰 成人¥300、學生¥100
🕐 9:00-17:00

必食名物

馬籠館的五平餅（¥150）有別於一般的扁平形狀，而是丸子形，而且混入合桃、芝麻和花生的醬汁也特別味美，是我吃過最好味的五平餅，絕對不能錯過。

走到展望廣場上，正面就是標高2,192米的惠那山與群山的壯闊景色。

7 苗木城跡 ～ 岐阜縣天空の城跡

苗木城是建在木曾川右岸的城山上，由遠山氏於1526年築城，踏入明治維新時代被廢城。這座利用自然地形建造的山城，巧妙地使用天然巨石建造石垣，同時亦根據不同年代使用了六種不一樣的石垣堆積技術，是全國非常罕見的山城，因而成為國家指定史跡。站在天守閣遺跡的展望台上，可以全方位欣賞象徵中津川的惠那山和腳下的木曾川，景色令人嘆為觀止。

📍 岐阜県中津川市苗木
🌐 http://www.city.nakatsugawa.gifu.jp/kankou/
🚌 由JR「中津川」駅乘搭前往「付知峽倉屋溫泉（付知峽線）」（北惠那）巴士，於「苗木」下車後徒步約20分鐘，車程約12分鐘，車費¥400。

從足輕長屋跡遠眺的苗木城跡，絕景也！

原封不動使用天然巨石建造石垣和使用了六種堆積技術，是苗木城跡一大精彩看點。

走到天守跡展望台，可以欣賞到惠那山、木曾川和中津川的市街全景。

從本丸俯瞰腳下風光，春櫻滿山，美不勝收。

符さん助您安排行程：

以上全是JR中央本線沿線車站附近的景點，如由名古屋作住宿據點都可以安排即日往返行程。若然對以上多個景點都感興趣，應安排在多治見、中津川或惠那峽等地留宿一至兩天。

靜岡縣
Shizuoka

靜岡縣鄰接神奈川縣、山梨縣、長野縣和愛知縣，是位於連結東京及京都的主要交通東海道新幹線的中途站之內，向來是受歡迎的旅遊目標。**伊豆半島**擁有壯麗的自然景觀和豐富的溫泉資源，值得遊覽的景點多不勝數，是靜岡縣的旅遊重地。縣內擁有日本一**富士山**，當然少不了三島 SKY WALK 及十國峠等以觀賞富士聞名的景點。還有沼津港價廉味美的海鮮、浜名湖的四季花卉等，都是靜岡縣的特色。

🌐 靜岡縣觀光情報：https://hellonavi.jp/
　東海巴士：https://www.tokaibus.jp/
　伊豆箱根巴士：http://www.izuhakone.co.jp/bus/

熱海市
♀Atami

熱海市位於伊豆半島的東側，是靜岡縣具代表性的觀光溫泉勝地，據說名字的由來是因為溫泉湧出海面，海浪變成熱水，所以被稱為熱海。這裡的觀光景點很豐富，從步出車站開始遊覽，通過商店街再延伸至海邊，乘纜車可到熱海城，乘船可往初島，乘巴士可到起雲閣、ACAO FOREST 等。此外，熱海的煙花亦很有名氣，全年會舉辦 10 次以上煙花盛會。由東京乘搭新幹線來熱海只不過 40 分鐘而已，所以能成為很受歡迎的度假天堂。

🚆 JR東京駅 → JR熱海駅（東海道新幹線，約 36 分鐘，¥4,270(指定席)）
🌐 熱海市觀光協會：https://www.ataminews.gr.jp/

市內交通與優惠乘車券：

湯遊巴士（湯～遊～バス）

為 方便遊覽熱海市的主要景點，東海巴士公司提供了湯遊巴士服務，每天由 9:30 至 17:15 運行，每隔 20 分鐘便有一班次，由 JR 熱海駅前 0 號巴士站出發，循環行駛共 16 個車站，包括可到達お宮の松、熱海 Sun Beach、親水公園、起雲閣、熱海纜車、熱海城及 ACAO FOREST 等景點。

- 💲 單程車費：成人 ¥250，小學生 ¥130。

東海巴士 Free Pass「熱海 1 日券」

如 打算遊覽多個熱海市景點，建議購買東海巴士 Free Pass「熱海 1 日券」，可以在一天內無限次乘搭湯遊巴士及指定範圍內的東海路線巴士，憑券也可享有部分景點的折扣優惠。

- 💲 熱海 1 日券：成人 ¥800，小學生 ¥400
- 📍 東海巴士熱海駅前案內所（星期三休息）或在車上購買
- 🌐 https://www.tokaibus.jp/rosen/yu_yu_bus.html

熱海滿喫乘車券

伊 豆箱根巴士公司亦有提供熱海市觀光景點的 1 日乘車優惠券，覆蓋 4 條巴士路線，包括可到達お宮の松、熱海 Sun Beach、親水公園、起雲閣、熱海港、梅園、來宮神社等景點。

- 💲 1 日乘車券：成人 ¥600，小學生 ¥300
- 📍 伊豆箱根巴士熱海駅前案內所或在車上購買
- 🌐 http://www.izuhakone.co.jp/bus/coupon/index.html/

① 熱海溫泉

熱海溫泉是伊豆半島最熱鬧的溫泉區，從熱海駅的東北部到東南部，數十間日式旅館和大型酒店排列在面向相模灣的海岸上，也有一些坐落在山腹能欣賞美好的自然風光。據說這裡除了曾經吸引德川家康造訪之外，昔日也為江戶城輸送泉水，自明治時期以後，還受到許多文人墨客青睞，並在此創作了不少代表作品。這裡的泉質是無色透明的弱鹼性，以觸感順滑見稱，即使不作留宿，提供日歸溫泉的設施及旅館亦有很多選擇。

📍 靜岡縣熱海市東海岸町
📞 +81-557-81-5141（熱海溫泉酒店旅館協同組合）
🌐 https://www.atamispa.com/
🚃 JR「熱海」駅徒步或乘坐酒店接駁巴士。

② 駅前足湯 ~ 家康の湯

為紀念德川家康造訪熱海溫泉 400 周年，於 2004 年在駅前建設了天然溫泉足湯，取名「家康の湯」。泉水每天更換，溫度保持約 41 度，消除疲勞的免費設施大受歡迎，每天都人來人往。

📍 靜岡縣熱海市田原本町 9　🕘 9:00-16:00
🚃 JR「熱海」駅徒步 1 分鐘。　📅 年中無休

③ LUSCA 熱海（ラスカ熱海）~ 購物最後衝刺

與 JR 熱海駅相連的 LUSCA，是一座大型的購物餐飲商場。1 樓設有觀光案內所之外，也有很多伊豆名產手信店；2 樓及 3 樓則是各式雜貨商店、Café 及美食餐廳。

📍 靜岡縣熱海市田原本町 11－1
📞 +81-557-81-0900
🕘 9:00-19:00；🍴 11:00-21:00；📅 年中無休
🌐 https://www.lusca.co.jp/atami/
🚃 JR「熱海」駅直達。

4 熱海駅前商店街

步 出熱海車站隨即會見到兩條耀眼的商店街：仲見世通り商店街及平和通り名店街。伊豆半島的特產手信、溫泉饅頭、咖啡、壽司、海鮮美食等店舖一應俱全，有些是創業60多年的老舖，也有別具一格的小店，邊逛邊吃邊買，十分開心。

📍 靜岡県熱海市田原本町
🕐 各店有異　　🅲 各店有異　　🚃 JR「熱海」駅徒步1分鐘。

5 お宮の松

明 治時期著名作家尾崎紅葉以熱海為故事舞台，創作了日本經典小說「金色夜叉」，風靡日本全國，造就熱海得以發展成為知名的觀光勝地。お宮の松就是小說中的重要場景，松樹旁還豎立了男女主角貫一和お宮的雕像，可見這作品對熱海市來說具有甚大的影響力。

📍 靜岡県熱海市東海岸町
🚃 (1) JR「熱海」駅徒步8分鐘。
　(2) 由JR「熱海」駅前乘搭「湯遊巴士」，於「お宮の松」下車，車程約5分鐘。

6 熱海 Sun Beach（熱海サンビーチ）

全 長約400米的沙灘，種滿了棕櫚樹，水清沙幼，海浪平靜，充滿著度假風情，晚上亮燈後又會添上浪漫氣氛。每逢夏天來這裡玩樂放鬆的人絡繹不斷，而海上舉行煙花盛會之夜，沙灘上就更加熱鬧。

📍 靜岡県熱海市東海岸町
🚃 (1) JR「熱海」駅徒步12分鐘。
　(2) 由JR「熱海」駅前乘搭「湯遊巴士」，於「サンビーチ」下車，車程約6分鐘。

⑦ 親水公園

連 接著沙灘的親水公園，被打造成地中海北部度假區的形象，沿海岸廣植了鮮艷的花草樹木，岸邊停泊著許多遊艇和小船，適合悠閒地散步吹海風，是紓緩身心的好地方。公園的 Moon Terrace，也被認定為「戀人の聖地」，吸引情侶們到此浪漫一番。

Moon Terrace
是親水公園標誌。

📍 靜岡縣熱海市渚町
🚃 (1) JR「熱海」駅徒步15分鐘。
　　(2) 由 JR「熱海」駅前乘搭「湯遊巴士」，於「親水公園」下車，車程約 8 分鐘。

熱海遊覽船 SANREMO

公 園觀景台最遠處，是熱海遊覽船的售票及乘船位置，航程約 30 分鐘。

📞 +81-557-52-6657　　🕙 10:00-15:40　　📅 通常星期二休息
🎫 乘船費：成人 ¥1,300，3 歲以上至小學生 ¥650
🌐 http://www.s-m-atami.co.jp/sanremo/index.html

⑧ 起雲閣 ～ 富麗堂皇百年建築

建 於 1919 年的起雲閣，有「熱海三大別墅」之一的美稱，在昭和年代作為旅館期間，受到眾多名人所喜愛。起雲閣的本館保留了日式建築的美感，洋館則融合了日本、中國和歐洲的裝飾和風格，營造出富麗堂皇的獨特氛圍，而廣闊的綠色庭園木具高雅清透的氣派。自 2000 年作為參觀設施以來，起雲閣一直獲得造訪客的高度評價，是熱海市的重要文化財產。

📍 靜岡縣熱海市昭和町 4－2
📞 +81-557-86-3101
🕙 9:00-17:00
📅 星期三（公眾假期照常開館）
　　及 12 月 26 日至 12 月 30 日
🎫 成人 ¥610，中學生 ¥360，小學生以下免費
🌐 https://www.city.atami.lg.jp/kiunkaku/index.html
🚃 (1) JR「熱海」駅徒步 20 分鐘或「来宮」駅徒步 13 分鐘。
　　(2) 由 JR「熱海」駅前乘搭「湯遊巴士」，於「起雲閣西口」下車，車程約 32 分鐘。
　　(3) 由 JR「熱海」駅前 2 號巴士站乘搭前往「十国峠登り口‧笹良ヶ台循環」（伊豆箱根）巴士，於「起雲閣前」下車，車程約 10 分鐘，車費 ¥230。

9 熱海纜車 (アタミロープウェイ)

~ 大人氣展望台

乘坐熱海纜車，需時3分鐘就由山麓駅到達八幡山山頂。在山頂有2019年全新打造的愛情岬展望台和人氣雪糕店，大受歡迎，人潮不斷。這裡是熱海的賞景勝地，天晴時向東可以看到房總半島，向南可以看到初島和遠處的伊豆大島。山頂附近還有熱海城等其他遊覽設施。

車廂全透明設計，腳下風光一覽無遺。

📍 静岡県熱海市和田浜南町8−15
📞 +81-557-81-5800　🕐 9:30-17:30　📅 年中無休
🎫 成人單程￥400、來回￥700；4歲以上至小學生單程￥300、來回￥400
🌐 https://www.atami-ropeway.jp/
🚃 (1) JR「熱海」駅徒步25分鐘。
　(2) 由JR「熱海」駅前乘搭「湯遊巴士」，於「マリンスパあたみ」下車後徒步4分鐘，車程約8分鐘。
　(3) 由JR「熱海」駅前7號巴士站乘搭前往「熱海港・後樂園」(東海)巴士，於終點下車，車程約12分鐘，車費￥230。

從山頂愛情岬展望台，可以俯瞰熱海市街全景和相模灣的壯闊景色。

10 熱海城

~ 娛樂設施豐富好玩

於1959年落成的熱海城，有別於一般的歷史城郭，而是一座多元化的娛樂設施。城堡連地庫共7層高，除了設有武家文化資料館、日本城郭資料館、江戶體驗區之外，還有遊戲機、足湯設施和頂層的展望天守閣。城外種植了300棵染井吉野櫻，每年春季都聚集了許多賞花客，是熱海著名的櫻花名所。

📍 静岡県熱海市曽我山1993　📞 +81-557-81-6206　🕐 9:00-17:00　📅 年中無休
🎫 成人￥1,100，小／中學生￥600，3歲至6歲￥450；
　與熱海幻視藝術迷宮館共通券：成人￥1,800、小／中學生￥950，3歲至6歲￥700
🌐 http://atamijyo.com/
🚃 (1) 由熱海纜車山頂駅徒步3分鐘。
　(2) 由JR「熱海」駅前乘搭「湯遊巴士」，於「熱海城」下車，車程約18分鐘。

11 熱海幻視藝術迷宮館
（熱海トリックアート迷宮館）

迷宮館是熱海城的分館設施，館內展示著包括恐龍、猛獸、大白鯊、各類海中生物等50多幅精彩藝術畫作，不但可以觀賞，還可以拍出有趣的照片，體驗錯覺藝術的無窮樂趣。

📍 靜岡縣熱海市熱海 1993 　📞 +81-557-82-7761
🕐 9:00-17:00 　🈺 年中無休
🎫 成人 ¥1,100，小 / 中學生 ¥600，3 歲至 6 歲 ¥450；
　　 與熱海城共通券 成人 ¥1,800，小 / 中學生 ¥950，3 歲至 6 歲 ¥700
🌐 http://atami-trickart.com/

12 ACAO FOREST
（アカオフォレスト）
~ 被大海和鮮花的景色治癒

前身名為 Akao Herb & Rose Garden 的大型花園，於 2022 年已改名為 ACAO FOREST。這個規模宏偉的賞花天堂，位於能俯瞰相模灣的小山丘上，充分利用自然地形和氣候種植了四季花卉，打造出 13 個獨特的主題花園，當中以 4 月盛開的 10 萬株鬱金香和 5 至 6 月綻放的 600 個品種共 4,000 株玫瑰最受注目。園內還有日式庭園、打卡設施、香草體驗工房、絕景 Café 和餐廳等，是一個令人放鬆的治癒景點。

在日本庭園天翔中央的「鳳凰的松」，是世界最大的盆景，觀賞價值極高。

園內種植的香草鮮花品種真的很多，愛花的讀者不能錯過。

📍 靜岡縣熱海市上多賀 1027 - 8
📞 +81-557-82-1221
🕐 9:00-17:00
🈺 年中無休（天氣欠佳有臨時休息）
🎫 成人 ¥3,000，小童 ¥1,000
🌐 https://acao.jp/forest
🚌 (1) 由 JR「熱海」駅前乘搭「湯遊巴士」，於
　　　「アカオフォレスト」下車，車程約 26 分鐘。
　　 (2) 由 JR「熱海」駅前 6 號巴士站乘搭前往「網
　　　代旭町」(東海) 巴士，於「アカオフォレスト」
　　　下車，車程約 13 分鐘，車費約 ¥290。

13 伊豆山神社

　　　　豆山神社在漫長的歷史中，曾被稱為伊豆御宮、
　　　　伊豆大權現、走湯大權現等眾多名稱。據說這裡是鎌倉幕府初代大將軍源賴朝與戀人政子結緣之地，也是德川家康曾造訪的神社，因此吸引不少信眾來此祈求姻緣和強運。神社位於海拔 170 米高的伊豆山之中，可以一覽相模灣的壯麗景色。

📍 靜岡縣熱海市伊豆山 708 − 1　　📞 +81-557-80-3164
🕐 24 小時　　🌐 https://izusanjinjya.jp/
🚌 由 JR「熱海」駅前 4 號巴士站乘搭「伊豆山循環・七尾方面」(東海) 巴士，於「伊豆山神社前」下車，車程約 7 分鐘，車費 ¥190。

世界著名建築師隈研吾設計的 COEDA HOUSE，是以玻璃建造的絕景 Café，面前就是壯觀的海景，所以經常座無虛席。

園內精心設計了不少絕佳的打卡點。

花園面積廣闊，逛累了可以來餐廳享用午餐稍作休息。

盪鞦韆看海景，就是最受歡迎的打卡熱點。

香草體驗工房很受女士和親子歡迎。

14 走湯 ~ 日本三大古泉之一

走湯是位於伊豆山山麓下靠近相模灣的一個洞窟之中的源泉，大約在 1,300 年前被發現，因從山中湧出的泉水飛奔海岸而得名。明治時代以前，走湯曾作為伊豆山神社的神聖溫泉被供奉，而時至今日仍為各酒店旅館供應泉水，其橫穴式的源泉在日本是罕有的，被譽為「日本三大古泉」之一。

觀賞走湯是需要俯身走入 5 米深的洞穴盡頭，由於每分鐘每超過 100 升高達 70 度的泉水湧出，所以煙霧迷濛，感覺既神秘又神聖。

📍 靜岡縣熱海市伊豆山 604 – 10

🚉 (1) 由 JR「熱海」駅徒步 22 分鐘／由伊豆山神社徒步 12 分鐘。

(2) 由 JR「熱海」駅前 4 號或 5 號巴士站乘搭前往「伊豆山方面」（東海）巴士，於「逢初橋」下車後徒步 4 分鐘，車程約 3 分鐘，車費 ¥170。

15 來宮神社 ~ 2,100 年樹齡御神木

來宮神社創建於 710 年。相傳在奈良及平安時代，征夷大將軍坂上田村麻呂為祈求戰爭勝利，將來宮神社的分靈坐鎮於日本全國各地，而熱海的來宮神社則為總社。自古以來就被視為開運吉祥之神社境內，有一棵樹齡超過 2,100 年的御神木「大楠」，據說繞樹幹一周即可延長一年壽命，成為能量景點而深被崇敬，全年都有許多遊客來此祈求長壽、病癒和健康。

社殿前的心型落葉成為了人氣打卡點。

御神木「大楠」的樹幹周長 23.9 米、高 26 米，被指定為國家天然紀念物。

📍 靜岡縣熱海市西山町 43 – 1　　📞 +81-557-82-2241

🕐 24 小時　　🌐 http://kinomiya.or.jp/

🚉 (1) 由 JR「熱海」駅乘搭「JR伊東線」，於 JR「來宮」駅下車後徒步 5 分鐘，車程 2 分鐘，車費 ¥150。

(2) 由 JR「熱海」駅前 2 號巴士站乘搭前往「十國峠登り口·笹良ケ台循環」（伊豆箱根）巴士，於「來の宮神社前」下車，車程約 13 分鐘，車費 ¥230。

(16) 熱海梅園 ～ 全國最早綻放的梅花

於 1886年開園的熱海梅園，以日本最早盛開梅花而聞名，在全園佔地約4.4公頃內，可以觀賞到60個品種共469棵梅花樹。每年1月上旬至3月上旬都會舉行梅花祭，而滿開之期通常在1月下旬至2月中旬。這裡也是賞楓之地，園內的380棵楓樹是全國最遲變紅的秋葉。除了賞花之外，還有小橋瀑布、韓國庭園及中山晉平紀念館等，是熱海著名的觀光地。

📍 靜岡縣熱海市梅園町8-11
📞 +81-557-86-6218
🕐 24小時；梅花祭期間 8:30-16:00
🅒 年中無休
💰 免費；梅花祭期間 成人¥300，中學生以下免費
🌐 https://www.ataminews.gr.jp/spot/105/
🚃 (1) JR「来宮」駅徒步10分鐘。
(2) 由JR「熱海」駅前1號巴士站乘搭前往「梅園・相の原方面」(伊豆箱根)巴士，於「梅園」下車，車程約15分鐘，車費¥270。

落差13米的梅見瀑布。

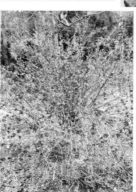

17 十国峠 ～飽覽「十国」的壯麗風景

十國是指舊國名「伊豆」、「駿河」、「遠江」、「甲斐」、「信濃」、「相模」、「武藏」、「上總」、「下總」和「安房」，即是現在的靜岡縣、山梨縣、長野縣、神奈川縣、東京都和千葉縣。晴天的時候，乘坐十国峠登山纜車到達山頂觀景台，可以飽覽富士山、南阿爾卑斯山、駿河灣、湘南海岸和房總半島等絕美的壯麗景色。於 2022 年 8 月在山頂上重新打造的 PANORAMA TERRACE 1059 及 TENGOKU Café，環境更舒適，感覺更享受。

十国峠纜車站的外觀。
步進2樓便是纜車售票及乘車處

十国峠山頂駅。

車廂最多可容納96人。

十国峠纜車（十国峠ケーブルカー）

纜車全長 316 米，連接「十国峠山麓駅」（標高 665 米）和「十国峠山頂駅」（標高 766 米），需時 3 分鐘而已。

千葉縣的房總半島。

從 PANORAMA TERRACE 1059
可以 360 度飽覽四周美景，當然富士山是最受晴呢！

📍 靜岡縣田方郡函南町桑原 1400-20
📞 +81-557-81-6895　🕐 8:50-16:50
📅 年中無休（天氣欠佳有臨時休息）
💰 來回收費：成人 ¥730，小學生 ¥370
🌐 http://www.izuhakone.co.jp/jukkoku-cable/
🚌 由 JR「熱海」駅前 2 號巴士站乘搭前往「十国峠登り口．元箱根」（伊豆箱根）巴士，於「十国峠登り口」下車，車程約 38 分鐘，車費 ¥720。

必吃蛋糕
超級大人氣的
士多啤梨海綿蛋糕
（¥1,000）。

全新打造的 TEN Goku Cafe，可以面對富士山享用茶點美食。

必打卡！

十国峠限定的峠チュロス（¥500）。

符 さん 提提您：

如果由熱海出發往來十国峠，可購買「絕景富士山乘車券」，憑券可在一天內無限次乘搭「熱海駅」與「十国峠登り口」之間的伊豆箱根巴士，以及乘搭「十国峠纜車」來回各一次（巴士可前往起雲閣、來宮神社和梅園）

🎫 1 日乘車券：成人 ¥1,700，小學生 ¥850
📍 伊豆箱根巴士熱海營業所（東橫 INN 前）或在車上購買
🌐 http://www.izuhakone.co.jp/bus/coupon/index.html

18 初島 ~ 著名度假小島

靜岡縣 · 熱海市

初島是漂浮在伊豆半島東部相模灣的一個小島，亦是靜岡縣唯一有人居住的島嶼。由於長年氣候和暖，島上生長著許多亞熱帶植物，自然環境悠閒舒適，漁民經營的食堂街亦很受歡迎，遊客絡繹不絕，所以島上還有度假村及民宿經營。由熱海港乘坐高速船前往初島只不過 30 分鐘，每天約有 7 班船航行，十分方便。來到初島的遊客，都喜歡環島散步一周（約 60 分鐘），體驗小島風情，品嘗美味海鮮，享受慢活的空間。

📍 靜岡県熱海市初島　　🌐 https://www.hatsushima.jp/

富士急 MARINE RESORT 高速船（富士急マリンリゾート高速船）

📞 +81-557-81-0541　　🕐 7:30-17:20
🅒 年中無休（天氣欠佳有臨時休息）
🚢 來回船費：成人 ¥2,800，小學生 ¥1,400
🚌 由 JR「熱海」駅前 7 號巴士站乘搭前往「熱海港 · 後樂園」（東海）巴士，於「熱海港」下車，車程約 10 分鐘，車費 ¥230。

距離初島港只有 1 分鐘步程的食堂街，共有 14 間食店，可以品嘗新鮮海產，最受歡迎當然是海鮮丼了，但其實磯煮鮑魚都很鮮味。

燈塔旁邊的資料展示館。

初島燈塔於 1959 年落成，高 16 米，從燈塔展望台可以看到富士山、伊豆大島和三浦半島。參觀時間：10:00-16:00；收費成人 ¥300，小學生以下免費。

PICA 初島是島上的度假村，想了解更多設施資訊，可瀏覽：http://www.hatsushima.jp/。

符さん助您安排行程：

熱海市景點很多，建議至少安排兩日一夜的行程，尤其有煙花燃放的日子，最好安排留宿，記下最美好的遊歷。

偶遇了初島的櫻花，有一點驚喜。

據說初木神社創建於鎌倉時代之前，自古以來都是島民信仰的中心。

91

三島市·沼津市·御殿場市

Mishima · Numazu · Gotemba

由熱海乘搭 JR 東海道本線，約十數分鐘就可以到達三島和沼津。三島 SKYWALK 是近年落成的大人氣景點，為現時日本最長的行人大吊橋，可以欣賞絕美的富士美景。沼津港受惠於日本最深的駿河灣，魚獲豐富且價廉味美，港口佈滿海鮮食店，有「沼津の築地」的美名。飽腹過後，推薦您到日本最大級的展望水門，欣賞日落富士。如果天氣欠佳，改去御殿場購物也有另一種滿足感吧！

🚄 (1) JR 東京駅 → JR 三島駅（東海道新幹線，約 50 分鐘，¥4,600（指定席））
(2) JR 熱海駅 → JR 三島駅（JR 東海道本線，約 13 分鐘，¥330）
(3) JR 熱海駅 → JR 沼津駅（JR 東海道本線，約 18 分鐘，¥420）
(4) JR 沼津駅 → JR 御殿場駅（JR 御殿場線，約 35 分鐘，¥420）

🌐 三島市觀光情報：https://www.mishima-kankou.com/
沼津市觀光情報：https://numazukanko.jp/
東海巴士：https://www.tokaibus.jp/
伊豆箱根巴士：http://www.izuhakone.co.jp/bus/

JR 三島駅

JR 沼津駅

由本殿、幣殿及拜殿三座建築組成的複合社殿，建於 1866 年，是國家指定重要文化財產。

1 三嶋大社
～ 神聖美麗的神社

三嶋大社的創建年期不詳，但根據奈良、平安時代的古籍記載，神社自古已鎮守在三島，供奉著大山祇命和事代主神，護佑生意興隆、五穀豐登等，至今仍深受商人和漁民的崇敬。除了參拜之外，信眾都喜歡來這裡品嘗名物「福太郎」草餅，據說它能驅除邪氣，是三嶋大社的名物。境內的建築如社殿、御殿、神門等都佈滿複雜精巧的雕刻；而參道與神池旁的染井吉野櫻和垂枝櫻，都在櫻花時節為神社添上美感。

建於 1867 年的神門，也是三島市指定文化財產。

相傳為祈求孩子們健康成長，神馬每天清晨都會載著神靈登上箱根山。

📍 靜岡縣三島市大宮町 2 丁目 1-5
📞 +81-55-975-0172
🕐 24 小時
🌐 http://www.mishimataisha.or.jp/
🚃 JR「三島」駅（南口）徒步 15 分鐘。

② 三島 SKYWALK
（三島スカイウォーク）
~日本一行人吊橋

於 2020 年落成的三島 SKYWALK，全長 400 米，是現時日本最長的行人吊橋，能夠享受 360 度大自然全景的空中漫步，欣賞富士山、駿河灣、三島和沼津的壯闊景觀。大吊橋是連接被森林包圍的大型歷奇中心，除了可觀賞風景和植物之外，還可以參加攀石、高空飛索、歷奇挑戰等刺激好玩的活動，所以開幕以來一直是大人氣的景點設施。

美景在前忙著打卡拍照，已沒空間懼高。

在橋上可以遠眺駿河灣景色。

全玻璃帷幕打造的 SKY GARDEN，除了佈滿美麗的花朵，也有手信店和雪糕店。
現場有歷奇教練細心指導參加者。

SKYWALK COFFEE。

森の Kitchen。

📍 靜岡縣三島市笹原新田 313
📞 +81-55-972-0084　　🕐 9:00-17:00　　📅 年中無休
💰 成人 ¥1,100、中學生 ¥500、小學生 ¥200（歷奇活動另需付費）
🌐 https://mishima-skywalk.jp/
🚌 由 JR「三島」駅（南口）5 號巴士站乘搭前往「元箱根港・山中」（東海）巴士，於「三島スカイウォーク」下車，車程約 26 分鐘，車費 ¥570。

③ 沼津日枝神社

沼 津市的日枝神社，為了與其他地區的日枝神社作出區別，故特意加上地名沼津二字。據說神社創建於平安時代，距今已有900多年的悠久歷史，主祭神為大山咋神，被尊為林業、釀酒、辟邪之守護神。日枝神社在春季是賞櫻的名所，尤其是從福島縣運來的幼苗所培植的三春瀧櫻最受注目，每年舉辦鎮花祭之時都很熱鬧。

沼津日枝神社的社殿

📍 靜岡県沼津市平町 7-24
📞 +81-55-962-1575
🕐 24 小時
🌐 https://numazu-hieijinjya.com/
🚃 JR「沼津」駅（南口）徒步 10 分鐘。

境內還有供奉著學問之神菅原道真的日枝天滿宮，吸引許多學生前來祈求學業進步。

④ 沼津港 ～沼津の築地

位 於靜岡縣的駿河灣，水域最深處達 2,500 米，海中生活著 1,200 多種魚類，是日本最深的海灣。沼津港憑著面向駿河灣的優勢，無論是熟悉的魚類到稀有的深海魚，漁獲都相當豐富，更被譽為「沼津の築地」。港口一帶海鮮美食店鋪鱗次櫛比，以合理的價格吃到新鮮捕獲的當地魚獲招徠，愈來愈受到外國遊客的關注，是來沼津必遊的景點。

📍 靜岡県沼津市千本港町　🌐 http://numazuminato.com/
🚌 由 JR「沼津」駅（南口）1 號巴士站乘搭前往「沼津港」（東海／伊豆箱根）巴士，於「沼津港」下車，車程約 10～15 分鐘，車費約 ¥200。

沼津港新鮮館（沼津みなと新鮮館）

沼 津港新鮮館位於沼津港的入口處，館內除了有駿河灣捕獲的海鮮，還有出售當地蔬菜、茶葉、甜點及各式特產。餐廳供應的海鮮丼、刺身定食、迴轉壽司等都很受歡迎，價錢合理又新鮮，每逢週末人流很多。館內的食店大多在下午 3 時關門，建議早點前往。

📍 靜岡県沼津市千本港町 128-1　📞 +81-55-941-7001
🕐 9:00-16:00（各店有異）
🅒 每月第 2 及第 4 個星期二（公眾假期照常營業）

95

港八十三番地 ~沼津港人氣 No.1

以地址為名的「港八十三番地」，是一個聚集了餐廳、紀念品商店和水族館的綜合設施，是讓人可以盡情享受駿河灣魅力的觀光地。這裡不僅有日式料理，也有西式餐廳，以駿河灣的漁獲和靜岡的食材，供應壽司、海鮮丼、濱燒（海鮮燒烤）、深海魚漢堡等各種美食，深受顧客喜愛，回頭客絡繹不絕。

📍 靜岡縣沼津市千本港町 83　　🕘 9:00-22:00（各店有異）
🅒 各店有異　　🌐 http://www.minato83.com/

⑤ 沼津港深海水族館

位於「港八十三番地」內的水族館，是世界上第一個深海魚水族館，展示著約 200 種共 3,000 隻來自駿河灣的深海生物和來自世界各地的稀有生物，聞所未聞的深海魚讓人大開眼界，品嘗海鮮美食之後順道一遊也樂趣無窮。

📍 靜岡縣沼津市千本港町 83 番地　　📞 +81-55-954-0606
🕘 10:00-18:00　　🅒 年中無休
🎫 成人 ¥1,800，小／中學生 ¥900，4 歲以上幼兒 ¥400
🌐 http://www.numazu-deepsea.com/

⑥ 沼津港大型展望水門「びゅうお」 ~日本最大級の水門

聳立在沼津港的展望水門「びゅうお」，於 2004 年落成，是保護市民免受海嘯侵襲的水閘設施，當發生地震約五分鐘後水門便會自動關閉。巨型的水門寬 40 米、高 9.3 米、重 406 噸，是現時日本最大級的水門。從離地面 30 米高處更設有展望台，可以欣賞四周美景，富士山、箱根連山、沼津阿爾卑斯山和大瀨崎都

盡收眼底。到了晚上，水門還會亮起燈光，無論是冬季的橙色，或是夏季的藍色，都為夜空添上浪漫的色彩。

沼津魚市場。

天晴時能看到富士山。

展望台迴廊能 360 度全方位欣賞風景。

📍 靜岡縣沼津市本千本 1905 – 27　　📞 +81-55-963-3200
🕐 10:00-20:00；逢星期四 10:00-14:00　　🅲 年中無休
💴 成人 ¥100，小／中學生 ¥50　　🌐 http://byuo.jp/
🚌「沼津港」巴士站徒步 6 分鐘。

7 御殿場 Premium Outlets
（御殿場プレミアム・アウトレット）

於 2000 年開業的御殿場 Premium Outlets，由最初只有 92 間店舖，經過多次擴展，現已增至 290 間店舖，成為各大品牌的集中地，其店舖數目僅次於千葉縣的木更津 Outlet 及三重縣的長島 Outlet。不過以佔地面積來說，御殿場還是日本全國最大的，加上這裡可以看到富士山，購物氣氛無與倫比。從東京都的新宿、渋谷等多個地方，每天都有高速巴士往來御殿場，也有遊覽箱根遊客順道來這裡購物，所以人氣持續強勁，是日本具代表性的購物聖地。

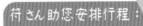

📍 靜岡縣御殿場市深沢 1312
📞 +81-550-81-3122
🕐 10:00-20:00
🅲 每年 2 月第 3 個星期四
🌐 https://www.premiumoutlets.co.jp/gotemba/
🚌 (1) 由東京、新宿、渋谷、池袋、橫浜、箱根湯本及河口湖駅等，均有巴士到達，班次和車費等資料可瀏覽網站：https://www.premiumoutlets.co.jp/gotemba/access/bus/。
(2) 由 JR「御殿場」駅（乙女口）乘搭免費接駁巴士，車程約 15 分鐘。

符さん助您安排行程：

三島和沼津是一天遊的最佳配搭，可以安排熱海為住宿據點，輕鬆出遊，享受美景和美食。

伊豆市
♀Izu

位於伊豆半島中央的伊豆市，是伊豆半島最大面積的市町。這裡擁有伊豆歷史最悠久的修善寺溫泉，也有伊豆最大的淨蓮瀑布，還有伊豆最浪漫的戀愛能量景點戀人岬，十分值得來這裡一趟，體驗不同的樂趣。

🚃 (1) 東京駅→修善寺駅（JR 特急踊り子号，約 2 小時，¥4,640(指定席)）
(2) 三島駅→修善寺駅（伊豆箱根鉄道駿豆線，約 35 分鐘，¥550）

🌐 伊豆市觀光協會：https://kanko.city.izu.shizuoka.jp/
東海巴士：https://www.tokaibus.jp/
伊豆箱根巴士：http://www.izuhakone.co.jp/bus/

東海巴士全線 Free Pass
（東海バス全線フリーきっぷ）

遊覽伊豆市、伊東市、河津町及下田市等，經常要乘搭東海巴士，如打算在伊豆半島遊覽兩至三天，建議購買分為2日券或3日券的巴士全線 Free Pass 以節省車費。

修善寺駅前東海巴士案內所。

💰 全線2日券：成人 ¥3,900，小學生 ¥1,950　　全線3日券：成人 ¥4,600，小學生 ¥2,300
📍 熱海、修善寺、伊東、河津及下田等的駅前東海巴士案內所購買。
🌐 https://www.tokaibus.jp/rosen/zensenfree.html

1 修善寺溫泉 ~ 伊豆半島最古老溫泉

修善寺溫泉是伊豆半島歷史最悠久的溫泉。相傳弘法大師於807年到訪修禪寺之時，看見了一名少年在桂川中為生病的父親洗澡，對其孝心為之動容，於是大師以佛具「独鈷」砸碎河中的岩石噴出靈泉，讓少年為父親洗身，令其頑疾得以消除，神泉治病功效之說被廣傳後，便誕生了修善寺溫泉。泉水是鹼性單純溫泉，可紓緩各種痛症及消除疲勞。在溫泉街中心的桂川兩岸，林立著商店、食店和日式旅館，附近還有足湯、修禪寺和竹林的小徑等，隨季節也可欣賞梅花、櫻花、紅葉和煙花，是一個深受歡迎的觀光溫泉地。

独鈷の湯位於桂川旁邊，是修善寺溫泉的地標。它曾經是可以浸泡的足湯設施，但現在只可觀賞，禁止泡足。

📍 靜岡縣伊豆市修善寺
📞 +81-558-72-0271（修善寺溫泉旅館協同組合）
🌐 https://www.shuzenji-kankou.com/
🚌 由「修善寺」駅1號巴士站乘搭前往「修善寺溫泉」（東海／伊豆箱根）巴士，於終點站下車，車程約8分鐘，車費 ¥220。

杉の湯足湯和對岸的河原湯足湯，均可免費享用。

溫泉街中心的桂川上有五座橋，包括：渡月橋、桂橋、楓橋、虎溪橋及瀧下橋，合稱為「戀之橋」。每座橋都承載著與愛情相關的祝福，據說只要一邊許願一邊過橋便可願望成真，成為戀愛人氣能量點。

② 修禪寺 ～殘留悲劇歷史

位於溫泉街中心的修禪寺，由弘法大師於807年創立，為曹洞宗寺院。當初寺院稱為桂谷山寺，從鐮倉時代起改名為修禪寺，又被稱為修善寺，雖然漢字寫法不同，但其實日語發音一樣。修禪寺在鐮倉時代，是源氏一族骨肉相殘的悲劇舞台，殘留著一段源氏家族滅亡的歷史。其後寺院亦因戰火被燒毀，直到1489年由戰國大名北條早雲將之復興。在莊嚴的寺院內，也可以欣賞到櫻花和楓葉。

📍 靜岡縣伊豆市修善寺 964　📞 +81-558-72-0053　🕐 寶物殿 8:30-16:30（10月至 3 月 16:00 止）
🅒 年中無休　💰 免費參拜；寶物殿 成人 ¥300，小／中學生 ¥200
🌐 https://shuzenji-temple.jp/　🚌「修善寺溫泉」巴士站徒步 5 分鐘。

③ 日枝神社

據說日枝神社也是弘法大師所創立，原是修禪寺的守護神社，但自明治時期實施神佛分離令之後，神社已跟寺院分離。境內有一棵周長約5.5米、高約25米的一級楊樹，是伊豆的稀有樹木，被指定為縣內天然紀念物。還有兩棵根部相連的夫婦杉，樹齡達800年之久，作為祈求姻緣和子孫而聞名。

📍 靜岡縣伊豆市修善寺 826　🕐 24 小時
🚌「修善寺溫泉」巴士站徒步 3 分鐘。

④ 竹林の小徑 ～迷人打卡熱點

漫步在沿著桂川而建的遊步道，可來到風景迷人的竹林の小徑。雖然小徑只有短短200米，但被青蔥的竹林包圍，坐在巨大的圓形竹桌上，細聽風和樹葉的大自然聲音，卻是十分療癒的空間，所以成為遊客最愛的聚集點。

📍 靜岡縣伊豆市修善寺 3463-1
🚌「修善寺溫泉」巴士站徒步 5 分鐘。

5 筥湯～唯一共同浴場

静岡縣・伊豆市

昔 日修善寺河川沿岸曾經有 7 座共同浴場，於 2000 年重建的筥湯便是當年其中一座。筥湯是只有一個室內浴場的細小設施，但檜木造的浴池也可以盡情享受古湯的雅緻氛圍。浴場旁邊興建了高 12 米的「仰空樓」，可讓湯客一覽溫泉街的風貌。

📍 静岡県伊豆市修善寺 924-1　📞 +81-558-72-5282　🕐 12:00-21:00　📅 年中無休
💰 成人 ¥350（旅館住宿者 ¥150），小學生以下免費　🚌「修善寺溫泉」巴士站徒步 3 分鐘。

6 淨蓮瀑布（浄蓮の滝）～伊豆最大級

淨 蓮瀑布位於茂密的森林之中，寬 7 米、落差 25 米、瀑布潭深 15 米，是伊豆最大的瀑布，也是「日本瀑布 100 選」之一。澎湃的水流從玄武岩懸崖上傾瀉而下，瀑布和岩石的柱狀節理構成的畫面非常美麗，在綠意盎然的環境之中，既感到一股氣勢，又營造出靜謐氛圍，壯觀又神秘。

山葵（Wasabi）是伊豆的名產，瀑布潭附近也有培植山葵和專賣店。

瀑布入口處有伊豆舞孃銅像和商店，可以在此品嘗 Wasabi 雪糕。

📍 静岡県伊豆市湯ケ島 892-14
📞 +81-558-85-1125（淨蓮瀑布觀光中心）
🕐 24 小時　🌐 http://www.j-taki.com/

🚌 (1) 由「修善寺」駅 5 號巴士站乘搭前往「河津駅」（東海）巴士，於「浄蓮の滝」下車後徒步 5 分鐘，車程約 35 分鐘，車費 ¥840。
(2) 由「河津」駅 3 號巴士站乘搭前往「修善寺駅」（東海）巴士，於「浄蓮の滝」下車後徒步 5 分鐘，車程約 57 分鐘，車費 ¥1,130。

7 戀人岬 ～伊豆最強愛情能量點

戀人岬是位於土肥溫泉以南的岬角，是伊豆著名的愛情能量點。從戀人岬巴士站下車後，滿滿都是與愛情相關的打卡佈置，是情侶們浪漫的拍拖勝地，也是祈求戀愛降臨的聖地。通過整備完善的遊步道，抵達岬角前端的展望台，可以180度飽覽駿河灣和富士山的美景，據說只要在這裡誠心敲響愛之鐘3次，便可迎接永恆的愛，對於愛情至上的遊客來說，又豈能錯過呢！

AMORE 銅像是由伊東市的藝術家重岡健治所設計。

在金之鐘敲鐘3次，立下山盟海誓。

戀人岬最前端的愛之鐘展望台，沒雲的時候可以看到富士山。

戀人岬巴士站也別具浪漫色彩。

戀人岬 STERA HOUSE 是一座銷售特產手信的商店。

📍 靜岡縣伊豆市小下田 3135-7　　📞 +81-558-99-0270（戀人岬 STERA HOUSE）

🕐 24 小時；戀人岬 STERA HOUSE 9:00-17:00　　🅒 年中無休　　💰 免費

🌐 http://www.toi-annai.com/

🚌 由「修善寺」駅4號巴士站乘搭前往「土肥溫泉・堂ヶ島・松崎方面」（東海）巴士，於「恋人岬」下車，車程約65分鐘，車費￥1,650。

8 堂島天齒洞（堂ヶ島天窓洞）

～神秘夢幻青之洞窟

從修善寺駅出發，乘搭前往戀人岬的巴士，也可來到奇石林立的堂島海岸線，欣賞西伊豆著名的自然風景。堂島最大看點的天窗洞，也被稱為青之洞窟，是國家指定的天然紀念物，從高處下望，海水青藍美麗，引人入勝。如果乘坐遊覽船，更可接近洞窟，欣賞光線從洞頂照進洞窟的神秘景象，蔚為奇觀。此外，附近還有龜島和三四郎島等其他宏偉的自然景觀。

天窗洞由白色凝灰岩構成，下方是蜂窩狀的海蝕隧道，並有三個入口，遊覽船可駛進中央的天窗，欣賞蔚為觀止的奇觀。

許多遊客走近龜島賞景打卡，十分開心。

離岸 200 米的高島、中之島和象島，退潮時島嶼與陸地相連的景象被稱為「三四郎島」，也是著名的景觀。

📍 靜岡縣賀茂郡西伊豆町仁科
🌐 https://www.nishiizu-kankou.com/sightseeing/cwincave.html
🚌 (1) 由「修善寺」駅 4 號巴士站乘搭前往「土肥溫泉‧堂ヶ島‧松崎方面」(東海) 巴士，於「堂ヶ島」下車，車程約 90 分鐘，車費 ¥2,070。(由「恋人岬」上車則需時約 20 分鐘，車費 ¥730)
(2) 由「伊豆急下田」駅 5 號巴士站乘搭前往「堂ヶ島方面」(東海) 巴士，於「堂ヶ島」下車，車程約 58 分鐘，車費 ¥1,430。

洞穴遊覽船（堂ヶ島 Marine）

航程 20 分鐘的洞穴巡遊路線，主要是遊覽天窗洞和附近的三四郎島等。此外，還有堂島巡遊路線、千貫門巡遊路線及地質遺跡巡遊路線。

📍 靜岡縣賀茂郡西伊豆町仁科 2060
📞 +81-558-52-0013
🕐 10:00-16:00
⚓ 如風高浪急會臨時停航
🎫 乘船費：成人 ¥1,300，小學生 ¥650（※ 其他遊船路線收費請瀏覽網站）
🌐 https://dogashimamarine.jp/

登船處。

售票處就在岸邊附近。

符さん助您安排行程：

上午遊覽修善寺溫泉，下午遊覽戀人岬及堂島，剛好是一天的行程。離開堂島，可考慮到下田留宿，翌日展開下田之旅。淨蓮瀑布位處雖然在伊豆市，但其實它與河津七瀑布是乘搭同一條巴士路線（往來修善寺駅與河津駅），只是由修善寺駅出發比較近而已，所以可安排淨蓮瀑布與河津七瀑布同日遊覽。

伊東市

Izu

伊東市位於伊豆半島東海岸，面向相模灘，受火山群的影響，造就了懸崖峭壁、火山口湖和溫泉等。**小室山、大室山、一碧湖和城崎海岸**等都是伊東市著名的景點。此外，這裡亦有不少賞花名所，三月下旬有伊豆高原櫻並木，四月下旬有小室山公園，還有花期跨越半年的櫻之里，愛花者萬勿錯過。

🚃 (1) 東京駅→伊東駅 (JR 特急踊り子号，約 1 小時 44 分鐘，¥3,890(指定席))
(2) 熱海駅→伊東駅 (JR 伊東線，約 22 分鐘，¥330)
(3) 伊東駅→城ケ崎海岸駅 (伊豆急行線，約 18 分鐘，¥590)
(4) 東京駅→伊豆高原駅 (JR 特急踊り子号，約 2 小時 03 分鐘，¥5,170(指定席))
(5) 伊東駅→伊豆高原駅 (伊豆急行線，約 20 分鐘，¥680)
(6) 伊東駅→伊豆熱川駅 (伊豆急行線，約 32 分鐘，¥1,060)
🌐 伊東觀光協會：https://itospa.com/
東海巴士：https://www.tokaibus.jp/

東海巴士 Free Pass 「伊東・伊豆高原 2 日券」

在 前頁伊豆市章節提到，可購買分為 2 日券或 3 日券的巴士全線 Free Pass 遊覽多個市町。但如果只遊覽伊東市，則應該購買「伊東・伊豆高原 2 日券」。此券亦可享有多個景點的折扣優惠。

💴 伊東・伊豆高原 2 日券：
　成人 ¥1,500，小學生 ¥750
📍 東海巴士伊東駅案內所購買
🌐 https://www.tokaibus.jp/rosen/ito_kanko_freepass.html

① 道の駅伊東 Marine Town
（道の駅伊東マリンタウン）

~色彩繽紛・滿載歡欣

外 觀七彩奪晴的道の駅伊東 Marine Town，規模比一般道の駅大，與其說是駕駛期間的休息站，不如說是一個多元化的商業設施。這裡有提供海鮮丼的食店、各式餐飲店、特產商店、足湯、日歸溫泉和遊覽船等設施都一應俱全，熙熙攘攘，人氣十足。

免費足湯設施。

遊覽船營業時間：9:10-15:40；
成人收費 ¥1,800，
中學生 ¥1,400，小學生 ¥900。

朝日の湯（日歸溫泉）營業時間：5:00-21:00；
成人收費 ¥1,000，小學生 ¥600
（周末假期成人 ¥1,500，小學生 ¥750）。

📍 靜岡縣伊東市湯川 571-19
🚃 (1)「伊東」駅徒步 16 分鐘。
　(2) 由「伊東」駅 1 號巴士站乘搭前往「Marine Town（マリンタウン）」（東海）巴士，車程約 5 分鐘，車費 ¥170。

📞 +81-557-38-3811
🕐 商店 9:00-18:00；餐廳 11:00-19:30（各店有異）
🅲 各店有異
🌐 https://ito-marinetown.co.jp/

②小室山公園 ~絕美大紅花毯

位於小室山山麓的公園，擁有著名的賞花熱點杜鵑園。佔地約 3.5 公頃的杜鵑園，遍植 40 個品種約 10 萬株杜鵑花，每年 4 月中下旬期間，都可以欣賞到鮮紅的杜鵑花毯，美艷動人，各地賞花客慕名湧至，每年 4 月 29 日至 5 月 5 日都會舉行杜鵑花祭。遊客更可乘坐吊椅到標高 321 米的山頂，漫步在 2021 年 4 月才開幕的山脊步道 MISORA，360 度飽覽壯麗風景，也可到 Café 321 品嘗咖啡美食，優哉游哉。山頂上還有小室神社和恐龍廣場，大人小孩都樂不思蜀。

大地如紅的花毯絕景，是大人氣的拍照景點。

📍 靜岡縣伊東市川奈 1260
📞 +81-557-45-1594（小室山公園管理事務所）
🕐 24 小時；每年 4 月 29 日至 5 月 5 日 9:00-16:00
🆑 年中無休　💲 免費
🌐 http://itokousya.sun.bindcloud.jp/cn5/komuroyama.html
🚌 由「伊東」駅 1 號或 3 號巴士站乘搭前往「小室山リフト」（東海）巴士，車程約 23 分鐘，車費 ¥430。

在山頂可以全方位欣賞相模灘、房總半島、伊豆七島、天城連山和富士山等壯觀景色。

山脊步道 MISORA 是全長 166.3 米的環形遊步道，步道最前方還打造了絕景 Café 321。

鎮守在山頂的小室神社，守護當地人
家內安全、商業繁盛及學業成就等。

恐龍廣場設有多具大型恐龍模型和
遊樂場設備，小朋友玩得很開心。

小室山觀光吊椅 （小室山觀光リフト）

- 📍 靜岡県伊東市川奈小室山 1428
- 📞 +81-557-45-1444
- 🕐 9:30-16:00
- 🅒 年中無休（天氣欠佳會暫停運作）
- 💰 成人 ¥800・小學生 ¥100
- 🌐 https://www.tokaibus.jp/business/lift.html

③ 一碧湖 ~ 堪稱伊豆の瞳

一碧湖是約 10 萬年前噴發形成的火山口湖，四周被群山綠樹所包圍，天晴時樹木倒映在湖面上，風景引人入勝，因而有「伊豆の瞳」的美稱，是伊東八景之一。一碧湖周長約 4 公里，環湖散步一周需時 1 小時，特別推薦紅葉季節前來散步，鮮紅的樹木為美麗的湖面增添色彩，景色絕妙。

- 📍 靜岡県伊東市吉田 815-360
- 🌐 https://itospa.com/spot/detail_54018.html
- 🚌 由「伊東」駅 5 號巴士站乘搭前往「シャボテン公園（一碧湖経由）」（東海）巴士，於「一碧湖」下車，車程約 27 分鐘，車費 ¥560。

坐在湖畔的
Terrace Café，
可以享受優悠恬
然的空間。

④ 大室山 ~登上火山口探索

標高 580 米的大室山，是一座死火山，形狀如倒置的碗，以曲線優美而聞名，是伊東的地標名勝，也是國家指定天然紀念物。遊客可乘坐吊椅抵達山頂，一睹直徑 300 米、深 70 米的火山口全貌，也可沿著周長 1,000 米的遊步道散步，盡覽漂浮在相模灣的大島、伊豆七島、天城山脈和富士山等景色。自 700 年前開始，大室山每年 2 月第 2 個星期日都會舉行「山燒」，將整座山的草都燒毀，最初目的為消滅害蟲令優質茅草重生，而現在則成為吸引遊客的年度傳統活動。

在山頂欣賞四周風光，十分享受。

📍 靜岡縣伊東市吉田 815-360
🌐 https://itospa.com/spot/detail_54018.html
🚌 由「伊東」駅 5 號巴士站乘搭前往「シャボテン公園（一碧湖経由）」（東海）巴士，於「一碧湖」下車，車程約 27 分鐘，車費 ¥560。

山頂遊步道平緩好走，散策一周約 20 分鐘。

鎮守在山頂上的五智如來地藏尊。

在 3 月中旬造訪，「山燒」過後還未長出青草。火山口內有供奉著安產和婚姻之神的大室山淺間神社，還有射箭的設施。

登山吊椅（登山リフト）

📍 靜岡縣伊東市池 672-2   📞 +81-557-51-0258
🕐 3 月至 9 月 9:00-17:00；12 月至 2 月 9:00-16:00
📅 年中無休
💴 成人（中學生以上）¥700，
　4 歲以上至小學生 ¥350

🌐 http://omuroyama.com/
🚌 (1) 由「伊豆高原」駅 1 號巴士站乘搭前往「シャボテン公園」（東海）巴士，於終點站下車，車程約 16 分鐘，車費 ¥370。
　(2) 由「伊東」駅 5 號巴士站乘搭前往「シャボテン公園」（東海）巴士，於終點站下車，車程約 40 分鐘，車費 ¥720。

5 大室山麓櫻之里

（大室山麓さくらの里）~伊豆半島賞櫻勝地

位於大室山山麓下佔地約 4 公頃的櫻之里，廣植了 40 多個品種約 1,500 棵櫻花樹，這裡從 9 月到 5 月都有櫻花盛開而廣為人知。9 月下旬的十月櫻、2 月的寒櫻和河津櫻、3 月的大島櫻和城崎櫻、4 月的染井吉櫻、5 月的兼六園菊櫻等，隨季節變換的櫻花，吸引了眾多賞櫻客，為「櫻花名勝 100 選」之一。

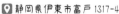
📍 靜岡縣伊東市富戶 1317-4
🌐 https://itospa.com/spot/detail_54006.html
🚃 由大室山登山吊椅站徒步約 15 分鐘。

6 伊豆高原櫻並木

從伊豆高原駅前開始綿延 3 公里的道路兩旁，滿植了 600 棵大寒櫻和染井吉野櫻，每年 3 月下旬盛開的櫻花築構成粉紅色的陸道，十分美麗，是著名的賞櫻景點。

📍 靜岡縣伊東市八幡野 1151
🌐 https://itospa.com/spot/detail_54298.html
🚃 伊豆急行線「伊豆高原」駅前。

⑦ 城崎海岸（城ヶ崎海岸）

約在 4,000 年前，大室山爆發時熔岩流入相模灘，形成了全長 9 公里的城崎海岸。遊客可以沿著海岸散步，觀賞斷崖絕壁被大浪吞噬的震懾景象，也可以看到生長在岩石之間的美麗鮮花，感受大自然的奧妙。登上門脇埼燈塔，享受 360 度飽覽伊豆七島和天城連山的景色。踏上門脇吊橋，體驗腳下驚濤拍岸的情景，動魄驚心，十分刺激。

📍 静岡縣伊東市富戶
🌐 https://itospa.com/spot/detail_54002.html
🚃 伊豆急行線「城ヶ崎海岸」駅徒步 20 分鐘。

城崎海岸是伊東著名的觀光景點。

長 48 米、高 23 米的門脇吊橋，連接了門脇埼的絕壁，是城崎海岸的地標。

建於 1960 年的門脇埼燈塔，高 24.9 米，是一座免費的展望燈塔。

岩石之間生長出絢麗的小花，多好看。

8 熱川溫泉 ~ 奇跡の湯

位處在熱海與下田之間的熱川溫泉，從山邊斜坡伸向海岸邊林立著約 20 間溫泉旅館。據説熱川溫泉是由建造江戶城而聞名的太田道灌 (1432-1486) 發現，因泉水曾治癒其嚴重傷口而被稱為「奇跡の湯」。泉質是無色無味的鹽化物泉，對神經痛、肌肉痛等有紓緩功效。這裡面積不算大，但溫泉櫓就特別多，由於源泉溫度接近 100 度，大量蒸汽從溫泉櫓冒出，形成煙霧瀰漫的街景，溫泉氛圍濃厚。

沿著海岸旅館酒店一字排開，坐擁相模灘的壯闊海景。

📍 靜岡県賀茂郡東伊豆町奈良本 966-13
📞 +81-557-23-1505（熱川溫泉觀光協會）
🌐 https://atagawa.net/index.php/topic/home_ja
🚉 伊豆急行線「伊豆熱川」駅即到達。

駅前足湯「熱川湯の華ぱあーく」，開放時間：9:00-17:00。旁邊是觀光案内所，可在此購電雞蛋製作溫泉蛋。

近海岸的足湯設施「熱川ほっとばあーく」，開放時間：9:00-19:00。

溫泉櫓的下方可以製作溫泉蛋，旁邊還放置了不銹鋼筲箕讓遊客使用。

符さん助您安排行程：

隨季節花期安排伊東市一天遊，傍晚可入住熱川溫泉或伊豆急行線沿線溫泉旅館，翌日可再朝向後頁介紹的河津及下田，繼續精彩旅程。

河津町

📍Kawazu

位於伊豆半島中下方的河津町，擁有全國知名早春開花的河津櫻，也有人氣名勝河津七瀑布，全年遊客絡繹不絕。首位獲得諾貝爾文學獎的日本人川端康成的名作《伊豆舞孃》，是以河津為故事舞台，在這裡可以看到不少男女主角的紀念銅像和曾在故事出現的重要場景，一幕幕的畫面重現眼前，到現在來緬懷故事情節仍大有人在。

🚃 (1)東京駅→河津駅（JR特急踊り子号，約2小時30分鐘，¥5,930(指定席)）
　　(2)伊東駅→河津駅（伊豆急行線，約45分鐘，¥1,440）
🌐 河津町觀光協會：https://kawazu-onsen.com/
　　東海巴士：https://www.tokaibus.jp/

1 河津櫻 ~ 河津町早春名物

每年2月便開花的河津櫻，是河津町的代表名物。據說這種特別美麗的櫻花是緋寒櫻和大島櫻的自然雜交品種，其特點是早開花、花形大和顏色呈深粉紅。現時河津町內約有8,000棵河津櫻，最震撼美麗莫過於圍繞河津川生長的850棵河津櫻和油菜花，鮮艷粉紅和鮮黃的配搭美如畫作，每年2月至3月初舉辦櫻花祭之時，各地愛花客都雀躍湧至，欣賞全國享譽盛名的櫻花。

📍 靜岡縣賀茂郡河津町町內一帶
🌐 https://kawazuzakura.jp/
📞 +81-558-32-0290（河津町觀光協會）
🚃 伊豆急行線「河津」駅步向河川一帶。

2 河津七瀑布（河津七滝）
~ 巡遊七瀑布・享受森林浴

河津七瀑布是河津川上七大瀑布的總稱，即是從上游開始的釜瀑布、蝦瀑布、蛇瀑布、初景瀑布、蟹瀑布、出合瀑布和大瀑布。七瀑布是河津町十分著名的景點，遊客十分旺盛，散步時不愁寂寞。瀑布周圍設有全長約980米的遊步道，途中還有吊橋和展望台，散策全程約1小時，如由上游向下走，路程最是輕鬆，遊畢可到下游的「大滝入口」巴士站乘車離開。

蝦瀑布（えび滝）落差5米、寬3米，因形狀像蝦尾而得名。

釜瀑布（釜滝）落差22米、寬2米，規模在七大瀑布中排第二，氣勢強勁。

📍 靜岡縣賀茂郡河津町梨本
🕐 大滝步道6月至9月：8:00-18:00／10月至5月：8:00-17:00
🌐 https://www.nanadaru.com/index.html
🚌 由「河津」駅3號巴士站乘搭前往「河津七滝．修善寺駅」（東海）巴士，於「河津七滝遊步道入口」下車，車程約35分鐘，車費 ¥670。

因玄武岩上的紋理酷似蛇鱗而得名的蛇瀑布（蛇滝），落差3米、寬2米。

初景瀑布（初景滝）落差10米、寬7米，因伊豆舞孃的銅像成為最具人氣的瀑布。

不像蟹的蟹瀑布（かに滝），落差只有2米、寬1米，規模雖細小，但綠白對比鮮明美麗。

落差2米、寬2米的出合瀑布（出合滝），由兩條瀑布合成，從柱狀的玄武岩流淌而下。

○ 七瀑布中最大的大瀑布（大滝），落差30米、寬7米，水勢磅礡，豪邁奔放。前往大瀑布的步道有時間限制，敬請留意。

符さん助您安排行程：

河津櫻通常在2月中下旬最盛開，如正值花期造訪，賞花和遊覽七大瀑布需要半天時間。淨蓮瀑布與河津七瀑布是乘搭同一條巴士路線，可考慮同日遊覽。遊畢河津町，可朝向下田繼續行程。

下田市
Shimoda

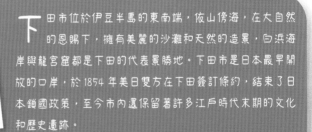

下田市位於伊豆半島的東南端，依山傍海，在大自然的恩賜下，擁有美麗的沙灘和天然的造景，白浜海岸與龍宮窟都是下田的代表景勝地。下田市是日本最早開放的口岸，於1854年美日雙方在下田簽訂條約，結束了日本鎖國政策，至今市內還保留著許多江戶時代末期的文化和歷史遺跡。

🚃 (1) 東京駅→伊豆急下田駅（JR特急踊り子号，約2小時41分鐘，¥6,180（指定席））
(2) 伊東駅→伊豆急下田駅（伊豆急行線，約59分鐘，¥1,690）
🌐 下田市觀光協會：https://www.shimoda-city.info/
東海巴士：https://www.tokaibus.jp/

① 寝姿山 ~「絕景・結緣」の名所

　姿山的名字源於從遠處觀看山形，像是一個躺著的女性而得名。遊客可到伊豆急下田駅面前的纜車站，乘坐纜車到達寢姿山山頂公園，欣賞四季花草，享受大自然隨著季節變換的風景。從山頂上兩個展望台，可看到下田市、下田港、伊豆七島和天城連山等被譽為「伊豆三景」之一的壯麗景色。還有被認為是愛情能量點的愛染堂，吸引著憧憬戀愛圓滿的女士們造訪。

山頂上有不少看點，距離短，指示清晰，遊覽時間也不用1小時。

從寢姿展望台可俯瞰下田港的全貌。

從黑船展望台看到的絕景是「伊豆三景」之一。

愛染寺的心形繪馬很受歡迎，寺旁的「やすらぎ地藏」也十分可愛。

在山頂上還復原了黑船見張所跡，放置了兩個曾屬美國軍艦的大砲。

下田纜車（下田ロープウェイ）

　接新下田駅至寢姿山駅的下田纜車，全長540米，空中漫步需時4分鐘。

📍 靜岡縣下田市東本鄉1-3-2　📞 +81-558-22-1211　🕐 8:45-16:45；3月至10月 8:45-17:00
📅 年中無休（強風時有臨時休息）　💰 來回：成人 ¥1,250，小學生 ¥620
🌐 http://www.ropeway.co.jp/　🚃「伊豆急下田」駅徒步1分鐘。

2 Perry Road (ペリーロード)

於 1854 年,代表美國的海軍將領 Matthew Calbraith Perry 與一群人乘坐黑船來到下田,在了仙寺與日本簽訂「日美和親條約」,當年他們步往了仙寺途經的 500 米長道路,被取名為 Perry Road。在這段小路上,有小河與隨風飄盪的楊柳,兩旁林立著土牆和伊豆石的特色建築,既有時尚的 Café、食店,也有雜貨老舖等,別具異國風情。

📍 靜岡縣下田市 3　　🚃「伊豆急下田」駅徒步 15 分鐘。
🌐 https://www.shimoda-city.info/kanko

3 龍宮窟 ～ 神秘天窗・心形洞窟

龍 宮窟是下田市極具代表性的天然景點。經過長年的波浪拍打形成的海蝕洞,從底部仰望時,會看到一個直徑約 50 米的天窗大洞,是伊豆最大的天窗海蝕洞,既神秘又壯觀。但當走到洞窟上的遊步道向下俯視,又會看到呈心形的地貌,令人萬分驚喜,成為戀愛祈願的能量景點,造訪客愈來愈多。

站在洞窟上的遊步道,看到心形的景象,有一份愛的感覺。

龍宮窟像一個神秘的空間,是大自然賦予的秘境。

📍 靜岡縣下田市田牛　　🌐 https://www.shimoda-city.info/ryugu
🚌 由「伊豆急下田」駅 2 號巴士站乘搭前往「田牛」(東海) 巴士,於「龍宮窟」下車後徒步 3 分鐘,車程約 17 分鐘,車費 ¥450。

遊步道附近有一個天然滑沙場,不妨體驗滑沙帶來的刺激。

「龍宮窟」巴士站就在美麗的田牛海灘側。

4 白浜海岸（白浜大浜海灘）

~ 伊豆最大的海灘

全長 700 米的白浜大浜海灘，是伊豆半島最大的海灘，潔白的沙與翠綠的海相映成趣，十分美麗，吸引眾多衝浪者和海灘愛好者前來享受美好的時光。在海灘的一處岩石上，豎立了一個海岸鳥居，令這裡添上了神聖的氣息。

📍 靜岡縣下田市白浜
📞 +81-558-22-5240（伊豆白浜觀光協會）
🌐 https://www.izu-shirahama.jp/
🚌 由「伊豆急下田」駅 9 號巴士站乘搭前往「板戶一色（白浜海岸經由）」（東海）巴士，於「レスポ白浜」下車，車程約 10 分鐘，車費￥370。

白浜海岸因有這個海岸鳥居而受到更多人的關注。

5 白浜神社 ~ 伊豆最古老的神社

白浜神社正式名稱為伊古奈比咩命神社，白浜神社（白濱神社）是其通稱。神社距今已有 2,400 多年的歷史，是伊豆最古老的神社，主祭神為姻緣之神伊古奈比咩命。境內有一棵樹齡超過 2,000 年的巨大神樹，也有一棵枯死了約 1,300 年充滿神秘生命力的神樹，令人嘖嘖稱奇。神社後方有一條小路可通往白浜海岸，紅色的鳥居與翠綠的大海是必看的絕景。

神社的拜殿。

到本殿參拜，需要步上一條小山路。

📍 靜岡縣下田市白浜 2740　📞 +81-558-22-1183
🕐 24 小時　🌐 http://ikonahime.jp/
🚌 由「伊豆急下田」駅 9 號巴士站乘搭前往「板戶一色（白浜海岸經由）」（東海）巴士，於「白浜神社」下車，車程約 11 分鐘，車費￥370。

符さん助您安排行程：

遊覽下田適合安排一天遊行程。下田是伊豆急行線的終點站，如果不想走回頭路，可乘巴士往西伊豆的堂島遊覽天窗洞、戀人岬，再往修善寺駅方向走。

浜松市

♥Hamamatsu

位於靜岡縣西部的浜松市，除了浜松城和浜名湖為人熟悉之外，亦以花卉聞名。浜松市是日本日照時間最長的地區之一，因氣候溫暖有利鮮花生長，所以市內有不少賞花名所。每年由3月下旬至6月中旬期間，在浜松 Flower Park 及浜名湖 Garden Park 都會舉行「浜名湖花卉節」，匯聚了許多愛花者及攝影師，氣氛熱鬧，人潮擁擠。

🚄 (1) JR 東京駅 → JR 浜松駅 (東海道新幹線，約 84 分鐘，¥8,440(指定席))
　 (2) JR 熱海駅 → JR 浜松駅 (東海道新幹線，約 60 分鐘，¥5,700(指定席))
　 (3) JR 名古屋駅 → JR 浜松駅 (東海道新幹線，約 30 分鐘，¥5,040(指定席))
🌐 浜松・浜名湖觀光情報：https://hamamatsu-daisuki.net/
　 遠鐵巴士：https://bus.entetsu.co.jp/

1 浜松城 ~ 浜松的象徵

浜松城由德川家康於 1568 年建造，他曾在城中度過了 17 年歲月而為人所知，由於許多歷代城主都被任命為幕府的要職，因此城郭又被稱為「出世城」。浜松城於 1871 年被廢城後拆除，城址於 1950 年改建成浜松城公園，而天守閣則於 1958 年在原址重建，並作為歷史資料室和展望台對外開放。浜松城公園內的垂枝櫻和楓葉亦十分有名。

天守閣的石垣保留著 400 年前的風貌，從展望台可以看到浜名湖和富士山。

📍 靜岡縣浜松市中区元城町 100－2
📞 +81-53-453-3872　🕐 8:30-16:30
🚫 12 月 29 日至 31 日
💰 成人 ¥200，中學生以下及 70 歲以上免費
🌐 https://www.entetsuassist-dms.com/hamamatsu-jyo/
🚌 由 JR「浜松」駅（北口）1 號或 15 號巴士站乘搭前往「浜松市役所方面」（遠鐵）巴士，於「市役所南」下車後徒步 6 分鐘，車程約 5 分鐘，車費 ¥120。

天守閣內展示許多浜松的歷史資料，包括德川家康的成長經歷。

公園內豎立著德川家康的銅像。

2 浜松 Flower Park （はままつフラワーパーク）
~ 精彩絕倫賞花天堂

於 1970 年開園的花卉公園，在佔地約 30 萬平方米的廣闊園內種植了 3,000 多種植物，除了梅花、櫻花、玫瑰、鬱金香、紫藤、繡球花等應季鮮花之外，走進大溫室更可欣賞四季盛開的花卉和植物，名副其實是賞花天堂。此外，大型噴泉表演和花卉列車也很受歡迎。

七彩繽紛的鬱金香園是很受歡迎的打卡位。

📍 靜岡縣浜松市西区館山寺町 195　📞 +81-53-487-0511　🌐 https://e-flowerpark.com/
🕐 3 月至 9 月 9:00-17:00；10 月至 11 月 9:00-16:30；12 月至 2 月 10:00-16:30　🚫 12 月 29 日至 31 日
💰 3 月至 6 月 成人 ¥600 至 ¥1,000・小／中學生 ¥300 至 ¥500；7 月至 8 月免費入園；9 月至 2 月 成人 ¥500，小／中學生免費（※ 與動物園共通券：成人 ¥1,250/¥760）
🚌 由 JR「浜松」駅（北口）1 號巴士站乘搭前往「館山寺溫泉」（遠鐵）巴士，於「フラワーパーク」下車，車程約 38 分鐘，車費 ¥570。

3 浜松市動物園

~ 招牌動物金獅面狨

與花卉公園相鄰的動物園，飼養著100種類共380隻動物，包括獅子、大象、老虎、長頸鹿、斑馬、北極熊和黑豹等，特別是靈長類動物數量是全國所有動物園中最多，當中包括蘇門答臘猩猩，以及全日本只能在這裡看到的瀕危物種金獅面狨。由於是市立動物園，中學生以下免費入場，所以大受歡迎。

📍 静岡県浜松市西区舘山寺町 199　📞 +81-53-487-1122　🕐 9:00-16:30

🅲 12 月 29 日至 31 日　💰 成人 ¥500，中學生以下免費　🌐 https://www.hamazoo.net/

🚌 由 JR「浜松」駅（北口）1 號巴士站乘搭前往「舘山寺温泉」（遠鐵）巴士，於「動物園」下車，車程約 41 分鐘，車費 ¥590。

7 米高的花花熊和森林的朋友合共有 7 隻大動物。

以為只是看花，原來還有精彩藝術品，心思真好。

全長 170 米的紫藤棚，美不可言。

如果全程徒步感到疲累，可以乘坐花卉列車，環繞公園一周需時 15 分鐘，每次收費成人 ¥100、小童 ¥50。

戶外鮮花已經十分漂亮，大溫室內的四季植物也有驚喜。

121

4 浜名湖 Palpal~盡享親子樂
（浜名湖パルパル）

於 1971年開園的浜名湖 Palpal，是位於浜名湖畔的遊樂園，由於鄰近館山寺溫泉和館山寺纜車，作為度假遊樂場所相當受歡迎。園內設有摩天輪、海盜船、空中鞦韆、急流滑梯、高卡車和射擊等31種遊樂設施，由於刺激度溫和，很適合親子家庭玩樂。此外，在周末假日還會舉辦深受小朋友喜愛的角色表演活動。

📍 靜岡縣浜松市西區館山寺町1891　📞 +81-53-487-2121　🕐 10:00-17:30　🅲 不定休
💰 成人（中學生以上）¥1,200，小學生 ¥800，3歲以上幼兒及65歲以上長者 ¥700（每項遊戲設施另需付費）；Free Pass 成人 ¥4,000起，小學生 ¥3,500起，3歲以上幼兒及65歲以上長者 ¥2,000起
🌐 http://www.pal2.co.jp/
🚌 由JR「浜松」駅（北口）1號巴士站乘搭前往「館山寺溫泉」（遠鐵）巴士，於「浜名湖パルパル」下車，車程約43分鐘，車費 ¥620。

5 館山寺纜車（館山寺ロープウェイ）
~日本唯一湖上纜車

從展望台看到的太平洋、浜名湖、對岸的Palpal和館山寺溫泉的風景。

來 訪浜松市，是不能錯過搭乘館山寺纜車。位處在浜名湖 Palpal 與館山寺溫泉之間的纜車站，連接館山寺駅與山頂的大草山駅，是日本唯一橫跨湖面的空中纜車。在4分鐘的空中之旅，體驗跨越浜名湖的感覺真的很爽。到達大草山展望台，更可將太平洋、浜名湖、館山寺町和大草山豐富的自然風光，一一盡收眼底，十分壯觀，絕對享受。山頂上還有音樂盒博物館和商店，除了可觀賞珍貴的展品，也可選購各款特色音樂盒。

平靜的奧浜名湖。

展望台還設置了一排組鐘琴，每到整點就可以聽到美妙動聽的旋律。

纜車站入口。

浪漫的粉紅色車廂。

📍 靜岡縣浜松市西區館山寺町1891　📞 +81-53-487-2121　🕐 9:30-17:30　🅲 不定休
💰 來回：成人（中學生以上）¥1,100，3歲至小學生 ¥550（※ 與音樂盒博物館共通券：成人 ¥1,580，小童 ¥790）
🌐 https://www.kanzanji-ropeway.jp/　🚌 纜車站入口在浜名湖 Palpal 旁邊。

6 館山寺溫泉

從大草山展望台俯瞰館山寺溫泉的全景。

於 1958 年開湯的館山寺溫泉，泉質為有助於改善關節疼痛的鹽化物泉，以高鹽度溫泉在全國廣為人知。現時在館山寺町浜名湖沿岸，分佈著約 20 間溫泉旅館，當中 5 間旅館有提供日歸溫泉服務。由於附近有花卉公園、動物園、遊樂園和空中纜車等景點設施，所以成為受歡迎的度假溫泉區。

浮見堂是館山寺溫泉的地標。

📍 靜岡縣浜松市西區館山寺町　　📞 +81-53-487-0152（館山寺溫泉觀光協會）
🌐 http://www.kanzanji.gr.jp/
🚌 由 JR「浜松」駅（北口）1 號巴士站乘搭前往「館山寺溫泉」（遠鐵）巴士，於「館山寺溫泉」下車，車程約 44 分鐘，車費 ¥620。

7 浜名湖 Garden Park
（浜名湖ガーデンパーク）~ 愛花客必訪

曾 經是浜名湖花卉博覽會會場的 Garden Park，佔地總面積達 56 公頃，充分利用湖畔廣闊的自然環境，打造成綠色都市公園。園內有粉蝶花廣場、繡球花小徑、國際庭園、花之美術館等賞花點之外，也可踏單車和坐小船。走上距離地面 50 米高的展望塔，更可盡覽腳下花田美景和浜名湖的風光。公園是免費入園，但展望塔需要付費。

花廣場與展望塔。

芬芳艷麗的 Love Garden。

從展望塔上看到的浜名湖大橋。

符さん助您安排行程：

除 了浜松城之外，其餘景點都集中在館山寺溫泉附近，同一條巴士線通達多個地方，花一天時間遊覽最合適。浜松市鄰近愛知縣，乘坐新幹線到名古屋僅需半小時，可考慮前往愛知縣方向繼續遊樂。

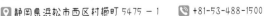

📍 靜岡縣浜松市西區村櫛町 5475 - 1　　📞 +81-53-488-1500
🕐 8:30-17:00；展望塔 9:00-16:30；花之美術館逢星期二 13:00 止
📅 12 月 29 日至 1 月 3 日　　🎫 入園免費；展望塔 成人 ¥300、70 歲以上 ¥200、小／中學生 ¥100
🌐 https://www.hamanako-gardenpark.jp/
🚌 由 JR「浜松」駅（北口）1 號巴士站乘搭前往「館山寺溫泉．村櫛」（遠鐵）巴士，於終點「浜名湖ガーデンパーク」下車，車程約 60 分鐘，車費 ¥700。

山梨縣

Yamanashi

古稱甲斐國的**山梨縣**，被東京、埼玉、神奈川、靜岡和長野縣所包圍，是日本全國八個內陸縣之一。於 2013 年被列入世界文化遺產的**日本第一高峰富士山**，就是位於山梨縣與靜岡縣的邊界上，作為日本的象徵，為山梨縣帶來聞名世界的**富士五湖**觀光地。在縣首府的甲府市內，有很多與戰國時代名將武田信玄相關的朝聖景點之外，還有被譽為日本最美麗峽谷的昇仙峽。甲府盆地得天獨厚的自然環境孕育出優質的葡萄和桃，其生產量是全國之首，甲州市更是日本釀造葡萄酒的先驅。走到甲府鄰近的石和溫泉鄉，就可以享受溫泉與葡萄酒的雙重愉悅。八岳山南麓的清里高原，遠離鬧市喧囂，瀑布溪谷讓人煥然一新。

🌐 山梨縣觀光情報：https://www.yamanashi-kankou.jp/

富士五湖

Fujigoko

～山梨縣重點觀光地

横跨山梨縣和靜岡縣的富士山，標高 3,776 米，是一座睡火山，最後一次爆發在 1707 年，距今已沉睡了 300 多年。位於山梨縣一側富士山麓周圍分布著五個湖泊，包括河口湖、山中湖、西湖、精進湖和本栖湖，是昔日富士山爆發而形成的，總稱為富士五湖。富士山作為日本的象徵，富士五湖的自然景點和觀光名所多不勝數，是聞名世界的旅遊勝地。

🚌 (1) バスタ新宿（南口）・渋谷マークシティ（渋谷駅 5/F）・東京駅八重洲南口→富士急 Highland・富士山駅・河口湖駅（高速巴士（富士五湖線），約 2 小時至 2 小時 30 分鐘，¥2,060 至 ¥2,200）
(2) 新宿駅→河口湖駅（JR 特急富士回遊號，約 1 小時 55 分鐘，¥4,130（指定席））
(3) 新宿駅→大月駅→河口湖駅（JR 中央線・富士急行線，約 2 小時 45 分鐘，¥2,510）

🌐 富士河口湖町觀光情報：https://fujisan.ne.jp/
富士吉田市觀光情報：https://fujiyoshida.net/
富士急（高速巴士）：https://bus.fujikyu.co.jp/highway
富士急（路線巴士）：https://bus.fujikyu.co.jp/rosen
富士山麓電氣鐵道（富士急行線）：https://www.fujikyu-railway.jp/

河口湖
Lake Kawaguchiko

巴士優惠券：憑以下各種乘車券，可享有部分觀光景點的折扣優惠。

「河口湖／西湖／鳴沢・精進湖・本栖湖周遊巴士」2日乘車券

此乘車券可於兩日內無限次乘搭河口湖線（Red Line）、西湖線（Green Line）及鳴沢・精進湖・本栖湖線（Blue Line）的周遊巴士，各線均由河口湖駅出發，可前往景點眾多，如河口湖遊覽船、纜車站、河口湖美術館、大石公園（自然生活館）、鳴澤冰穴、富岳風穴、精進湖及本栖湖等。

- 成人 ¥1,500，小童 ¥750
- 河口湖駅內巴士售票處或在巴士上購買
- https://bus.fujikyu.co.jp/rosen/shuyuomuni/

「富士吉田・忍野・山中湖周遊巴士ふじっ湖号」2日乘車券

此乘車券可於兩日內無限次乘搭前往富士吉田、忍野及山中湖一帶的景點，如富士急 Highland、忍野八海、花の都公園、長池親水公園及山中湖遊覽船「白鳥の湖」等。

- 成人 ¥1,500，小童 ¥750
- 河口湖駅、富士山駅及森の駅旭日丘（山中湖）巴士售票處或在巴士上購買
- https://bus.fujikyu.co.jp/rosen/shuyufujikkogo

「富士山 ・ 富士五湖 Passport」 2 日乘車券

此乘車券可於兩日內無限次乘搭富士五湖全區路線巴士 (不包括前往富士山五合目)、「河口湖／西湖／鳴沢・精進湖・本栖湖周遊巴士」、「富士吉田・忍野・山中湖周遊巴士ふじっ湖号」及河口湖駅與下吉田駅之間 (富士急行線) 的普通列車。

🚌 成人 ¥2,600・小童 ¥1,300
📍 河口湖駅、富士山駅及森の駅旭日丘 (山中湖) 巴士售票處
🌐 https://bus.fujikyu.co.jp/otoku/fuji-passport

「富士山 ・ 富士五湖 Passport (富士急電車 Set)」 2 日乘車券

富士急電車 Set 是「富士山・富士五湖 Passport」的進階版,除了可乘搭相同的巴士路線外,也可無限次乘搭由河口湖駅與大月駅之間的富士急行線全線的普通列車。

🚌 成人 ¥3,600・小童 ¥1,800

富士山 ・ 河口湖駅 ～ 富士スバルライン五合目 (2 日有效來回優惠)

此乘車券包含往返富士山駅／河口湖駅和富士山五合目各一次的路線巴士,有效期兩天。

🚌 成人 ¥2,300・小童 ¥1,150
📍 河口湖駅及富士山駅內巴士售票處

1 河口湖駅

~ 打卡第一站

河口湖駅是富士五湖唯一的鐵路車站，也是高速巴士、周遊巴士及路線巴士的車站，是遊覽富士五湖的重要交通交滙點。駅內除了有巴士售票處外，還有 Café 和手信店。車站的木造建築本來已經具有獨特風格，駅後還有富士山襯托著，所以成為遊客來到河口湖的第一打卡點。

📍 山梨県南都留郡富士河口湖町船津 3641
📞 +81-555-72-0017

2 河口湖

~ 五湖中最熱鬧

位處在富士山北面的河口湖，是富士五湖中第二大的湖泊，擁有最長的湖岸線，散落在湖畔的景點和旅館最多，所以交通配套十分完善，加上隨處可見雄偉的富士山，成為遊客必訪之地。

逛覽船碼頭一帶的河口湖畔，有各式商店和旅館林立，是五湖中最熱鬧的地方。

129

河口湖遊覽船「天晴アッパレ」

遊覽船乘船處就在距離河口湖駅只有10分鐘步程的船津浜。於2020年12月開始航運的遊覽船「天晴Appare」，是仿照戰國時期武田水軍安宅船而打造的純日式風格遊覽船。在20分鐘的巡湖旅程中，吹著微微涼風欣賞湖光山色，富士山的英姿伴隨著良辰美景，極盡享受。

📍 山梨縣南都留郡富士河口湖町船津4034
📞 +81-555-72-0029
🕐 9:00-16:30；黃金周及7月中旬至8月下旬9:00-17:30；11月中旬至3月中旬9:30-16:00
🅲 年中無休
💴 乘船費：成人 ¥1,000，小學生 ¥500
🌐 https://www.fujigokokisen.jp/contents/sp/
🚌 (1)「河口湖」駅徒步約10分鐘。
　　(2) 由「河口湖」駅前乘搭「河口湖周遊巴士」，於「遊覽船‧ロープウェイ入口」下車後徒步4分鐘，車程約11分鐘，車費 ¥160。

③ 富士山空中纜車
(富士山パノラマロープウェイ)

就在遊覽船附近的富士山空中纜車，連接湖畔駅(標高856米)與富士見台駅(標高1,075米)，約3分鐘就到達山頂展望廣場，是可以無阻擋飽覽河口湖及富士山全景的絕佳位置。這裡以家喻戶曉的民間故事狸貓和兔子為主題，所以能看到很多牠們的裝飾，十分可愛。在山頂上除了有茶屋、神社、天上之鐘和展望台外，還有最新落成的大鞦韆，因為能讓人體驗空中盪漾觀賞絕景而成為話題。

📍 山梨縣南都留郡富士河口湖町淺川1163-1
📞 +81-555-72-0363
🕐 9:30-16:00；星期六、日及公眾假期9:30-17:00
🅲 年中無休
💴 來回：成人 ¥900，小學生 ¥450
🌐 https://www.mtfujiropeway.jp/
🚌 (1)「河口湖」駅徒步約15分鐘。
　　(2) 由「河口湖」駅前乘搭「河口湖周遊巴士」，於「遊覽船‧ロープウェイ入口」下車後徒步3分鐘，車程約11分鐘，車費 ¥160。

從山頂俯瞰的河口湖十分壯觀和美麗。

山梨縣‧富士五湖

兔子神社有兩隻名為「夢見兔」和「富士見兔」的石兔子，據說撫摸「夢見兔」的頭會得智慧，撫摸「富士見兔」的腳能健步如飛。

武田信玄戰國廣場有一座展望台名為「絕景やぐら」，正正面對著絕美的富士山。

山頂廣場的狸貓茶屋，可品嘗名物狸貓小丸子和選購手信外，更可走上屋頂的展望台賞景。

符さん提提您：

如 打算同時乘坐遊覽船和纜車，切記購買優惠共通券：成人 ¥1,600，小學生 ¥800。此外，也有更大折扣的周遊富士 2 日券、遊覽船及纜車的共通券：成人 ¥2,800，小學生 ¥1,400，可在河口湖駅內的售票處購買。

4 ほうとう研究所

~ 海鮮ほうとう專門店

ほ うとう是山梨縣家喻戶曉的鄉土料理。傳統的ほうとう是將南瓜、蘑菇、蔬菜、肉類等食材加入麵粉搓成的扁麵條中，用味噌湯燉煮而成的簡單料理，營養豐富又暖身，在寒冷的冬天尤其美味。位於河口湖畔的食店ほうとう研究所，不但可以吃到傳統的ほうとう，而且還有獨創新鮮美味的人氣海鮮ほうとう，將簡單的鄉土料理提升至高級佳餚，大受歡迎，不容錯過。

還可添加秘製高級七味粉，愛辣人士最開心。

一人份量的海鮮ほうとう ¥2,068。

📍 山梨県南都留郡富士河口湖町河口 2746-1
📞 +81-555-76-8228
🕙 11:00-20:00
🅲 年中無休

🌐 https://www.houto-labo.com/
🚌 由「河口湖」駅前乘搭「河口湖周遊巴士」，於「河口湖美術館」下車，車程約 18 分鐘，車費 ¥330。

131

5 大石公園

~ 四季花草映襯富士

位於河口湖北岸的大石公園，在沿岸350米的花街道，栽種了90多種四季花卉，全年都可欣賞鮮花與富士的不同景色。五月上旬的芝櫻，初夏的薰衣草，秋天變紅的掃帚草等，每季都有看點，是攝影師的天堂。每年6月至7月正當薰衣草盛開之時，這裡更是舉行香草節的主要場地，售賣農產品的攤檔一字排開，好不熱鬧。

- 📍 山梨県南都留郡富士河口湖町大石
- 🕐 24小時
- 💰 免費
- 🌐 http://ooishikankou.info/
- 🚌 由「河口湖」駅前乘搭「河口湖周遊巴士」，於終點站「自然生活館」下車，車程約27分鐘，車費¥490。

河口湖自然生活館

位於大石公園內的自然生活館，有銷售富士山商品、傳統工藝品和農產品的商店和Café，也有很受歡迎的自製果醬體驗（或因疫情暫停）。

- 📍 山梨県南都留郡富士河口湖町大石2585
- 📞 +81-555-76-8230
- 🕐 9:00-18:00；11月至3月9:00-17:30
- 📅 年中無休
- 🌐 http://www.fkchannel.jp/naturelivingcenter/

河口湖自然生活館的外觀獨特。

館內的絕景Café很浪漫，適合一雙一對享受甜蜜的時光。

館外種植了四季花草，鳥語花香。

6 新倉山淺間公園・忠靈塔

～向日本的象徵景觀朝聖

位於新倉山山麓至山腰位置的新倉山淺間公園，以能觀賞絕美的日本景觀而聞名世界。從山麓拾級而上到達山腰，在 398 級石階的盡頭可見到五層高的忠靈塔，塔後的展望台不但可以俯瞰眼下的富士吉田市街景，更可瞭望遠處的富士山，景色一絕。尤其在春天的櫻季，可以將富士山、五重塔和代表日本的櫻花盡收眼底，如此美景畫作成為日本各方熱門宣傳照，是日本極具代表性的景觀，吸引來自世界各地的朝聖者。

📍 山梨縣富士吉田市淺間 2-4-1
🕐 24 小時
🌐 https://fujiyoshida.net/spot/12
🚃 由「下吉田」駅徒步約 10 分鐘到達新倉山淺間公園、徒步約 25 分鐘到達忠靈塔。
※ 大月駅→下吉田駅（富士急行線，約 45 分鐘，¥980）／
河口湖駅→下吉田駅（富士急行線，約 13 分鐘，¥310）

忠靈塔、富士山和櫻花合併而成的景致，美極了！

創建於 705 年的新倉富士淺間神社，鎮守在新倉山的山麓。

建於 1962 年的忠靈塔，其設計是參考了上野的寬永寺、之的增上寺和長野的善光寺而建成的五重塔。

在園內可以找到許多不同構圖的富士山。

除了各式宣傳照，這裡也是拍攝婚照的熱門場地。

7 富士急 Highland（富士急ハイランド）

~ 人氣歷久不衰

位於富士山下的富士急 Highland，是日本非常有人氣的大型遊樂園，雖然開園超過 50 年，但至今依然備受國內外遊客歡迎。園內擁有許多世界紀錄刺激好玩的機動遊戲和設施，如 Do-Dodonpa 急速過山車、高飛車、Eejanaika 翻轉過山車和跳樓機等，全都令人尖叫不絕，愈驚嚇愈愛玩。除了迎合膽量大的挑戰者，也有如 Thomas Land 等很多適合小朋友的遊樂設施，絕對是無分大小的開心樂園。

- 山梨縣富士吉田市新西原 5 丁目 6－1
- +81-555-23-2111
- 9:00-18:00（或有變更）
- 不定休
- 入場免費（各項遊戲設施需要付費）
  1 日 Free Pass：
  成人 ¥6,000 至 ¥6,800，
  中學生 ¥5,500 至 ¥6,300，
  小學生 ¥4,400 至 ¥5,000，
  幼兒及 65 歲以上 ¥2,100 至 ¥2,400
  （還有多種套票，詳情請瀏覽網站）
- https://www.fujiq.jp/
- (1) 新宿・渋谷・東京→富士急 Highland
  （高速巴士（富士五湖線），約 1 小時 40 分鐘至 2 小時，¥2,060 至 ¥2,200）
  (2) 大月駅→富士急ハイランド駅（富士急行線，約 55 分鐘，¥1,100）
  (3) 河口湖駅→富士急ハイランド駅（富士急行線，約 2 分鐘，¥180）
  (4) 由「河口湖」駅前乘搭「富士吉田・忍野・山中湖周遊巴士ふじっ湖号」或「御殿場駅」（富士急）路線巴士，於「富士急ハイランド」下車，車程約 4 分鐘，車費 ¥190。

8 北口本宮富士淺間神社

~ 富士信仰の聖地

北口本宮富士淺間神社位於雄偉的富士山下，據說於 1,900 年前，日本武尊創立神社作為遙拜富士靈峰，其悠久的歷史成為強大的能量景點。神社供奉著以富士山為主的火山神明，由於境內是吉田口登山路線的起點，所以有許多登山客出發前先來造訪祈求路上平安，自古以來已深被崇敬。

📍 山梨県富士吉田市上吉田 5558 番地
📞 +81-555-22-0221
🕐 24 小時
📅 年中無休
💴 免費
🌐 http://www.sengenjinja.jp/
🚌 由「河口湖」駅前乘搭前往「御殿場駅」（富士急）路線巴士，於「浅間神社前」下車，車程約 14 分鐘，車費 ¥300。

在拜殿前方左右兩旁有兩棵樹齡千年的「富士太郎杉」及「富士夫婦檜」。

神社氣氛莊嚴肅穆，甚具氣場。

9 忍野八海

～莊嚴・神秘・美麗

忍野八海位於富士山北麓的忍野村，是國家指定天然紀念物，也屬於構成世界遺產富士山的一部分。忍野八海即是分布在村內的八個泉池的總稱，包括お釜池、底拔池、銚子池、濁池、菖蒲池、湧池、鏡池和出口池，是富士山的雪水長年累月流經地層而孕育出來的清澈湧水，為「日本名水100選」之一。湧池一帶有很多食店和商店，是最熱鬧的地方；鏡池可以看到逆富士（富士山的倒影）的絕妙景色而大受歡迎。除了出口池位置稍為遠一點外，其餘七個泉池的位置都很集中，徒步遊覽相當輕鬆。

📍 山梨縣南都留郡忍野村忍草

📞 +81-555-84-4221（忍野村觀光協會）

🕐 24 小時

🆓 免費

🌐 http://www.vill.oshino.yamanashi.jp/8lake.html

🚌 (1) 由「河口湖」駅前乘搭「富士吉田・忍野・山中湖周遊巴士ふじっ湖号」，於「忍野八海」下車後徒步5分鐘，車程約29分鐘，車費 ¥560。

(2) 由「河口湖」駅前乘搭前往「御殿場駅」（富士急）路線巴士，於「忍野八海」下車後徒步5分鐘，車程約23分鐘，車費 ¥560。

お釜池是最細的一個池，青藍色的池水美麗迷人。

在銚子池可以清楚看到池水由池底的沙中湧出來的景象。

湧池的湧水量豐富，水面波光瀲灩，附近店鋪林立，人頭湧湧，是忍野八海的代表泉池。

富士山湧水的湧出處。

即使鏡池的湧水量很少，但因為池水能倒映富士山的美景而知名，可惜我這天沒運了！

只要付上￥150購買水桶，便可帶走名水。

池邊有絢麗的小花映襯的菖蒲池，格外優美。

底抜池位於榛の木林資料館內，碧綠清澈剔透的池水畫在美不勝收。

池水如其名不太清澈，濁池在八海中魅力最少。

距離巴士站十數分鐘步程的出口池，是最大的一個泉池，位置略偏離其他七個泉池，獨處在清幽恬靜的森林之中。

榛の木林資料館

底 抜池位於榛の木林資料館內，是收費的參觀設施。被大自然環抱的境內，可以看到富士山北麓一帶歷史最悠久的茅草古民家，參觀歷史文物展品，了解昔日人們生活的境況。

📍 山梨県南都留郡忍野村忍草 265
💰 成人￥300，小學生￥150，1 歲以上幼兒￥100
🌐 http://hannoki.com/index.html
📞 +81-555-84-2587
🕘 9:00-17:00
🅒 不定休

漂亮的粉蝶花田與富士山構成如畫的景色，多感動。

10 山中湖花の都公園・清流の里

～富士與鮮花的絕美對比

位於山中湖附近的花の都公園清流の里，佔地 30 萬平方米，公園遍植鮮艷美麗的花卉，如粉蝶花、鬱金香、罌粟花、油菜花、向日葵和秋櫻等隨季節綻放，遊客可穿梭在五顏六色的花田中欣賞眼前雄偉的富士山，叫人陶醉。園內還有瀑布、水車、溫室、遊樂設施和餐廳等。

📍 山梨縣南都留郡山中湖村山中 1650
📞 +81-555-62-5587
🕐 4 月 16 日至 10 月 15 日 8:30-17:30；
　 10 月 16 日至 4 月 15 日 9:00-16:30
🅲 12 月 1 日至 3 月 15 日的每周星期二
　 （公眾假期則順延至翌日）
💰 4 月 16 日至 10 月 15 日
　 成人 ¥600、小／中學生 ¥240；
　 10 月 16 日至 11 月 30 日及 3 月 16 日至 4 月 15 日
　 成人 ¥360、小／中學生 ¥150；
　 12 月 1 日至 3 月 15 日 免費入場
🌐 http://www.hananomiyakokouen.jp/
🚌 由「河口湖」駅前乘搭「富士吉田・忍野・山中湖周遊巴士ふじっ湖號」，於「花の都公園」下車，車程約 37 分鐘，車費 ¥620。

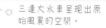

三連大水車呈現出原始風景的空間。

由大水車供水的戲水廣場，是小朋友的歡樂天地。

明神瀑布落差 10 米，寬度 80 米，流水有如白絲般傾瀉而下，又是另一個打卡點。

138

11 山中湖

山中湖是富士五湖中面積最大、海拔最高的一個湖，也是最接近富士山的湖泊，所以有很多觀賞富士的絕佳景點，尤其在日出和日落時分，風景令人嘆為觀止，是繼河口湖後有較多觀光點和旅館的地方。在山中湖還可以看到很多天鵝野鳥在湖上暢泳戲水，所以又被稱為天鵝湖（白鳥の湖）。

🌐 https://lake-yamanakako.com/

觀光船「白鳥の湖」

最多可容納180人的觀光船「白鳥の湖」，其優雅的外觀就像一隻雪白的天鵝漂浮在日本第一高峰下的最大湖泊上。在環湖一周的25分鐘旅程中，美麗的蔚藍湖面和巍峨的富士山盡在眼前，是不容錯過的湖上觀光之旅。

白鳥の湖觀光船的售票處。

📍 山梨県南都留郡山中湖村平野506
📞 +81-555-62-0130
🕙 9:00-16:30；夏季至17:30
🗓 年中無休
🎫 乘船：成人 ¥1,100，小學生 ¥550
🌐 https://www.yamanakako-yuransen.jp/
📖 (1) 由「河口湖」駅前乘搭「富士吉田・忍野・山中湖周遊巴士ふじっ湖号」，於「山中湖旭日丘」下車，車程約51分鐘，車費 ¥790。
　　(2) 由「河口湖」駅前乘搭前往「御殿場駅」（富士急）路線巴士，於「山中湖旭日丘」下車，車程約38分鐘，車費 ¥790。

12 長池親水公園

~ 欣賞鑽石富士的絕佳地點

位於山中湖北邊的長池親水公園，也是欣賞寧靜的山中湖和雄偉的富士山的絕佳位置。特別在11月中旬至2月上旬期間，黃昏時太陽徐徐落下，湖面倒映著「逆富士」之外，夕陽落在富士山頂呈現出「鑽石富士」的絕景，是令人著迷的佳作，所以吸引許多攝影師前來捕捉這美麗動人的時刻。

📍 山梨縣南都留郡山中湖村平野3222番地先
🚌 由「河口湖」駅前乘搭「富士吉田・忍野・山中湖周遊巴士ふじっ湖号」，於「長池親水公園前」下車，車程約48分鐘，車費¥770。

13 鳴沢冰穴

~ 探索神秘天然洞穴

於864年富士山側的長尾山火山爆發時，熔岩向下流形成了兩個隧道式的洞穴，那就是鳴沢冰穴和富岳風穴，兩者長年都能保持0℃至3℃的溫度，這寶貴的地質一直被保存至今，也被指定為天然紀念物。鳴沢冰穴是豎穴型洞窟，全長153米，深度21米，呈環狀的步道有梯級而且濕滑，遊覽時必須注意安全。

鳴沢冰穴售票處及手信店。

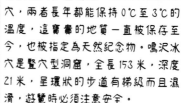

鳴沢冰穴的入口。

冰窖是昔日農民的天然雪櫃，貯存蠶繭和植物種子。

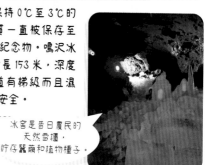

水滴從上落下後凍結，形成美麗的冰柱，是大自然賦予的藝術品。

📍 山梨縣南都留郡鳴沢村8533
📞 +81-555-85-2301
🕘 9:00-17:00；
　3月16日至3月31日及10月16日至11月15日 9:00-16:30；
　11月16日至3月15日 9:00-16:00
🅲 年中無休
💴 成人¥350，小學生¥200
🌐 https://www.mtfuji-cave.com/
🚌 (1) 由「河口湖」駅前乘搭「鳴沢・精進湖・本栖湖周遊巴士」，
　　　於「鳴沢氷穴」下車，車程約28分鐘，車費¥650。
　　(2) 由「河口湖」駅前乘搭前往「本栖湖・新富士駅」（富士急）
　　　路線巴士，於「氷穴」下車，車程約25分鐘，車費¥650。

14 富岳風穴

~ 無敵天然大雪櫃

在風穴的入口處已感到十分涼爽。

距離鳴沢冰穴約15分鐘步程的富岳風穴，是橫穴型洞窟，所以步道比鳴沢冰穴較易行。在全長201米的風穴內，除了可以看到冰柱、熔岩鐘乳石和繩狀熔岩外，還可以看到天然冷藏庫和保存多年的蠶繭和種子。由於穴內的玄武岩具有吸音的特質，即使是洞窟也不會有回音，十分寧靜，感覺神奇。

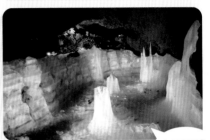
全年都不會融化的冰池。

這個貯存蠶繭和種子的天然冷藏庫，直到1955年才被停用。

- 山梨縣南都留郡富士河口湖町西湖青木ヶ原2068－1
- +81-555-85-2300
- 9:00-17:00；3月16日至3月31日及10月16日至11月15日 9:00-16:30；11月16日至3月15日 9:00-16:00
- 年中無休
- 成人 ¥350，小學生 ¥200
- https://www.mtfuji-cave.com/
- (1) 由「河口湖」駅前乘搭「鳴沢・精進湖・本栖湖周遊巴士」，於「富岳風穴」下車，車程約29分鐘，車費 ¥680。
- (2) 由「河口湖」駅前乘搭前往「本栖湖・新富士駅」（富士急）路線巴士，於「風穴」下車，車程約26分鐘，車費 ¥680。

15 西湖療癒之里根場

（西湖いやしの里根場）

坐落於西湖旁邊的西湖療癒之里根場，復原了日本原始村莊的風貌，作為參觀設施自2006年起對外開放。這裡共有20棟的復古茅草屋，屋內都是資料館、畫廊、工藝品店、茶屋和食店等，滲透著日本傳統文化色彩，由於位處能觀賞雄偉的富士山，所以成為受歡迎的觀光地。

~ 西湖最具代表的風景

- 山梨縣南都留郡富士河口湖町西湖根場2710
- +81-555-20-4677
- 9:00-17:00；12月至2月9:30-16:30
- 年中無休（或有臨時休息）
- 成人 ¥500，小/中學生 ¥250
- https://saikoiyashinosatonenba.jp/
- 由「河口湖」駅前乘搭「西湖周遊バス」，於「西湖いやしの里根場」下車，車程約40分鐘，車費 ¥710。（由富岳風穴上車則需時11分鐘，車費 ¥240）

141

16 精進湖

～捕捉抱子富士的美景

精進湖是富士五湖中面積最小的湖泊，湖畔的櫻花、繡球花和紅葉等妝點四季，寧靜美麗的自然環境成為當地人釣魚、划艇、獨木舟和露營的聖地。從精進湖不但看到富士山，也能看到富士山前的大室山，就像擁抱著孩子一樣，所以被稱為「抱子富士」。精進湖附近沒甚麼觀光景點，前來的遊人大多和我一樣，最想觀賞抱子富士的景色。

📍 山梨縣南都留郡富士河口湖町精進
🌐 https://shojiko-kanko.com/
🚌 (1) 由「河口湖」駅前乘搭「鳴沢・精進湖・本栖湖周遊巴士」，於「子抱き富士 ビューポイント」下車，車程約 38 分鐘，車費 ¥1,040。
　　(2) 由「河口湖」駅前乘搭前往「本栖湖・新富士駅」（富士急）路線巴士，於「ふじみ荘前」下車，車程約 36 分鐘，車費 ¥1,040。

雖然有些雲遮蓋了部分富士山，但總算看到它抱著孩子的景象，滿足了！

17 本栖湖

～本州最清澈的湖泊

本栖湖是富士五湖中最深的湖泊，水深達 121.6 米，湖面清澈平靜，號稱為本州第一透明度高的湖泊。在本栖湖的北岸，可以欣賞到印在 ¥1,000 紙幣背面的逆富士景色，所以成為熱門的攝影聖地。不過，從巴士下車後需要步行 1 小時才能到達千円打卡點。

📍 山梨縣南都留郡富士河口湖町本栖
🌐 http://motosuko.com/
🚌 (1) 由「河口湖」駅前乘搭「鳴沢・精進湖・本栖湖周遊巴士」，於「本栖湖」下車，車程約 47 分鐘，車費 ¥1,300。
　　(2) 由「河口湖」駅前乘搭前往「本栖湖・新富士駅」（富士急）路線巴士，於「本栖湖」下車，車程約 47 分鐘，車費 ¥1,300。

乘坐潛水艇外型的遊覽船「もぐらん」，可以觀察水下生物和湖底的變化，很受歡迎。由於疫情關係，至撰書為止仍然暫停航行，請瀏覽網站了解最新情報。
http://www.fujigokokisen.jp/contents/mogrun/

從五合目看到的富士山。

18 富士山五合目

~ 富士山腰的觀光點

登上神聖的富士山,共有四個登山口,其中最便利的吉田口路線會途經標高2,305米的富士山五合目。這裡可以俯瞰富士五湖的神秘景色和遠眺南阿爾卑斯山脈,也能看到眼下壯闊的雲海,周圍亦有餐廳、商店等,除了是登山客的補給站之外,也吸引許多駕駛人士前來兜風賞景,而由河口湖駅乘搭巴士前來都只不過50分鐘而已,所以五合目經常都熱熱鬧鬧,人頭湧湧。

五合目的停車場及展望廣場。

新鮮出爐五合目限定富士山密瓜包(¥260),超級大人氣。

這裡有不少餐廳、登山用品及各式手信店鋪,還有多條路線的騎馬體驗。

創建於937年的小御嶽神社。每年7月1日為了迎接富士山開山,清晨開始會舉辦開山祭。

📍 山梨縣富士吉田市上吉田5617
📞 +81-90-2152-2305(富士山五合目觀光協會)
🕐 通常 9:00-17:00(各店有異)
🅒 通常冬季1月至3月
🌐 http://www.fujiyama5.jp/
🚌 (1)由「富士山」駅/「河口湖」駅前乘搭「富士スバルライン五合目線」(富士急)路線巴士,於終點站下車,車程約60/50分鐘,車費¥1,570。
(2)由バスタ新宿(南口)乘搭前往「富士山五合目」(富士急)高速巴士,車程約2小時35分鐘,車費¥3,800。(※只在7至8月開山時運行)

143

19 富士山 ～登上日本第一高峰

大約在 10 萬年前反覆的火山爆噴而形成了標高 3,776 米的富士山，橫跨在山梨縣和靜岡縣，是日本最高的山峰，作為「信仰象徵和藝術源泉」於 2013 年被列入世界文化遺產。富士山自古以來便有許多來自全國各地的山岳信眾登山參拜，時至今日仍然是最受歡迎的登山聖地之一。

富士山共有四個登山口，分別為吉田口、須走口、御殿場口及富士宮口，除了吉田口在山梨縣之外，其餘三個登山入口都在靜岡縣。富士山頂因冬季積雪會被封山，直至翌年 7 月至 9 月上旬開山，國內國外的登山客便會蜂擁而至，十分熱鬧。最多人選擇的登山口是吉田口，大部分登山客會乘坐巴士來到五合目出發，花上 5 至 6 小時便可登頂。由於清晨登頂觀看日出是最佳時刻，加上山上空氣稀薄，避免產生高山症必須慢行，所以一般人會預約山上的山小屋休息，凌晨再繼續登頂，站在日本一的頂峰，迎接感動人心的晨光第一線。

從這吉田口出發至山頂，約 5.2 Km，需時 6 小時。

只要慢慢前進，中途多點休息，其實不太辛苦。

沿途的山小屋都有供應飲品食物，價錢當然略為貴囉！

標高 3,250 米的八合目。

八合目 元祖室
Mt.Fuji
海拔 3,250m

休息過後，凌晨再出發。在雲之上漫步，觀賞太陽從地平線緩緩升起的景象，那份喜悅難以形容。

🌐 富士登山官方網站：http://www.fujisan-climb.jp/   富士山吉田口旅館組合：http://www.mtfuji.jpn.org/

感動人心的日出，一生人要看一次。

在山頂近距離觀看火山口，大開眼界。

在這麼高的山上，當然看到結冰的景象。

鎮守在山頂上的淺間大社奧宮。

符さん提提您：

避免身體不適，強烈建議緩慢登山，到山小屋稍作休息後再繼續前進。山小屋只提供床位，非常爆滿，必須提早預約。出發前需要妥善準備裝備，如登山鞋、禦寒衣物、雨具、帽、水、食物、電筒、防曬用品、垃圾袋等等。由於維持山上的洗手間設施成本很高，使用洗手間是需要付上¥100至¥300不等的協力金，所以還需要準備硬幣。出發前請留意天氣預報，如天氣欠佳應該放棄登山。在周末假期的登山客多得驚人，人多擠擁容易造成落石而受傷，而且堵塞進路或會耽誤時間，錯失在最高點觀賞日出良機，所以最好避免周末假期登山。

山頂上有一所郵局，貼心地為登山客服務。將這特別的感受跟親朋好友分享吧！

符さん助您安排行程：

富士五湖是山梨縣的重點觀光地，安排三日兩夜的遊覽時間可以玩得很充實。河口湖畔的旅館很多，接近河口湖駅交通匯點又方便，是住宿據點的最佳選擇。

145

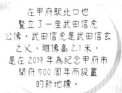

在甲府駅北口也豎立了一座武田信虎公像。武田信虎是武田信玄之父，雕像高 2.1 米，是在 2019 年為紀念甲府市開府 500 周年而設置的新地標。

甲府
📍 Kofu

位於甲府駅南口的武田信玄公銅像，高 3.1 米，呈現出戰國時代大將的威武神態，是打卡的熱點，甲府市的象徵。

甲府市是**山梨縣的首府**，也是縣內最大的城市，作為戰國時代名將**武田信玄**的據點而為人熟悉。在甲府市內，有很多與武田信玄相關的景點，是歷史愛好者朝聖之地。甲府郊外的**昇仙峽**，被譽**為日本最美麗的溪谷**，是國家特別名勝和日本遺產，為山梨縣最受歡迎的自然景觀旅遊勝地之一。

🚄 (1) 新宿駅→甲府駅（JR 中央本線（特急）あずさ號，約 1 小時 30 分鐘，¥3,890(指定席))
(2) バスタ新宿（南口）→甲府駅（山梨交通高速巴士，約 2 小時 10 分鐘，¥2,500)
(3) 河口湖駅→甲府駅（富士急路線巴士，約 1 小時 20 分鐘，¥1,500)
🌐 甲府觀光情報：https://kofu-tourism.com/
山梨交通：http://yamanashikotsu.co.jp/
富士急（路線巴士）：https://bus.fujikyu.co.jp/rosen

1 藤村紀念館（舊陸沢學校校舍）

在 山梨縣第5任縣令藤村紫朗（1845~1908）推動下，明治前期甲府市中心存在過很多被稱為「藤村式建築」的歐洲式建築物。這座被指定為國家重要文化財產的洋風建築物，前身是建於1875年的甲斐市陸沢學校校舍，及後經歷數次搬遷，最後於2010年遷移現址復原，並作為藤村紀念館免費開放，展示鄉土民俗、歷史教育及藤村紫朗的相關資料等。

~ 明治初期貴重洋風建築

📍 山梨県甲府市北口2-2-1
📞 +81-55-252-2762
🕘 9:00-17:00
🚫 星期一（公眾假期則順延至翌日）及年末年始
💰 免費
🌐 http://www.kitagucchi.com/fujimura.html
🚃 JR「甲府」駅（北口）徒步1分鐘。

2 甲府市歷史公園

> 山手御門是山手門和山手渡櫓門的總稱，是甲府城三個出入口其中之一。

（甲府城山手御門）

為 了向後世呈現甲府市昔日的歷史景觀，市政府於2007年在甲府駅北口廣場上興建了歷史公園，根據發掘調查所得的繪圖資料，復原了昔日甲府城北側山手御門的建築，重現了400多年前的面貌。園內設有免費開放的展示室，可以看到發掘時出土的瓦片陶器和江戶時代的歷史資料等。

山手渡櫓門。

山手門。

📍 山梨県甲府市北口2-170-7
📞 +81-55-252-8797（甲府駅北口まちづくり委員會）
🕘 公園24小時；展示室9:00-17:00
🚫 星期一（公眾假期則順延至翌日）及12月29日至1月3日
💰 免費
🌐 https://www.kitagucchi.com/
🚃 JR「甲府」駅（北口）徒步2分鐘。

3 甲州夢小路

~ 洋溢城下町風情的街道

重現了明治、大正、昭和初期的甲府城下町風情的甲州夢小路，是一個充滿復古氣息的購物飲食區。街道兩旁林立著融合了古民家、倉庫等古老建築風格的 17 間店舖，有銷售葡萄酒、雜貨、傳統工藝品、餐廳、咖啡店、茶房和小型美術館等，可以享受懷舊風情的悠閒時光。

📍 山梨縣甲府市丸の内 1 丁目 1－25　　🕐 各店有異
📞 +81-55-298-6300（玉屋甲州夢小路）　　🌐 http://koshuyumekouji.com/
🏠 各店有異　　🚃 JR「甲府」駅（北口）徒步 2 分鐘。

4 舞鶴城公園（甲府城跡）

~ 市內櫻花名所

天守閣的原址現作為展望風景的天守台。

武田家於 1582 年滅亡後，豐臣秀吉下令築城，直到 1600 年才建成佔地約 20 公頃的甲府城。由於城堡的外觀如展翅的鶴，所以又被稱為「舞鶴城」，是「日本100 名城」之一。踏入明治時代，隨著城市化的發展，石垣被拆掉，護城河也被填平。由於開通鐵路（中央本線），目前甲府城跡已被分割成兩部分，那就是甲府市歷史公園和舞鶴城公園的所在地。每逢春天，園內約有 160 棵櫻花盛開，映襯著富歷史感的城牆，成為著名的賞櫻名所。

從天守台可以 360 度一覽甲府四季的景色，也可眺望遠處的富士山。

於 2004 年復原的稻荷櫓，可免費入內參觀。

於 2010 年復原的鐵門。

📍 山梨縣甲府市丸の内 1-5-4
📞 +81-55-227-6179（舞鶴城公園管理事務所）
🕐 公園 24 小時；稻荷櫓及鐵門 9:00-16:30
📅 星期一（公眾假期則順延至翌日）及 12 月 29 日至 1 月 3 日
💰 免費
🌐 https://www.city.kofu.yamanashi.jp/welcome/rekishi/kofujyou.html
🚃 JR「甲府」駅（南口）徒步 3 分鐘。

5 武田神社

~ 國家歷史遺跡

武田神社是供奉戰國時代名將武田信玄，不僅是甲斐的守護神，也護佑信眾諸事勝利好運，是甲府的知名神社。神社建於武田家三代信虎公、信玄公及勝賴公故居的遺址上，於1919年落成，並在1940年被指定為國家史跡。境內除了有寶物殿外，也保留著湧出御神水的「姫之井」，讓人感受到戰國時代的氛圍。

神社的參道，綠意盎然，清幽恬靜。

於1972年開館的寶物殿，收集了從全國各地武田家捐獻與家族有關的寶物。

📍 山梨縣甲府市北口 2611
📞 +81-55-252-2609
🕐 24 小時；寶物殿 9:30-16:30
🅲 寶物殿逢星期三休息 (公眾假期則順延至翌日)
🎫 免費；寶物殿 成人 ¥300、小 / 中學生 ¥150
🌐 http://www.takedajinja.or.jp/
🚌 由 JR「甲府」駅北口 2 號巴士站乘搭前往「武田神社」(山梨交通) 路線巴士，於終點站下車，車程約 8 分鐘，車費 ¥190。

每天都有不少信眾來拜殿參拜祈福。

6 甲斐善光寺

~ 武田信玄創立的寺院

據說在 1558 年發生川中島之戰時，武田信玄擔心長野善光寺被火燒毀，於是將本尊阿彌陀如來等寺院寶物遷至甲府，創立了甲斐善光寺。即使其後武田家滅亡，寺院也得到了德川家康等人保護。甲斐善光寺擁有山門和金堂 (本堂) 等眾多重要文化財產，金堂更是東日本最大的木造本堂。寶物館收藏了最古老的源賴潮、源實朝等鎌倉時代優秀的雕刻人像和木造阿彌陀佛三尊像，非常珍貴。

高度約 15 米的山門，兩側供奉著金剛力士像。

📍 山梨縣甲府市善光寺 3 丁目 36 - 1
📞 +81-55-233-7570
🕐 24 小時；金堂・寶物殿 9:00-16:30　🅲 年中無休
🎫 免費；金堂・寶物殿 成人 ¥500、小學生 ¥250
🌐 http://www.kai-zenkoji.or.jp/
🚌 由 JR「善光寺」駅徒步 7 分鐘。
　※ JR 甲府駅 → JR 善光寺駅
　　(JR 身延線，約 4 分鐘，¥150)

由武田信玄建造的七堂伽藍於 1754 年在火災中被毀，現在的金堂和山門是 1796 年重建的。

⑦ 昇仙峽 ~日本最美麗的溪谷

位於甲府市北部的昇仙峽，不但被指定為國家特別名勝，也被認定為日本遺產，更被譽為日本最美的溪谷。距離甲府駅只不過30分鐘車程的昇仙峽，完全能擺脫鬧市的喧囂，令人猶如沐浴在大自然之中，尤其在紅葉的季節，更稱得上是人間仙境。沿著綿延約4.5公里的溪谷旁邊，建有輕鬆易走的遊步道，沿途看點豐富，如絕美的花崗岩與仙娥瀑布、夢之松島、覺圓峰、天鼓林等，可以近距離欣賞溪谷隨季節變化的美麗風景。

由昇仙峽口（長潭橋）至仙娥瀑布（仙娥瀧）的遊步道是由下至上，因為上斜比較辛苦，所以建議乘巴士到終點站「瀧上」下車，由仙娥瀑布開始遊覽會輕鬆得多。

📍 山梨縣甲府市平瀬町～猪狩町
📞 +81-90-8648-0243/+81-55-287-2555 （昇仙峽觀光協會）
🕐 24 小時
🌐 http://www.shosenkyo-kankoukyokai.com/
🚌 由 JR「甲府」駅南口 4 號巴士站乘搭前往「昇仙峽瀧上」（山梨交通）路線巴士，於終點站「瀧上」下車，車程約48分鐘，車費 ¥920。
※ 冬季期間（12月至3月）巴士終點站為「昇仙峽口」，不到「天神森」和「瀧上」（仙娥瀑布方向）。

遊步道散策路線及參考時間：

仙娥瀑布→石門 (0.8 Km／約 8 分鐘) →
覺圓峰・夢之松島 (0.2 Km／約 5 分鐘) →
羅漢寺橋 (1 Km／約 20 分鐘) →
天鼓林 (0.5 Km／約 7 分鐘) →
長潭橋 (2 Km／約 30 分鐘)

從「瀧上」下車後，徒步數分鐘便來到仙娥瀑布的入口。

仙娥瀑布位於昇仙峽的最深處，流水從花崗岩石表面傾瀉而下，落差約 30 米，從新綠到紅葉和白雪，四季皆美，為「日本瀑布100選」之一。

花崗岩經年累月的風化水蝕，形成約180米高的岩峰，因昔日澤庵禪師的弟子覺圓僧侶曾在峰頂修行而得名覺圓峰，是昇仙峽的主峰。

雪白的花崗岩與翠綠的赤松相映成輝，彷如日本三景之一的松島，因此得名夢之松島。

石門是由巨大的花崗岩石形成的天然拱門。

天鼓林一帶用力踏地會發出如鼓之聲音，是山梨縣天然紀念物。這裡經常有熊出沒，必須提高警覺。

由天鼓林至長潭橋，沿溪谷散落十多個被命名的奇岩怪石，一邊散步，一邊發揮想像力去觀賞奇石，十分有趣。

散策完畢，可由「天神森」乘巴士返回甲府駅，車程約30分鐘，車費￥600。

151

站在浮富士廣場可以遙拜遠處神聖的富士山。

8 昇仙峽纜車

（昇仙峽ロープウェイ）

如果想深入認識昇仙峽的美景和特色，可乘搭空中纜車暢遊一番。由「滝上」巴士站徒步5分鐘，便可抵達纜車站。從山麓的「仙娥滝駅」到山頂的「パノラマ台駅」需時約5分鐘。在山頂可以眺望富士山、南阿爾卑斯山和金峰山的景色外，也可探究很多能量景點。

和合權現供奉著350年樹齡的御神木，據說對祈求生育特別靈驗。

從展望台可以俯瞰雄偉的甲府盆地和白砂山。

📍 山梨縣甲府市猪狩町441
📞 +81-55-287-2111
🕐 4月至11月 9:00-17:30；12月至3月 9:00-16:30
🅒 天氣惡劣和年檢時休息
🎫 來回：成人（中學生以上）¥1,300，小學生 ¥650
🌐 http://www.shousenkyo-r.jp/
🚌 由「滝上」巴士站徒步5分鐘。

從「約束之丘」能看到富士靈峰，是強大的能量景點，所以在此敲鐘會得到幸福。

昇仙峽的金峰山是開採水晶的發源地，纜車站外的寶石之街可以欣賞許多塊驚的水晶和天然寶石。水晶寶石博物館可免費入內參觀，開館時間：9:00-17:00。

這座水晶大噴泉於2019年11月製成，全部使用天然水晶製造，從不同的角度來觀賞它，可以看到彩虹的光芒，是昇仙峽的新景點。

在店鋪林立的寶石之街，可選購各式天然水晶飾物自用或作為手信。

符さん助您安排行程：

上午遊覽昇仙峽，下午到甲府駅附近一帶閒逛，一天便可感受到甲府市的魅力。

笛吹市

Fuefuki

石和溫泉鄉
Isawaonsen

笛吹川上的笛吹權三郎像，是石和溫泉的象徵。

位於甲府盆地中央笛吹市的石和溫泉鄉，源於1961年在葡萄園的挖井施工期間，大量的高溫溫泉噴湧而出。泉水是無色無味的鹼性單純泉，據說對肌肉關節疼痛等最有療效。除了溫泉之外，這裡得天獨厚的大自然環境還孕育出葡萄和桃等特產水果。石和溫泉鄉曾被選為「日本新觀光地100選」第3位，現時約有30多間溫泉旅館及酒店。即使不留宿，到溫泉設施享受日歸溫泉，再參觀附近的葡萄酒莊、庭園和歷史建築物，也能悠然自得，感受雙重愉悅。

📍 山梨県笛吹市石和町
📞 +81-55-262-3626(石和溫泉旅館協同組合) /
　 +81-55-262-364(石和溫泉觀光協會)
🌐 石和溫泉旅館協同組合：https://www.isawaonsen.or.jp/
　 石和溫泉觀光協會：https://www.isawa-kankou.org/
🚃 (1) JR 甲府駅→ JR 石和溫泉駅（JR 中央本線，約 7 分鐘，¥200）
　 (2) 河口湖駅→石和溫泉駅（富士急路線巴士，約 53 分鐘，¥1,290）

在笛吹市有不少葡萄園。

153

1 石和溫泉駅觀光案內所駅 Wine Server

（駅ワインサーバー）

山梨縣的葡萄酒享有盛名，在笛吹市更雲集多間葡萄酒莊。石和溫泉駅觀光案內所除了提供旅遊信息之外，這裡亦有大人氣的「駅 Wine Server」自助品酒區。酒櫃陳列著市內 10 間酒莊所釀造共 16 種葡萄酒，遊客可付費試飲，猶如小型酒吧，十分受歡迎。

- 山梨県笛吹市石和町松本 177-1
- +81-55-231-5500
- 9:00-16:00；星期六、日及公眾假期 9:00-17:00
- 年中無休
- 1 杯 ¥200 至 ¥400
- https://www.isawa-kankou.org/
- JR「石和溫泉」駅（南口）即到達。

2 石和溫泉駅前公園足湯

石和溫泉駅前的免費足湯，是市內最早的足湯設施。無論在散策前暖足熱身，或在散策後消除疲憊都合適，而且在駅前公園一帶，春天可欣賞櫻花，初夏玫瑰芬芳，秋天也有紅葉，四季都有看點。

- 山梨県笛吹市石和町松本 186-6
- 10:00-18:00；10 月至 3 月 10:00-17:00
- 年中無休
- 免費（可到石和溫泉駅觀光案內所購買毛巾）
- JR「石和溫泉」駅（南口）徒步1分鐘。

3 MONDE WINERY

（モンデ酒造）

於1952 年創業的 MONDE 酒莊，除了葡萄酒之外，還生產白蘭地和威士忌等多種酒類。MONDE 於 2008 年開始，以便利輕巧為概念，銷售鋁罐裝的紅、白、玫瑰紅酒，這創新獨有的葡萄酒包裝風格備受關注。位於石和溫泉鄉的 MONDE 酒莊，除了可選購各種酒類及山梨紀念品之外，也可以免費試飲 5 至 6 款酒類。酒莊還可以免費參觀釀酒工場和貯藏庫，但因疫情關係已暫停參觀項目，前往之前請瀏覽網站以了解最新訊息。

📍 山梨県笛吹市石和町市部 476
📞 +81-55-262-3161
🕐 9:00-16:30　🅲 年中無休　💴 免費
🌐 https://www.mondewinery.co.jp/
🚃 JR「石和溫泉」駅（南口）徒步約 10 分鐘。

4 八田家御朱印屋敷・八田家書院

八田家是戰國時代武田氏的家臣，在武田氏滅亡後受到德川家康庇護，下賜建材於 1601 年建造了八田家御朱印屋敷，包括八田家書院。由於在 1859 年遭受水災，八田家的主屋被破壞，因此將書院擴建及改為住宅。茅草屋頂外觀的八田家書院，保留了江戶時代初期貴重建築的風貌，被指定為山梨縣的文化財產及史跡。於 1993 年在書院旁建造八田御朱印公園時，發現了石牆、鋪路石等遺跡，使這裡更富歷史感。

八田家御朱印屋敷的表門。

八田家書院的茅草屋頂甚具特色，秋季時門前的紅葉亦十分艷麗。

御朱印公園沒有娛樂設施，卻有很珍貴的歷史遺跡。

📍 山梨県笛吹市石和町八田 334
📞 +81-55-261-6111
🕐 10:00-16:00（只在周末及假期開放）
🅲 平日　💴 成人 ¥200，小／中學生 ¥100
🌐 https://www.city.fuefuki.yamanashi.jp/shisetsu/bunkazaihoka/054.html
🚃 JR「石和溫泉」駅（南口）徒步約 10 分鐘。

5 石和源泉足湯廣場

（石和源泉足湯ひろば）

位 處溫泉鄉中央的足湯廣場，共有三個足湯和一個手湯，可以在散策途中稍作歇息，輕輕鬆鬆享受來自源泉的足湯樂趣。廣場佔地廣闊，經常會舉辦不同活動。

📍 山梨縣笛吹市石和町川中島 1607
📞 +81-55-262-8131
🕐 9:30-16:00
🅒 星期二及星期三
💰 ¥200（包含毛巾）
🌐 https://www.isawaonsen.or.jp/ashiyu.html
🚃 JR「石和温泉」駅（南口）徒步約 12 分鐘。

6 MARS WINERY

（マルス山梨ワイナリー）

早 於明治初期（1872年）創業的本坊酒造，是釀造多種日本酒的老字號，其總店駐紮在九州的鹿兒島。

自 1960 年開始，本坊酒造在山梨縣笛吹市石和町創立了 MARS WINERY，作為葡萄酒的生產基地，致力釀造以 Chateau Mars 系列為代表的葡萄酒。鄰近足湯廣場的這座 MARS WINERY，與 MONDE 酒莊一樣，設有商品區和免費品酒區，可試飲的葡萄酒和葡萄汁比 MONDE 更多。同樣因疫情關係，直至撰書為止仍然暫停免費參觀釀酒工場的安排，如有需要請瀏覽網站了解最新訊息。

很有規模的免費品酒區。

試飲之後，可選購各式商品。

📍 山梨縣笛吹市石和町山崎 126
📞 +81-55-262-1441
🕐 9:00-16:30
🅒 年中無休
💰 免費
🌐 https://www.hombo.co.jp/factory/yamanashi.html
🚃 JR「石和温泉」駅（南口）徒步約 10 分鐘。

現在的本堂是建於江戶時代後期，內裡供奉著本尊不動明王。

7 大藏經寺

~匯集精彩佛畫

大藏經寺屬真言宗智山派別的寺院，據說由行基僧侶於722年創立。於1370年，守護甲斐的武田信成建造了七堂伽藍，此後就成為了武田家的祈願寺。到了江戶時代，寺院在德川家康和德川秀忠的保護下更加興盛。擁有優雅的庭園、天花板名畫和超過50幅現代佛畫是大藏經寺最精彩的看點，寺院更有「佛畫寺」的別稱。

寺院展示超過50幅現代佛畫，畫功細膩精緻。

📍 山梨県笛吹市石和町松本610
📞 +81-55-262-2100
🕘 9:00-16:30
🆑 年中無休
💴 ¥300（庭園・現代佛畫）
🌐 http://www.daizokyoji.org/
🚃 JR「石和溫泉」駅（北口）徒步約5分鐘。

以大藏經寺山為背景的池泉迴遊式蓬萊庭園，美得令人屏息。

龍之天花板畫是寺內的代表傑作。

符さん提提您：

石和溫泉駅觀光案內所可以免費借用單車，但需要先支付¥1,000保証金，歸還單車時可取回。另外，案內所亦有電動單車出租。

符さん助您安排行程：

如散步遊覽石和溫泉鄉，大約需要3小時。

清里高原
Kiyosato Kogen

～ 被遺棄的世外桃源

清里高原位於北杜市八岳山南麓，海拔 1,274 米，能遠眺富士山、南阿爾卑斯等海拔 3,000 米的群山，不僅有田園牧場、博物館等觀光景點，還有許多瀑布溪谷，是能洗滌身心的郊遊勝地。

JR 清里駅的外觀。

清里高原與長野縣的輕井沢有點相似，輕井沢得天獨厚的自然環境，被加拿大傳教士廣傳世界；而清里高原則有清里之父之稱的美國人協助，開闢土地發展度假村。兩地同樣佈滿很多歐陸式建築物，成為受歡迎的避暑度假勝地。然而，清里高原沒有輕井沢那麼幸運，90 年代泡沫經濟爆破後，前來清里的遊客銳減，造成大規模結業潮，實在令人唏噓。如今仍然有當地人欣賞這裡明媚的自然風光，喜歡前來滑雪、遠足和度假，只是人流不太多。我卻喜愛清里高原，因為這裡能讓我放慢腳步，獨享寧靜的自然空間。

📍 山梨縣北杜市高根町清里西井出
📞 +81-551-48-2200（清里觀光振興會）
🌐 https://www.kiyosato.gr.jp/
🚃 JR 甲府駅 → JR 小淵沢駅 → JR 清里駅（JR 中央本線、JR 小海線，約 1 小時 20 分鐘，¥990）

遊客可到清里駅旁邊的觀光案內所索取散策地圖，也可查詢出租單車的店舖資料。

我喜愛清里高原的另一個原因，就是這裡有非常美麗的紅葉。

這些別具特色的歐陸式建築，雖然已被空置多年，卻成為來訪者打卡熱點。

清里 Picnic Bus（清里ピクニックバス）

「清里 Picnic Bus」共有3條周遊巴士路線，可以抵達清里高原的主要觀光地。不過巴士限定日期運行，而且班次疏落，必須事前瀏覽網站了解情況。

1日周遊券：成人 ¥1,000，小學生 ¥500

2日周遊券：成人 ¥1,500，小學生 ¥750

- 🈹 單程：成人 ¥500，小學生 ¥250（車上付款）
- ⏰ 運行期間：4月下旬至11月中旬的周末及假期，黃金周及7至8月每日運行（詳情請瀏覽網站）
- 🎫 購券：清里 Bus Centre
- 🌐 https://kiyosato.gr.jp/picnic-bus/

① 吐龍瀑布

（吐竜の滝）

　　吐龍瀑布位於川俣東沢溪谷之中。八岳豐富的地下水流經長滿青苔的岩石後如絲般流淌而下，景象宛如龍吐水而得名。瀑布落差只有10米，寬15米，這細小的瀑布有別於一般瀑布的澎湃，相反營造出一種日式庭園的雅緻氣韻，清秀美麗。

📍 山梨県北杜市大泉町西井出
🌐 https://www.hokuto-kanko.jp/
🚃 (1) JR「清里」駅徒步約35分鐘。
　　(2) 由JR「清里」駅乘搭的士需時5分鐘（約¥1,050），於停車場下車後徒步10分鐘。
　　(3) 由JR「清里」駅乘搭「清里 Picnic Bus」，於「吐竜の滝入口」下車後徒步約25分鐘。

吐龍瀑布是川俣東沢溪谷的名勝，經常吸引許多攝影師前來取景。

2 萌木之村

距離清里駅只有10分鐘步程的萌木之村,猶如歐洲的鄉村小鎮,是一個非常治癒的高原度假區。在綠色森林之中,散落約有20間獨特的木屋,每間木屋都是獨立經營著各具特色的商店、木工房、博物館、咖啡店和餐廳等,遊客可在豐富的自然生態中享受悠閒惬意的時光。這裡還有一個亮點,是可以在盎然綠意的森林中,聽著輕快的音樂,坐騎華麗的旋轉木馬,一個簡單的玩意,卻讓人感受到不一樣的歡樂,慕名而來的人愈來愈多。

📍 山梨県北杜市高根町清里3545
📞 +81-551-48-3522
🕐 夏季 10:00-18:00；冬季 10:00-17:00
🅲 年中無休
🌐 https://www.moeginomura.co.jp/
🚉 JR「清里」駅徒步約10分鐘。

符さん助您安排行程:
小海線是海拔最高的JR路線,沿途風景秀麗。如果您喜歡寧靜與自然,不妨花一天時間來清里放空。

161

長野
縣
Nagano

長野縣是日本面積最大的內陸縣，由於昔日曾是「信濃國」，因此又被稱為「信州」。長野縣擁有日本阿爾卑斯山等大面積的山岳，海拔高於 2,000 米的山峰特別多，天然資源很豐富，上高地、千疊敷冰斗、八方池和栂池自然園等都是絕美的自然秘境。長野縣的溫泉地區數量僅次於北海道，是第二大溫泉王國，森林與山谷各處湧出優質的泉水，如昼神溫泉、白骨溫泉、渋溫泉、白馬溫泉等，都是著名的溫泉勝地。國寶雲集的長野縣，歷史古蹟也多不勝數，松本城和善光寺都是遊客必訪之地。

🌐 長野縣觀光情報：https://www.go-nagano.net/

軽井沢

Karuizawa

位於長野縣以東的輕井沢，有避暑度假勝地之美名，是長野縣極受歡迎的觀光地。輕井沢擁有得天獨厚的自然環境，到處綠樹成蔭，氣候涼爽，自明治時代被加拿大傳教士發現後廣傳世界，吸引了全球各地名人和遊客來訪避暑，所以別墅、教堂、美術館等特別多，是充滿歐陸風情的小鎮。雲場池和白絲瀑布是輕井沢知名的自然景點；太子購物廣場、舊輕井沢銀座和 Harunire Terrace 是各具特色的購物區。由東京乘搭新幹線僅 70 分鐘就能抵達輕井沢，感受這別樹一格的異國風情，盡享恬靜惬意的時光。

🚉 (1) JR 東京駅→ JR 輕井沢駅（北陸新幹線，
　　　約 1 小時 10 分鐘，¥6,020（指定席））
　　(2) 池袋駅東口→輕井沢駅前（西武高速巴士千曲線，
　　　約 3 小時，¥2,300 至 ¥2,900）
　　(3) 草津溫泉巴士總站→輕井沢駅北口（草輕交通巴士，
　　　約 1 小時 16 分鐘，¥2,240）

🌐 輕井沢觀光協會：https://karuizawa-kankokyokai.jp/
　　西武巴士：https://www.seibubus.co.jp/
　　草輕交通巴士：http://www.kkkg.co.jp/bus/rosen-bus.html
　　輕井沢町：https://www.town.karuizawa.lg.jp/
　　（交通→町內循環巴士（東・南迴り線））

1 Karuizawa Prince Shopping Plaza

~ 軽井沢最大型購物聖地

位處軽井沢駅旁的 Prince Shopping Plaza，綠意盎然，優雅舒適，擁有來自國內外約 240 間休閒時尚服飾、高級品牌商品、家居生活雜貨等各式店鋪，大人可盡情購物，小朋友也有玩樂設施，多國餐廳美食選擇亦很豐富。Prince Shopping Plaza 是離開軽井沢前的絕佳購物聖地，可讓旅程畫上完美的句號。

高級品牌與平價貨品均一應俱全。

這裡的兒童公園和休憩場所寬敞舒適，設施一流。

📍 長野県北佐久郡軽井沢町軽井沢　📞 +81-267-42-5211
🕐 一般 10:00-19:00（特別日子 9:00／10:00-20:00／21:00）；味の街 11:00-22:00
📅 不定休　🌐 http://www.karuizawa-psp.jp/　🚃 JR「軽井沢」駅（南口）徒步 3 分鐘。

2 舊軽井沢銀座

～感受異國風情的購物街

舊軽井沢銀座是一條充滿歐陸風情的購物街，讓人感受到從國外的避暑客中傳承下來的西方文化。在全長 750 米的街道兩旁，佈滿咖啡店、西式餐廳、手工藝、農產品及服飾等特色小店，吸引許多遊客前來閒逛購物，又或享用一頓歐陸午餐，感受異國風情，輕鬆寫意。

位於舊軽井沢銀座中央的 Church Street，是擁有 20 多間店鋪的商場。

📍 長野縣北佐久郡軽井沢町軽井沢　　🕐 各店有異
🅒 各店有異　　🌐 http://karuizawa-ginza.org/
🚃 (1) JR「軽井沢」駅（北口）徒步約 22 分鐘。
　　(2) 由 JR「軽井沢」駅北口 2 號巴士站乘搭前往「北軽井沢・草津温泉方面」（草軽交通）巴士，於「旧軽井沢」下車，車程約 4 分鐘，車費 ¥160。
　　(3) 由 JR「軽井沢」駅乘搭「軽井沢町内循環巴士（東・南迴り線）（内迴り）」，於「旧軽井沢」下車，車程約 4 分鐘，車費 ¥100。

3 舊軽井沢森之美術館

舊軽井沢森之美術館就在舊軽井沢銀座入口附近。在樓高 3 層的美術館內，有很多可以體驗錯覺美術的畫作和佈局，如魔法動物園、森林探險、水族館及迷宮等，訪客只要找對了角度和位置，擺出各種自創的姿勢，便能拍下不可思議的立體效果照片，栩栩如生，樂趣無窮。

📍 長野縣北佐久郡軽井沢町旧軽井沢 809
📞 +81-267-41-1122
🕐 10:00-18:00；11 月至 3 月中旬 10:00-17:00
🅒 年中無休
💴 成人 ¥1,500，65 歲以上 ¥1,200，高校生 ¥1,000，中學生 ¥900，小學生 ¥800，幼兒 ¥500，2 歲以下免費
🌐 https://art-karuizawa.com/

4 聖保羅天主教堂

（軽井沢聖パウロカトリック教会）

於 1935 年由英國神父 Fr. Leo Paul Ward 創立的聖保羅天主教堂，是由美國著名建築師 Anthony Raymond 所設計，曾榮獲美國建築學會獎項，是軽井沢中最具代表性的教堂。這座木造教堂不但外觀優美，坐落在森林之中更令人感到清幽浪漫，所以特別多新人在此舉行婚禮。如教堂內沒有進行結婚儀式或其他崇拜，可以進內參觀。

- 📍 長野縣北佐久郡軽井沢町大字軽井沢 179
- 📞 +81-267-42-2429
- 🕐 7:00-18:00（冬季時日落關門）
- 🅲 年中無休
- 🉐 免費
- 🚌 (1) 由 JR「軽井沢」駅乘搭「軽井沢町内循環巴士（東‧南迴り線）(内回り)」，於「旧軽井沢」下車後徒步 3 分鐘，車程約 4 分鐘，車費 ¥100。
  (2) 通過舊軽井沢銀座中央的 Church Street 便到達。

5 雲場池 ～四季賞景名勝

📍 長野縣北佐久郡軽井沢町大字軽井沢
🚌 由 JR「軽井沢」駅乘搭「軽井沢町内循環巴士（東‧南迴り線）(内回り)」，於「六本辻‧雲場池」下車後徒步 3 分鐘，車程約 6 分鐘，車費 ¥100。

位 於六本辻附近的雲場池，是一個被茂密樹木包圍的湖泊，因為昔日有許多天鵝飛來此處，所以又被稱為「天鵝湖」。雲場池是軽井沢的賞景名勝，初夏的翠綠與天空的湛藍相映成趣，秋季艷麗奪目的紅葉漫天飛舞，冬天的飄雪銀光耀眼，清澈平靜的湖面倒映著四季自然美景，如詩如畫，是遊客必訪之地。池邊有整備完善的遊步道，繞湖散步一周需時約 20 分鐘。

167

6 Harunire Terrace
（ハルニレテラス）

位於中輕井沢星野地區的 Harunire Terrace，是可以感受大自然氣息的購物美食休閒地。在種植了 100 棵春榆樹和清澈的溪流旁邊，有 9 棟木造小屋，經營著 16 間品味獨特的餐廳、咖啡店、服飾店和雜貨店等，環境優雅舒適，能享受輕鬆自在的時光。

📍 長野縣北佐久郡輕井沢町長倉星野　　☎ +81-50-3537-3553
🕐 各店有異　　💳 各店有異　　🌐 https://www.hoshino-area.jp/shop
🚌 由 JR「輕井沢」駅北口 1 號巴士站乘搭前往「輕井沢營業所方面」(西武路線) 巴士，於「星野溫泉トンボの湯」下車後徒步 3 分鐘，車程約 19 分鐘，車費 ¥470。

7 白絲瀑布
～ 景致優美如畫

白絲瀑布的全景。

白絲瀑布位於輕井沢的北部，是湯川的源頭，瀑布落差只有 3 米，而寬度卻有 70 米，是輕井沢具有代表性的自然景點。淺間山的積雪和雨水經過 6 年的歲月，慢慢沿著蜿蜒曲折的岩石陡壁，宛如數百條白絲傾流直下，構成一道美麗的水簾瀑布，縱使並不澎湃，但景致細膩優美，所以一直人氣高企。

📍 長野縣北佐久郡輕井沢町長倉
🕐 24 小時　　💳 免費
🌐 http://www.karuizawa-shw.com/
🚌 由 JR「輕井沢」駅北口 2 號巴士站乘搭前往「北輕井沢・草津溫泉方面」(草輕交通) 巴士，於「白糸の滝」下車後徒步 3 分鐘，車程約 23 分鐘，車費 ¥720。

白絲瀑布在夏天令人感到清爽涼快，在秋天又可欣賞紅楓映襯的美態。

符さん助您安排行程：

遊覽輕井沢最好安排至少兩日一夜的行程。除了徒步、乘巴士或自駕遊，也適合單車遊，可在車站附近租用單車。由輕井沢乘巴士往群馬縣草津溫泉僅 1 小時多，可考慮緊接行程，又或繼續遊覽長野縣其他市町的景點。有關草津溫泉的景點，在《符さん日‧記：日本關東》有很詳盡的介紹。

長野市

Nagano City

JR長野駅。

位於長野縣北部的長野市，是縣政府的所在地，交通四通八達，乘坐新幹線能通往東京、名古屋等多個主要城市。市內的養光寺和戶隱神社是著名能量景點，全年朝聖者絡繹不絕。作為通往北部地區的門戶，由長野市出發到小布施、地獄谷野猿公苑、渋溫泉等知名的觀光地亦相當便捷。

🚄 (1) JR 東京駅 → JR 長野駅（北陸新幹線，約 1 小時 30 分鐘，¥8,340(指定席)）
(2) JR 輕井沢駅 → JR 長野駅（北陸新幹線，約 30 分鐘，¥3,740(指定席)）
(3) 池袋駅東口・バスタ新宿 (南口) → 長野駅（ALPICO ／京王高速巴士，約 3 小時 45 分鐘，¥4,200 至 ¥5,100）

🌐 長野市觀光協會：https://www.nagano-cvb.or.jp/
ALPICO 交通：https://www.alpico.co.jp/traffic/

1 善光寺

~ 國寶級能量點

善光寺創建於 644 年,歷史悠久,是一座不屬於任何宗派的佛教寺廟,其供奉的一光三尊阿彌陀如來,相傳是日本最古老的佛像。境內的本堂被指定為國寶,還有山門及經藏等重要文化財產,觀賞價值極高。作為不分教派的名寺,自古以來就流傳著每個人一生至少來造訪一次,所以長年吸引來自全國各地的參拜者朝聖,是長野市的觀光重點。

建於 1752 年的仁王門已毀於大火,現在的建築物是在 1918 年重建的。

- 📍 長野縣長野市長野元善町 491
- 📞 +81-26-234-3591
- 🕐 9:00-16:00;本堂內陣 16:30 止
- 🅲 年中無休
- 🈹 本堂內陣成人 ¥600,高校生 ¥200,小 / 中學生 ¥50;
  山門 成人 ¥500,高校生 ¥200,小 / 中學生 ¥50;
  經藏 成人 ¥300,高校生 ¥100,小 / 中學生 ¥50
  ※ 三堂(本堂內陣・山門・經藏)及史料館共通券 成人 ¥1,200,高校生 ¥400,小 / 中學生 ¥100
- 🌐 https://www.zenkoji.jp/
- 📱 由 JR「長野」駅(善光寺口)1 號巴士站乘搭前往「善光寺・宇木 / 若槻團地方面」(ALPICO 交通)巴士,於「善光寺大門」下車後步行 5 分鐘,車程約 7 分鐘,車費 ¥190。

穿過仁王門便是仲見世通商店街,兩旁林立著各種信州名物、雜貨、甜點及咖啡店等。

建於 1750 年的山門,樓頂上寫著「善光寺」的牌匾上,三個字裡藏著五隻鴿子,因此也被稱為「鳩字牌匾」而聞名。

建於 1759 年的經藏,於 1974 年被指定為重要文化財產。

善光寺自創建以來已被大火燒毀了十數次,現在的本堂是 1707 年重建的,並於 1953 年作為江戶中期的代表性佛教建築而成為國寶。

2 戶隱神社

戶隱山昔日曾作為大型的修驗道場而相當興盛,自古已是山岳信仰據點而受到廣泛崇拜,距今已有 2,000 年歷史。戶隱神社是奧社、中社、寶光社、九頭龍社及火之御子社的總稱,五座神社散落在戶隱山麓下,並各自供奉不同的神明。當中以中社和奧社最具氣場,所以吸引較多信眾前往參拜。

戶隱神社中社的社殿。

戶隱神社中社

中社是供奉著與打開天岩門的神話有關的智慧之神,名為「天八意思兼命」,護佑學業成就、商業繁盛、開運除厄等。中社的看點是社殿內的天花板上,繪有江戶時代末期至明治時代活躍的藝術家河鍋曉齊的「龍之天井繪」壁畫。附近林立著蕎麥麵店和住宿設施等,一年四季都很熱鬧,於 2017 年被選為國家重要傳統建築群保存區。

📍 長野縣長野市戶隱 3506
📞 +81-26-254-2001
🕐 24 小時
💰 免費
🌐 https://www.togakushi-jinja.jp/
🚌 由 JR「長野」駅 7 號巴士站乘搭前往「ループ橋経由戶隱高原」(ALPICO 交通)巴士,於「戶隱中社」下車後徒步 2 分鐘,車程約 64 分鐘,車費 ¥1,350。

境內有一棵推斷有 700 年樹齡的御神木。

戶隱神社奧社

被陡峭的戶隱山脈包圍的奧社,是戶隱神社的本社。奧社供奉著將天照大神藏身的天岩門打開的神明「天手力雄命」,據說對開運、心願成就、五穀豐收、比賽必勝等方面特別靈驗,是五座神社中參拜者最多的一座。

步進奧社入口,最先看到的是奧社大鳥居。

參道全長約 2 公里,途中會經過茅草屋頂的隨神門。

📍 長野縣長野市戶隱奧社　📞 +81-26-254-2001　🕐 24 小時
🚌 由 JR「長野」駅 7 號巴士站乘搭前往「ループ橋経由戶隱高原」(ALPICO 交通)巴士,於「戶隱奧社入口」下車後徒步 30 分鐘,車程約 68 分鐘,車費 ¥1,450。

171

穿過隨神門之後，便看到延綿500米、多達300棵樹齡400年以上的古杉樹挺直地生長，是長野縣指定天然紀念物，著名的打卡能量景點。

越過古杉樹群之後，需要經過頗為崎嶇的石階路段才可到達奧社（造訪時正值進行維修）。

符さん有感：

～ 不能不吃日本三大蕎麥麵：

戶隱自然資源豐富，在好山好水的條件下製造出的「戶穩蕎麥麵」相當有名氣，與島根縣和岩手縣並稱為日本三大蕎麥麵，所以在戶穩四處都有蕎麥麵店。來到戶穩參拜過後，吃一碗蕎麥麵是遊客必備的節目，我怎會錯過呢！誠意推介奧社參道入口旁的「奧社の茶屋」，品質味美，服務一流，令人回味無窮。

3 鏡池

前 往戶隱除了巡遊神社之外，鏡池也是必遊的景點。海拔1,200米的鏡池，隨著季節的變化將戶隱山脈像鏡子一樣倒映在水面上而得名。春天的綠意盎然，秋天的橙紅楓葉，引人入勝。

📍 長野縣長野市戶隱
🌐 https://togakushi-21.jp/
🚌 由JR「長野」駅7號巴士站乘搭前往「ループ橋經由戶隱高原」(ALPICO交通)巴士，於「鏡池入口」下車後徒步40分鐘，車程約65分鐘，車費¥1,450。

符さん助您安排行程：

善 光寺和戶隱剛好是一天的行程，但建議清早先到戶隱，下午才遊覽善光寺，尤其在秋冬季節，很早便天黑，如仍在山間會比較危險。

符さん提提您：

如 同日遊覽戶隱和善光寺，可到 (ALPICO交通) 長野駅前案內所購買「戶隱‧善光寺1日周遊券」，成人¥3,000，小童¥1,500。憑券可在一天內無限乘搭前往戶隱和善光寺的巴士外，也可享有兩地區部分設施及茶屋的折扣優惠。

🌐 https://www.alpico.co.jp/traffic/ticket/43/

小‧布施

Obuse

~ 聞名全國栗子之鄉

自古以來，小布施盛產的栗子以口感綿密、甜而不膩而馳名全國。距離車站只有十分鐘步程的栗子小徑一帶，盡是各式栗菓子店，當中更有些是 200 年老舖，遊客不但可以品嘗到美味的栗子飯和栗菓子，也可盡情選購與栗子相關的各種商品。此外，小布施亦是浮世繪大師葛飾北齋晚年生活之地，在北齋館內可以觀賞他當年多幅精彩的作品，十分難得。

📍 長野縣上高井郡小布施町小布施
🌐 https://www.obusekanko.jp/
🚃 長野駅→小布施駅（長野電鐵長野線，約 32~38 分鐘，¥680）

小布施駅。

炒栗子的攤檔散發出誘人的香氣，難怪常有顧客等候出品。

充滿日本風情的栗子小徑。

這裡雲集各式栗菓子店，任君選擇。

小布施堂的每月限定栗子甜點、羊羹、雪糕等都很受歡迎，不容錯過。

北齋館

這是著名浮世繪大師葛飾北齋的美術館。館內展出了葛飾北齋的原畫、手稿、書信等 50 幅展品外，還有以北齋的天花板畫而聞名的兩架巡遊花車。龍與鳳凰、男浪與女浪的怒濤圖，即使經過時間的流近，仍然散發出一種美麗而神秘的魅力。

📍 長野縣上高井郡小布施町大字小布施 485
📞 +81-26-247-5206
🕘 9:00-17:00；1 月 1 日 10:00-15:00
🚫 12 月 31 日
🎫 成人 ¥1,000，高校生 ¥500，小 / 中學生 ¥300
🌐 http://www.hokusai-kan.com/
🚃 「小布施」駅徒步 12 分鐘。

符さん助您安排行程：

小布施的參觀設施及各式栗菓子店都集中在栗子小徑一帶，遊覽時間約兩至三小時。

山ノ内町

Yamanouchi Town

①地獄谷野猿公苑
～世界唯一的猿猴嘆溫泉

為了研究日本猿猴生態於 1964 年開業的地獄谷野猿公苑，位於志賀高原橫湯川的溪谷之中，由於陡峭的懸崖到處都可見溫泉的蒸汽，所以古時這裡被稱為地獄谷。野猿公苑附近的森林住著數個猿猴家族，總數有 200 隻之多。而最有趣的是這群猿猴與人類一樣熱愛泡溫泉，牠們會下山來到公苑浸泡在溫泉池中，在冬天猿猴頭上頂著白雪泡溫泉時表現出無比陶醉的樣子傳遍國際，是世界唯一可觀賞猴子嘆溫泉的獨特景點，所以吸引許多外國人慕名而來一睹 Snow Monkey 的有趣生態。

野猿公苑在海城 850 米的溪谷之中，下車後需要徒步半小時到山上。

途經的「地獄谷噴泉」，噴出的熱泉高達 20 米，被指定為國家天然紀念物。

📍 長野県下高井郡山ノ内町平穏 6845
📞 +81-269-33-4379
🕐 8:30-17:00；11 月至 3 月 9:00-16:00
📅 年中無休
💰 成人 ¥800，小／中學生 ¥400
🌐 https://jigokudani-yaenkoen.co.jp/
🚌 (1) 由「長野」駅東口乘搭「志賀高原線」(長電急行) 巴士，於「スノーモンキーパーク (Snow Monkey Park)」下車，車程約 42 分鐘，車費 ¥1,500。
(2) 由「湯田中」駅乘搭前往「奧志賀高原方面／上林線」(長電路線) 巴士，於「スノーモンキーパーク (Snow Monkey Park)」下車，車程 8 分鐘，車費 ¥310。
※ 長野駅→湯田中駅 (長野電鐵 (普通)，約 70 分鐘) ¥1,190／長野電鐵 (特急ゆけむり)，約 45 分鐘) ¥1,590 (指定席))
長電巴士：https://www.nagadenbus.co.jp/

符さん提提您：

雖然猿猴住在鄰近山區，但牠們會下山前來野猿公苑吃免費餐和泡溫泉。不過，如果牠們在森林中有足夠食物，可能當天不會下山，野猿公苑便空無一猴。避免大家白行一趟，建議出發前先瀏覽網站，了解當天有沒有猿猴駕到。我曾經來這景點三次，但最後一次來到山下入口，才從電視機上看到「猿不在」，真慘！

176

❷ 渋溫泉

~1,350 年歷史の湯

長野縣・山ノ內町

由 湯田中駅乘搭巴士往地獄谷野猿公苑，途中會經過渋溫泉。開湯已有 1,350 年的渋溫泉，是縣內罕有擁有多個源泉和豐富泉水量的溫泉鄉。根據不同的源泉，泉水會呈現褐色、奶白色、綠色或無色透明等，對神經痛和美肌等有很好效果。在溫泉街上，菓子店、土產店、溫泉饅頭店鱗次櫛比，還有約 30 多間大大小小的旅館，當中不少是多層木造的老字號日式旅館。除了在旅館可浸泡溫泉之外，

所有住宿客均可免費享用分佈在溫泉街各處的 9 個共同浴場，體驗獨特的巡湯樂趣。如不打算留宿，也可到渋溫泉旅館組合事務所和渋溫泉停車場購買巡湯入浴券，享用這 9 個共同浴場。

📍 長野県下高井郡山ノ內町渋溫泉　📞 +81-269-33-2921（渋溫泉旅館組合）
🕙 共同浴場使用時間：住宿客 6:00-22:00；非住宿客 10:00-17:00（星期一、三及五 13:00-17:00）
💰 巡湯入浴券：每人 ¥500　🌐 https://www.shibuonsen.net/
🚃 (1) 由「湯田中」駅徒步約 25 分鐘。
　　(2) 由「湯田中」駅乘搭前往「奧志賀高原方面／上林線」（長電路線）巴士，於「渋溫泉」下車，車程 4 分鐘，車費 ¥210。

❸ 湯田中駅前溫泉「楓の湯」

同 樣開湯 1,350 年的湯田中溫泉，在駅前一帶溫泉旅館林立。如不打算留宿，又想在乘車前把握泡湯的機會，可選擇在湯田中車站舊址開設的日歸溫泉設施。據說在設施外的足湯旁邊有一棵 400 年的楓樹，所以命名為「楓の湯」。在男女浴場內，各有一個室內溫泉和露天溫泉，雖然規模不大，但收費便宜又鄰近車站，值得一泡。

步出湯田中駅，就是湯田中溫泉的入口。

符さん 助您安排行程：
小布施駅和湯田中駅同是長野電鐵長野線的沿線車站，建議同日遊覽以上景點和小布施。

📍 長野県下高井郡山ノ內町大字平穩 3227-1
📞 +81-269-33-2133
🕙 10:00-21:00；足湯 10:00-22:30
📅 每月第一個星期二（公眾假期則順延至翌日）
💰 成人 ¥300，小學生 ¥150；足湯免費
🌐 http://www.town.yamanouchi.nagano.jp/
🚃「湯田中」駅前。

白馬村

Hakuba

位於長野縣西北部的白馬村，是白馬三山山麓地帶的**高原度假勝地**。白馬擁有豐富的降雪量和優質的粉雪，村內多達10個滑雪場、200條滑雪道，所以能成為**1998 年冬季奧運會**的滑雪比賽場地而名氣大增。白馬又名花山，是高山植物的寶庫，白馬八方尾根和栂池自然園都是人氣自然景點。白馬溫泉是日本首屈一指的**強鹼性溫泉**，被認為能去角質有利肌膚，深受女士喜愛。在白馬村悠閒地散步，能看到北阿爾卑斯山的殘雪襯托著滿地綠色的田園，就像一幅恬靜秀麗的風景畫作，令人難忘。

※ 白馬三山：橫跨富山縣和長野縣的
　白馬岳、杓子岳、白馬鑓ヶ岳。

🚌 由 JR「長野」駅東口乘搭「長野～白馬線」(ALPICO 交通)
　高速巴士，於「白馬駅前」下車，車程約 70 分鐘，車費
　¥2,200。
🌐 白馬村觀光情報：https://www.vill.hakuba.nagano.jp/
　ALPICO 交通：https://www.alpico.co.jp/traffic/

1 大出公園

～觀賞絕景的名所

於 2002 年建成的大出公園，是白馬村著名的賞景勝地。在清澈溪流的姬川上，有一座外觀優美的大出吊橋，園內亦設有茶屋、水車小屋和茅草屋頂的古民家等。沿著略帶陡峭的斜坡走到展望台，更可遠眺白馬三山的雄姿，景色宛如一幅山水畫，美不可言。如果在櫻花時節造訪，景致更加迷人。

📍 長野縣北安曇郡白馬村大出
🚉 JR「白馬」駅徒步約 15 分鐘。

這座茅草屋頂的古民家，名為「古徑庵」。

大出吊橋是大出公園的象徵，以雄偉的白馬三山為背景，與古樸風格的古徑庵相得益彰。

展望台能欣賞到大出吊橋、古徑庵、姬川與蓋上白雪的白馬三山構成的美景，深受攝影師和畫家的喜愛。　179

⚡2 白馬八方尾根

～探索人間秘境

白馬八方尾根曾是98年冬季奧運會滑雪比賽場地的之一，擁有優質的滑雪道和設施而深受滑雪愛好者的喜愛。而在每年6月至10月，這裡又因為能欣賞絕美天然秘境而大受歡迎。遊客只要乘搭Happo Alpen Line 抵達山上，便能觀賞珍貴的高山植物，俯瞰腳下壯闊的風景，遠眺北阿爾卑斯群峰的雄姿。此外，「八方尾根自然研究路」更是登山客熱捧的路線，從八方池山莊出發，花上約1小時，便能登上雲層上的八方池，其如鏡子般映照出白馬三山的絕景，神秘又美麗。

📍 長野縣北安曇郡白馬村大字北城　　🌐 https://www.happo-one.jp/

Happo Alpen Line（八方アルペンライン）

Happo Alpen Line 全長3,445米，包括有一段吊車及兩段吊椅的空中路線。由山下「八方駅」（標高770米）乘坐吊車，約8分鐘會到達「兔平駅」（標高1,400米）；轉乘需時7分鐘的第一段吊椅，便來到「黑菱平」（標高1,680米）；再乘坐需時5分鐘的第二段吊椅，就會抵達終點站八方池山莊（標高1,830米）。在這空中漫遊之旅，可以欣賞到令人嘆為觀止的景色，所以Happo Alpen Line 有「北阿爾卑斯展望台」的美譽。

📍 長野縣北安曇郡白馬村北城4258
📞 +81-261-72-3280
🕐 通常6月上旬至中旬的星期六及日、6月中旬至11月上旬，7:00 / 8:00-16:50（請瀏覽網站確定）
🎫 來回：成人（中學生以上）¥3,300，小童¥2,100
🌐 https://www.happo-one.jp/trekking/alpenline/
🚌 (1) 由JR「長野」駅東口乘搭「長野～白馬線」（ALPICO交通）高速巴士，於「白馬八方バスターミナル」下車後徒步10分鐘，車程約75分鐘，車費¥2,200。
(2) 由JR「白馬」駅乘搭前往「栂池高原」（ALPICO交通）巴士，於「白馬八方バスターミナル」下車後徒步10分鐘，車程約5分鐘，車費¥180。

秋季來到黑菱平，可以看到紅葉與雲海的美景。

漫步在黑菱平的鎌池濕原，也可觀賞稀有的高山植物。

從標高 1,830 米的終點站俯瞰山下的景色，十分壯觀。

八方池山莊除了是住宿設施外，日間也供應牛丼、咖喱飯等美食。

八方尾根自然研究路

如有足夠體力，可以展開來回約 2 小時的自然研究路登山之旅，由八方池山莊出發，邁向標高 2,060 米的八方池。

標高 2,035 米的地標。

沿路有崎嶇石路，也有木造梯級，裝備必須充足。

一陣大風吹起，在池邊拍下了突然登場的白馬三山。

終於來到了神秘的八方池了，可惜這天時晴時霧，景色有點遜色。

符さん提提您：

沿著木造步道下山，可以欣賞到無比壯觀的景色，十分吸睛。不過沿途都沒有圍欄，如不慎跌倒或有可能滾下山，尤其拍照打卡時切記小心，必須注意安全。

☰③ 栂池自然園

~ 蘊藏珍稀高山植物

　栂池高原在冬季也是著名的滑雪場地，但一到春夏秋，高原上的栂池自然園就成為散策愛好者的天堂。自然園是高山植物的寶庫，位處海拔在 1,870 米至 2,010 米之間，整個園地共分為四區，包括有水芭蕉濕原、棉菅濕原、浮島濕原和展望濕原，是歷經數百萬年以上才形成的珍貴高原濕地。這裡背靠白馬三山，春天水芭蕉花開、夏天百花齊放、秋天赤艷楓紅，四季景色變化萬千。園區鋪設了全長約 5.5 公里的木棧道，大人小孩都適合健步，漫遊全園一周約三小時。

📍 長野縣北安曇郡小谷村栂池高原
💰 成人（中學生以上）¥320，小學生 ¥260
🌐 https://sizenen.otarimura.com/
🚡 乘坐吊車和纜車到達自然園駅後，再步行 10 分鐘。

Tsugaike Panorama Way
（栂池パノラマウェイ）

　Tsugaike Panorama Way 是包括吊車和纜車兩段空中路線。首段吊車是連接栂池高原駅（標高 839 米）、白樺駅及栂の森駅（標高 1,582 米），全長 4,120 米，需時 20 分鐘。然後需要步行 250 米到栂大門駅，轉乘需時 5 分鐘、全長 1,200 米的纜車，才抵達終點站自然園駅（標高 1,829 米）。在漫長的空中散步裡，能 360 度飽覽不斷變化的風景，一點也不沉悶，反而十分享受。

📍 長野縣北安曇郡小谷村栂池高原　　　📞 +81-261-83-2255
🕐 通常 6 月中旬至 10 月下旬；6:30 / 7:00 / 8:00-16:40 / 17:20（請瀏覽網站確定）
💰 成人 ¥3,380，小學生 ¥1,840；成人 ¥3,700，小學生 ¥2,100（包含自然園入園費）
🌐 https://www.tsugaike.gr.jp/green
🚌 (1) 由 JR「長野」駅東口乘搭「長野～白馬線」(ALPICO 交通) 高速巴士，於「栂池高原」下車，車程約 1 小時 37 分鐘，車費 ¥2,400。
　　(2) 由 JR「白馬」駅乘搭前往「栂池高原」(ALPICO 交通) 巴士，於「栂池高原」下車，車程約 27 分鐘，車費 ¥570。

栂池自然園的起點。

栂池遊客中心是自然園的出入口，內裡提供豐富資訊，並設有小型攀石場等。

園內盡是五顏六色的花草，珍奇的高山植物，令人大飽眼福。

~ 愛得太遲

日間看花草，晚上觀星星，所以栂池山莊是很受歡迎的住宿設施。山莊在日間也有經營食堂。

符さん有感：

白馬村於98年舉辦過冬奧滑雪比賽，其滑雪勝地印象深入我心。因為我不懂滑雪，所以以前一直忽略了它。早幾年，我和朋友來到白馬村入住溫泉旅館慶生，才驚覺這裡是自然的寶庫，散策的天堂。雖然愛得太遲，但總算發現了它的好，令我又添加了一頁難忘的遊歷。

符さん助您安排行程：

建議安排兩日一夜行程，日間遊覽自然風光，晚間入住溫泉旅館，泡泡湯、吃一頓豐富晚餐。

183

松本

Matsumoto

位於長野縣中央的松本市，以國寶松本城為中心，市內散發著濃厚的歷史氣息。近年，和洋風格的舊開智學校也被列為國寶，是全國首個國寶級的校舍，參觀價值極高。松本市是世界著名前衛藝術家草間彌生的出生地，在這富歷史感的城市內，前往美術館參觀草間彌生的現代作品，別有一番韻味。在松本市西面的上高地，有「特別名勝」和「特別天然紀念物」的美譽，是長野縣甚至日本全國珍貴的大自然瑰寶。距離上高地不遠的白骨溫泉，也是聞名全國的山谷秘湯。

🚆 (1) JR 新宿駅→ JR 松本駅（JR 特急あずさ号，約 2 小時 35 分鐘，¥6,620（指定席））
(2) バスタ新宿（南口）→松本巴士總站（ALPICO ／京王高速巴士，約 3 小時 18 分鐘，¥4,100 至 ¥4,500）
(3) JR 長野駅→ JR 松本駅（JR 信越本線‧JR 篠ノ井線，約 1 小時 20 分鐘，¥1,170）
🌐 松本市觀光情報：https://visitmatsumoto.com/
ALPICO 交通：https://www.alpico.co.jp/traffic/
松本周遊巴士：https://www.city.matsumoto.nagano.jp/soshiki/222/2884.html

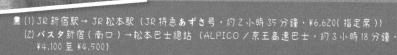

1 松本城

～日本國寶

長野縣·松本

建於 1593 年的松本城，別名深志城，被指定為國家史蹟，也是日本 5 大國寶級城堡之一。松本城的美麗黑色外觀以北阿爾卑斯山為背景，非常優雅，是松本市的象徵。天守閣是「五重六階」的建築，即外觀看來五層，內部實為六層結構，十分獨特。此外，城堡中間的大天守，與辰巳附櫓及月見櫓的建築連成一體的「複合式天守」，也是松本城獨有的特殊構造。松本城坐落的松本城公園，四季風景優美，櫻花、深綠、紅葉和冬雪，都為這國寶城郭更添美意。

天守閣內展出的盔甲、槍炮等寶物，極為珍貴。

日本 5 大國寶級城郭：長野縣松本城、兵庫縣姬路城、滋賀縣彥根城、愛知縣犬山城和島根縣松江城。

在天守最高層的屋樑中間，供奉著守護松本城的「二十六夜神」。

登上天守閣最高處，可鳥瞰松本市貌，也可遠眺北阿爾卑斯山脈。

太鼓門始建於 1595 年，現在的太鼓門是在 1999 年重建的。

乘坐人力車環繞城堡遊覽，欣賞沿途風光，別有一番風情。

📍 長野縣松本市丸の内 4-1
📞 +81-263-32-2902
🕐 8:30-17:00；黃金周及夏季 8:00-18:00
📅 12 月 29 日至 31 日
💴 成人 ¥700、小／中學生 ¥300
🌐 https://www.matsumoto-castle.jp/
🚃 (1) JR「松本」駅（お城口）徒步約 20 分鐘。
(2) 由 JR「松本」駅（お城口）乘搭松本周遊巴士「タウンスニーカー北コース（Town Sneaker 北路線）」，於「松本城・市役所前」下車，車程約 8 分鐘，車費 ¥200。

185

2 舊開智學校

～ 和洋風格國寶校舍

創立於1873年的舊開智學校，是由當地木匠大師立石清重所設計，於1876年落成，是日本最古老的和洋風格小學校舍，不但被指定為重要文化財產，也在2019年成為首個被指定為國寶的校舍。木造校舍樓高兩層，當年的課室及教員室等仍保存原貌，讓人感到時光倒流，回到童年的學習時代，多有趣。

※校舍現正進行抗震工程而關閉，預計2024年秋天重新開放，請瀏覽網站了解最新情況。

- 📍 長野縣松本市開智2-4-12
- 📞 +81-263-32-5725　🕘 9:00-17:00
- 📅 3月至11月第3個星期一、12月至2月每逢星期一及12月29日至1月3日
- 💰 成人¥400，中學生以下¥200
- 🌐 https://matsu-haku.com/kaichi/
- 🚃 (1) JR「松本」駅（お城口）徒步約25分鐘。
  (2) 由JR「松本」駅（お城口）乘搭松本周遊巴士「Town Sneaker 北路線」，於「旧開智學校」下車，車程約17分鐘，車費¥200。

3 繩手通

～ 特色風情青蛙街

繩手通是一條充滿江戶風情的商店街，約有37間店舖，是松本著名的市集。繩手通位處在女鳥羽川的長堤上，據說昔日在河川棲息著許多河鹿蛙，後來河水受到污染，青蛙完全消失，因此居民於1972年在繩手通開始供奉「青蛙大明神」，所以這裡也被稱為「青蛙街」，到處都可見青蛙的身影。自2001年，露天的攤檔改建成為長屋風格的店舖後，除了古式商店、花店外，時尚品味的雜貨店和咖啡店也愈來愈多，吸引了年輕人造訪。

除了老式商店外，近年進駐了不少個性咖啡店、時尚雜貨店，商店街已變得年輕化。

繩手通的入口。

「青蛙大明神」為當地人所信奉，成為能量景點。

- 📍 長野縣松本市大手3丁目3-1　📅 各店有異　🕘 各店有異　🌐 https://www.nawate.net/
- 🚃 由JR「松本」駅（お城口）徒步約12分鐘／由松本城徒步約5分鐘。

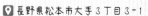

4 四柱神社

四柱神社於1879年創立，供奉著天之御中主神、高皇產靈神、神皇產靈神及天照大神四尊神明，是松本有名氣的「願望實現」的神社，以祈求戀愛和事業靈驗而知名。神社佔地不大，但由於位處繩手通的中央，所以不止有參拜者，也吸引許多遊客來參觀，既有活力又有莊嚴的氣氛。

📍 長野県松本市大手3丁目3-20　📞 +81-263-32-1936　🕐 24小時　💴 免費
🌐 https://www.go.tvm.ne.jp/~yohasira/　🚉 JR「松本」駅(お城口)徒步約12分鐘。

5 松本市時計博物館

~ 擁有日本最大的鐘擺時鐘

博物館的創設起源於1974年，當年研究復古時鐘的本田親藏先生，將他畢生所蒐集的珍貴和洋古典時鐘贈予松本市，希望能讓更多人欣賞。初時，這些展品在松本市立博物館展出，但後來隨著市民的熱心捐贈，收藏品日益增加，松本市政府於是在2002年開設了這所「時計博物館」。館內的常設展品多達110件，還有600多件收藏品定期替換，全部都各具特色，讓人大開眼界。博物館所在的建築物外牆上，是日本最大的鐘擺時鐘，成為博物館的象徵。

📍 長野県松本市中央1丁目21-15
📞 +81-263-36-0969
🏛 9:00-17:00
❌ 星期一(公眾假期則順延至翌日)
　 及12月29日至1月3日
💴 成人¥310，中學生以下¥150
🌐 http://matsu-haku.com/tokei/
🚉 JR「松本」駅(お城口)徒步約10分鐘。

6 松本市美術館

～ 體驗草間彌生的藝術

松本市美術館於 2002 年開館。館內的常設展示室，展出很多令人嘆為觀止的傑作，如書法家上條信山和畫家田村一男的作品等；而企劃展示室不會不時舉辦各種不同主題的展覽。不過令人最注目的，還是可以欣賞到松本市出身、享譽世界的前衛藝術家草間彌生的作品。無論館外還是館內，四處都滲透著草間彌生的藝術色彩，是粉絲們朝聖之地。參觀完畢，別忘記到美術館的商品區選購廣受歡迎的草間彌生紀念品呢！

📍 長野縣松本市中央 4 丁目 2-22　　📞 +81-263-39-7400
🕐 9:00-17:00
🚫 星期一（公眾假期則順延至翌日）及 12 月 29 日至 1 月 3 日
　（※ 8 月份不休息）
💰 成人 ¥410、大學生・高校生 ¥200，中學生以下免費
🌐 https://matsumoto-artmuse.jp/　　🚃 JR「松本」駅（お城口）徒步約 12 分鐘。

符さん助您安排行程：

以上景點都集中在 JR 松本駅（お城口）方向，徒步漫遊全程約 4 至 5 小時。

7 上高地

～ 日本代表性風景勝地

從河童橋看到的穗高連峰，是上高地最具代表的景色。

位於松本市西部梓川上游的上高地，是標高約 1,500 米的盆地型峽谷，屬於中部山岳國立公園。上高地被穗高連峰、燒岳等環抱，擁有清澈的河水、美麗的濕原、茂密的針葉林和珍稀的動植物，由於山岳風景十分優美而被指定為「特別名勝」和「特別天然紀念物」。作為大自然的珍貴瑰寶，上高地深受國內外熱愛散策的旅行者歡迎，而梓川沿岸亦設有整備完善的遊步道，可悠閒漫步於大正池、河童橋和明神池等。為了保護自然環境，上高地全年都禁止私家車進入，遊客必須轉乘巴士抵達，而每年由 11 月中旬開始巴士也會停駛，直至 4 月中旬恢復通車和開山。

📍 長野縣松本市安曇上高地　　📞 +81-263-95-2433（上高地資訊中心）　🌐 https://www.kamikochi.or.jp/
🚌 (1) 由「新島々」駅乘搭前往「上高地」(ALPICO 交通) 巴士，於「大正池」或「上高地巴士總站」
　　　下車，車程 56 分鐘／ 65 分鐘，車費 ¥2,000。
　　※ 松本駅 → 新島々駅（松本電鐵上高地線，約 30 分鐘，¥710）
　(2) 由「松本巴士總站」乘搭前往「上高地」(ALPICO 交通) 巴士，於「大正池」或「上高地巴士總站」
　　　下車，車程約 86 分鐘／ 95 分鐘，車費 ¥2,570。(※ 每天只有兩班次，而且必須預約，詳情請瀏覽網站。)

散策路線及參考時間（單程）：

大正池→田代池（1 km／20分鐘）→田代橋（1 km／20分鐘）→
上高地巴士總站（1.5 km／25分鐘）→河童橋（0.3 km／5分鐘）→
明神池・穗高神社奧宮（3 km／60分鐘）→明神橋（2分鐘）

大正池

燒岳於1915年火山爆發，大量的熔岩和泥石流把梓川堵截形成池塘，最初被稱作「梓湖」，及後改稱為「大正池」。在藍色的湖水中，能看到湖底許多枯木；陽光明媚之時，湖面上倒映著燒岳和穗高連峰，既神秘又美麗。

燒岳

從大正池觀賞到的燒岳，標高2,455米，是「日本百名山」之一。

田代池

在田代池的正面，可以看到六百山、霞沢岳等山脈。由於大雨造成大量泥沙流入和沉積，令田代池的水量逐漸變少而形成濕地。這裡有不少稀有的高山植物，池水清澈透明，是原始森林中的美麗風景。

田代橋

田代橋位於大正池和河童橋之間，站在橋上可以欣賞腳下梓川的清流、上游的穗高連峰和下游的燒岳，所以許多遊客都喜歡在此歇息和拍照。

河童橋~第一打卡熱點

河童橋是建於1997年的第5代木造吊橋，全長36.6米，寬3.1米，橫跨在梓川之上，是觀看奧穗高岳、前穗高岳等標高超過3,000米山峰的絕佳位置，因此成為上高地的地標。橋的兩旁有旅館及各式店鋪，是上高地最熱鬧的地方。

明神池~池水清澈如鏡

明神池位處穗高神社奧宮的境內，由一池和二池兩個大小的池塘組成，是一個充滿神聖氣氛的能量點。由梓川舊河道沿低地的明神岳泉水積聚而成的明神池，由於地下水源源不斷流出，所以在冬天也不會結冰。這裡被針葉樹林環繞著，池水清澈見底，夏天可以清晰地反映藍天和綠葉，而秋天的紅葉倒映在水面上，景色更添夢幻優美。參觀明神池需要購票，成人￥500，小學生￥200。

穗高神社奧宮的御祭神為「穗高見命」，是北阿爾卑斯山的總鎮守。

明神橋

距離明神池只有兩分鐘步程的明神橋。

越過明神橋到對岸的位置，可看到標高2,931米的明神岳全景。

如有任何查詢或想取得有用資料,可到位於巴士總站旁的上高地資訊中心。

白樺莊

- 長野縣松本市安曇上高地
- +81-263-95-2131
- 一泊二食每位 ¥20,000 起
- http://www.shirakabaso.com/

符さん助您安排行程:

遊 覽上高地即使全程散策漫遊,都可安排即日往返行程。如果想多點時間停留在這大自然的仙境之中,可考慮留宿一天,這裡晚間還可以觀星,附近一帶有十數間酒店和旅館。我曾經留宿河童橋旁的「白樺莊」,位置方便,景觀一流。

8 白骨溫泉

~ 400年歷史的山谷秘湯

白 骨溫泉鄉位於海拔1,400米的湯川山谷之中,開湯已有400多年,自古被認為是療效靈泉而流傳著「泡湯3天,3年沒感冒」的說法,被指定為國民休養溫泉地區而聞名全國。溫泉是乳白色弱酸性,泉水量十分豐富,是對腸胃有療效的飲泉。這裡約有十間溫泉旅館,當中一些有日歸溫泉服務。由於溫泉旅館各自有源泉,泉質會有些微的差別,所以旅館會有自己的「湯號」來表現其特徵。白骨溫泉鄉沒有甚麼景點,最近的觀光地是上高地和乘鞍高原,但因為它的泉質優良,所以吸引許多人專程來泡湯,享受至高無上的山谷秘湯樂趣。

- 長野縣松本市安曇白骨溫泉
- +81-263-93-3251(白骨溫泉觀光案內所)
- http://www.shirahone.org/
- (1)由「新島々」駅乘搭前往「白骨溫泉」(ALPICO交通)巴士,於「白骨溫泉」或終點站下車到各旅館,車程約65分鐘,車費 ¥1,550。
  (2)由「上高地」乘搭前往「白骨溫泉」(ALPICO交通)巴士,於「白骨溫泉」下車,車程約65分鐘,車費 ¥1,500。

駒ケ根

Komagane

千疊敷冰斗（千畳敷カール）

~ 絕對是絕景

千疊敷冰斗位於中部阿爾卑斯山脈寶劍岳之下。兩萬年前，因為冰河侵蝕而在山頂附近形成了碗狀的地貌，被稱為千疊敷冰斗。這裡絢麗的高山景觀和珍稀的植物令人嘆為觀止，是日本具代表性的自然奇觀。千疊敷一年四季都有著不同的景色，各有獨特的魅力。每年4月下旬至5月下旬，千疊敷滑雪場迎接來自各方的滑雪高手。6月至8月期間，千姿百態的高山植物爭相開花。每到秋天，鋪天蓋地的楓葉閃閃發光。來到寒冬，白雪裝點下的南阿爾卑斯山脈一覽無遺。乘搭駒岳空中纜車到達千疊敷駅，便可開展絕景之旅。這裡有一條輕鬆無難度的遊步道，也有一條崎嶇險峻的登山道，各具特色，一樣精彩。

📍 長野縣駒ケ根市赤穗1
📞 +81-265-81-7700（駒根觀光協會）
🌐 http://www.kankou-komagane.com/alps/

11月中旬的千疊敷雪景。

駒岳空中纜車（駒ヶ岳ロープウェイ）

駒岳空中纜車於 1967 年開始營運，是日本首座山岳空中纜車。纜車最多可容納 61 人，連接しらび平駅（標高 1,662 米）和日本最高的車站千疊敷駅（標高 2,612 米），需時 7 分半鐘。

📍 長野縣駒ヶ根市赤穂 759-489

📞 +81-265-83-3107

🕐 4 月至 10 月 6:00／7:00／8:00-17:00；
11 月至 3 月 9:00-16:00（請瀏覽網站確定）

🚫 定期檢查及天氣惡劣時休息
（請瀏覽網站確定）

💰 來回：成人 ¥2,030 至 ¥3,050，
小童 ¥1,010 至 ¥1,510

🌐 https://www.chuo-alps.com/

🚌 由 JR「駒ヶ根」駅乘搭「駒ヶ岳ロープウェイ線（しらび平）」（伊那）巴士，於終點站下車，車程約 45 分鐘，車費 ¥1,050。
※ JR 松本駅 → JR 岡谷駅 → JR 駒ヶ根駅（JR 篠ノ井線・JR 飯田線，約 1 小時 40 分鐘，¥1,170）
※ バスタ新宿（南口）→ 駒根巴士總站（伊那高速巴士伊那線，約 3 小時 50 分鐘，¥4,200 起）
伊那巴士：http://www.ibgr.jp/

駒岳神社護佑登山客的安全。

由駒岳可遠眺南阿爾卑斯連峰，何其壯觀！

神社旁邊的小路是通往趐步道和登山道。

登山道

來到八坂丁分岔點，向上前進可登山，向下走便是趐步道。

由八坂丁登上乘越淨土，來回約 1 小時，山路十分陡峭，必須有充足裝備和體力。

乘越淨土有多條登山路線，長年吸引許多登山客來探尋美景。

前方便是寶劍岳山頂。

身處壯麗的中央阿爾卑斯山脈看風景，太滿足了！

從乘越淨土可以眺望形狀奇特的天狗岩。

遊步道

廣場是打卡熱點，
可惜霧太濃了！

遊步道是高山植物的寶庫，
但造訪時已是10月，
所以看到的植物不多。

繞圈一周約40分鐘，
沿途可以不同角度賞景和
拍照，感覺很不一樣。

被霧氣籠罩下的劍池。

千疊敷酒店（ホテル千畳敷）

連接纜車站的千疊敷酒店，只有16間
和室，最多可容納72人。房間擁有
南阿爾卑斯連峰或寶劍岳的景觀，而晚間
山上也可欣賞美麗的星空，值得宿一宵。

📍 長野縣駒ヶ根市赤穗1
📞 +81-265-83-3844
🏠 一泊二食每位 ¥13,200 至 ¥31,900
🌐 https://www.chuo-alps.com/hotel/

酒店附設觀景一流的
2612 Café 及手信店。

符さん助您安排行程：

遊覽千疊敷冰斗可以安排即日往返行
程，或在山上留宿觀星，翌日順遊
後頁介紹的景點。

飯田市・阿智村

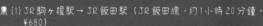

Iida・Achi

飯田市和阿智村同樣位於長野縣的南部。飯田市曾是繁榮的**城下町**，如今市內仍可見昔日一些古老的遺跡，滲透著一點點歷史情懷。飯田市是知名的**蘋果小鎮**，有很多蘋果農家，而車站附近的蘋果樹街道就是飯田市的地標。鄰近飯田市的阿智村，不但擁有南信州最大規模的**晝神溫泉鄉**，還有全**日本最美麗的星空**。

🚃 (1) JR駒ヶ根駅→JR飯田駅（JR飯田線，約1小時20分鐘，¥680）
(2) 長野駅→飯田駅前（ALPICO／伊那／信南交通高速巴士，約3小時12分鐘，¥3,600）
(3) バスタ新宿（南口）→飯田駅前（伊那／京王／信南交通高速巴士，約4小時16分鐘，¥4,600起）

🌐 南信州觀光情報：http://msnav.com/
ALPICO交通：https://www.alpico.co.jp/traffic/
伊那巴士：http://www.ibgr.jp/
信南交通巴士：https://www.shinnan.co.jp/index.html

① 蘋果樹街道（りんご並木）
~ 飯田市活力之象徵

蘋果樹街道全長 300 米，種植了 13 個品
種共 26 棵蘋果樹，被選定為「日本街
道 100 選」和「芳香風景 100 選」之一，是飯
田市的象徵。於 1947 年，飯田市發生大火，
燒毀了城下町三份二的古舊建築物。為了重
新規劃城鎮，飯田市接納當地中學生的建議，
在防火路的中央廣植蘋果樹，重新建立飯田
市的美麗面貌。直至現在，蘋果樹仍由飯田
東中學校負責打理，每年秋季學生們都會帶
著微笑進行採收工作。此外，周邊一帶亦有
各式店鋪林立，也會定期舉辦活動，是市內
具有活力之地區。

📍 長野縣飯田市內並木通り
🌐 https://www.city.iida.lg.jp/site/photolib/
ringonamiki-autumn.html
🚃 JR「飯田」駅徒步 5 分鐘。

② 三連藏

位處在蘋果樹街道上的三連藏，
是在 1947 年的飯田大火中倖存
下來的珍貴建築。三連藏建於 1840
年，原是商家的舊倉庫，於 2000 年
被打造成一個恢復生氣的社區空間，
有蘋果樹街道資料館、畫廊、酒吧餐
廳和露天 Café 等設施，讓遊客市民
可在此享受快樂時光。

📍 長野縣飯田市通り町 2-1　　　📞 +81-265-23-0023
🕐 各店有異　　　💰 各店有異
🚃 JR「飯田」駅徒步 7 分鐘。

③ 飯田市立動物園

～免費娛樂設施

緊接蘋果樹街道盡頭的飯田市立動物園，是 1953 年開園的免費設施。園內飼養了約 60 種小動物，如猴子、馬、企鵝、羚羊、貓鼬、袋鼠等，除了可近距離觀察牠們的生態外，還可以觸摸部分小動物。貫穿動物園的小火車也備受小朋友喜愛，歡笑聲源源不絕。如有時間可來散步參觀，享受免費娛樂，輕鬆一番。

📍 長野縣飯田市扇町 33   📞 +81-265-22-0416   🕐 9:00-16:30
📅 星期一（公眾假期則順延至翌日）及年末年始   💰 免費
🌐 http://iidazoo.jp/   🚃 JR「飯田」駅徒步 10 分鐘。

④ 昼神溫泉鄉

～南信州最大溫泉鄉

於 1973 年，在修建舊日本國鐵地道工程時湧出了泉水，自此就誕生了昼神溫泉，是伊那谷最早的天然溫泉鄉。這裡的泉質為鹼性單純硫磺泉，由於鹼性高能令皮膚光滑，所以有美人之湯的美譽。昼神溫泉鄉也被環境省認定為日本一的星空村，寧靜的村莊被富饒的大自然所環繞，花草樹木和星空美不勝收。作為南信州最大規模的溫泉鄉，現時約有 20 多間旅館民宿營運，等候來自四方八面的溫泉客光臨。

📍 長野縣下伊那郡阿智村智里   📞 +81-265-43-3001(阿智☆昼神觀光局)   🌐 http://hirugamionsen.jp/
🚌 由 JR「飯田」駅乘搭前往「昼神溫泉（駒場線）」（信南交通）巴士，於「恩出」或「昼神溫泉鄉」下車到各酒店旅館，車程約 40 分鐘，車費 ¥400。

197

⑤ 昼神溫泉朝市

~ 每天熱鬧開市

朝市是昼神溫泉鄉的名物，全年開市，每天早上都聚集了許多村民和穿上旅館浴衣的遊客，熱鬧地選購新鮮農產品、加工食品、麵包、菓子、首飾工藝品和雜貨等，充滿山村特有的親和愉快氣氛。

南信州適宜種植各種果樹，具有代表性的是桃、梨和蘋果，除了即時品嘗新鮮水果外，也推薦選購果醬作為手信送贈親朋。攤主還提供手造餅乾予客人免費試食，相當貼心。

多款自家製漬物都可試食，可慢慢選擇自己最愛的味道。

這裡還設有免費足湯設施，逛累了可稍作休息。

📍 長野縣下伊那郡阿智村智里331－1　📞 +81-265-43-2631　🕐 4月至10月 6:00-8:00；11月至3月 6:30-8:00
📅 年中無休　💻 https://hirugamionsen.jp/shopping/　🚶 由各旅館徒步5至12分鐘不等。

⑥ 富士見台高原纜車
HEAVENS SONOHARA

~ 從早到晚都有精彩活動

距離昼神溫泉鄉約10分鐘車程的富士見台高原纜車站，幾乎是每個來阿智村的遊客必訪之地。高原纜車全長2,500米，連接山鹿駅（標高800米）和山頂駅（標高1,400米）兩個車站，需時約15分鐘。山頂駅一帶有天空遊步道、いわなの森遊步道等自然景觀，遊客也可乘坐吊椅觀賞腳下鮮艷奪目的花毯。如再乘坐登山吊椅到1,600米的展望台，更可一覽南阿爾卑斯連峰的全景。春天的水芭蕉、夏天的高山植物、秋天的楓葉、冬天成為滑雪勝地，富士見台高原四季都有亮點。

富士見台高原纜車 HEAVENS SONOHARA 的入口。

標高 1,400 米的天空遊步道，
四季都可欣賞到七彩絢爛的小花。

全長 2.3 公里的いわなの森遊
步道，可以聆聽溪流的潺潺，
感受原始森林的生機與力量。

水芭蕉小徑每逢春天都有
10,000 株水芭蕉盛開，是南信州
最大規模的水芭蕉群生地。

在標高 1,600 米的展望台，能飽覽
南阿爾卑斯山脈壯觀的全景。

📍 長野縣下伊那郡阿智村智里 3731-4
🕘 9:00-16:00（或因季節有變更）
🚡 纜車來回：成人 ¥2,500，小／中學生 ¥1,200；纜車＋吊椅來回：成人 ¥3,500，小／中學生 ¥1,600
🌐 http://mt-heavens.com/

📞 +81-265-44-2311
📅 年中無休
🚕 (1)由昼神溫泉鄉乘的士 10 分鐘，約 ¥3,500。
(2)昼神溫泉鄉酒店旅館的住客可乘坐免費接送車（請向有關酒店查詢）。

天空の樂園

~ Night Tour

作為日本一的星空村，觀星當然是阿智村最受歡迎的活動。在富士見台高原標高 1,400 米的天空遊步道上舉行的觀星導賞團，可讓遊客在這無光害的山頂上，觀賞無數顆彷彿伸手可及的閃耀星辰，美得令人屏息。

🕘 4 月中旬至 3 月下旬（特別日子除外）
17:00-20:00；12 月至 3 月 18:00-19:30
📅 不定休（請瀏覽網站）
🎫 成人 ¥2,200，小／中學生 ¥1,100
（包含纜車來回費用）
🌐 https://sva.jp/

天空の樂園

~ 雲海 Harbor

每年秋季的清晨，遊客還可以在 1,600 米的展望台，欣賞南阿爾卑斯連峰的壯闊雲海，是感動人心的絕美景色。

🕘 10 月上旬至 11 月上旬；5:00-7:00
🎫 成人 ¥3,600，小／中學生 ¥1,800
（包含纜車及吊椅來回費用）
🌐 https://sva.jp/

符さん助您安排行程：

飯田市和阿智村應該安排兩日一夜的行程，當然最好入住昼神溫泉鄉的旅館，美人之湯真的美肌，我試過，沒騙您。駒ヶ根駅和飯田駅都是 JR 飯田線的車站，順遊可省時間和車費。

新潟縣

Niigata

新潟縣位於本州的中北部，面向日本海，四季分明，自然景色壯麗豐富。新潟縣有「雪國」的美譽，縣內滑雪勝地多不勝數，當中以越後湯沢最具代表。彌彦山是新潟縣的靈山，山麓下的彌彦神社是縣內第一能量景點。十日町市擁有美麗的棚田與峽谷的絕景，加上充滿現代藝術魅力的大地藝術祭，近年成為旅客的焦點。新發田城以美麗的石垣見稱，絕美櫻花映襯下的百名城更添美意。新潟不僅是日本第一大米產地，酒藏數量也是日本第一，海產資源亦很豐富，是全國首屈一指的美食寶庫。

🌐 新潟縣觀光協會：https://niigata-kankou.or.jp/

日本百名城

戦国法人日本城訣協会認定
平成二八五月四月六日

美人林

Niigata City
新潟市

位 於新潟縣北部的新潟市，是縣的首府和最大的城市，既有繁華都市的氛圍，也因臨近日本海而擁有豐富的自然生態。沿著象徵新潟市的萬代橋散步，再到附近的朱鷺Messe、Nigiwai市場等俯瞰城市風貌和品嘗地道美食，十分享受。福島潟湖堪稱日本最豐富的自然區域之一，只不過半小時多的車程，就能由熱鬧市區走進大自然的原始環境中觀賞花田美景，令人驚喜。新潟市是一個隱藏魅力的城市。

🚄 (1) JR東京駅→JR新潟駅（上越新幹線，約2小時，¥10,760（指定席））

(2) 池袋駅東口‧バスタ新宿（南口）→新潟駅前
（新潟交通高速巴士，約5小時10分鐘至6小時10分鐘，¥3,200至¥7,900）

(3) 新潟空港→新潟駅南口（機場巴士，約25分鐘，¥420）

🌐 新潟市觀光情報：https://www.nvcb.or.jp/
新潟交通：https://www.niigata-kotsu.co.jp/
水上巴士信濃 Water Shuttle：http://www.watershuttle.co.jp/

1 信濃川Yasuragi堤綠地

（信濃川やすらぎ堤綠地）~ 賞花散步聖地

Yasuragi 堤綠地是新潟市廣受歡迎的休閒地，沿著流經市中心的信濃川而建，全長 1.5 公里，左右兩岸種植了 200 棵染井吉野櫻和鬱金香等多種四季花卉，營造出富饒的河川自然空間。除了悅目的花景，萬代橋亮起晚燈的信濃川夜景也相當迷人。

📍 新潟縣新潟市中央区一番堀通町地先~川端町1丁目地先
🌐 https://niigata-kankou.or.jp/spot/10564
📷 左岸：JR越後線「白山」駅徒步10分鐘。
　　右岸：JR越後線「新潟」駅（万代口）徒步15分鐘。
　　※JR新潟駅 → JR白山駅（JR越後線，約4分鐘，¥190）

2 萬代橋

~ 新潟市的象徵

橫跨在信濃川上的萬代橋，隨著新潟市的發展不斷蛻變，一直是新潟市的象徵。萬代橋最初建於1886年，現在的第三代萬代橋是1929年重建的，並於2004年被指定為國家重要文化財產。全長306.9米、寬22米的六道拱形的橋身，是採用堅固的花崗岩和御影石所建造，外觀端莊美麗，它曾抵住了1964年的新潟地震和災後發揮了重要橋樑的作用，深受市民喜愛。

📍 新潟縣新潟市中央区万代~下大川前通2ノ町
🌐 http://www.hrr.mlit.go.jp/niikoku/bandaibridge/index.html
📷 JR「新潟」駅（万代口）徒步15分鐘。

203

3 朱鷺Messe ~ Befco Bakauke 展望室

（朱鷺メッセ Befco ばかうけ展望室）

朱鷺 Messe 是大型綜合設施，設有國際會議中心、美術館、餐廳、辦公室、日航酒店及免費展望室等。主樓萬代島大樓高達140.5米，是日本海側最高的建築物。位於31樓的 Befco Bakauke 展望室，距地面約125米高，可以360度欣賞新潟市、日本海、佐渡和五頭山脈等城市與自然結合的壯麗景色。

展望餐廳附屬日航酒店，景觀一流，價錢合理。

展望室寬敞舒適，空間感十足。

從展望室的南面可一覽腳下的新潟市風貌，包括橫跨信濃川的萬代橋。

📍 新潟県新潟市中央区万代島5番地1
📞 +81-25-240-1511
🕐 8:00-22:00
📅 不定休
💰 免費
🌐 https://www.hotelnikkoniigata.jp/observatory/
🚌 由「新潟」駅前（万代口）3號巴士站乘搭前往「朱鷺メッセ・佐渡汽船」（新潟交通）巴士，於「朱鷺メッセ」下車，車程15分鐘，車費 ¥210。

北面是新潟西港（佐渡汽船碼頭）和愈闊的日本海景色。

4 Nigiwai 市場 Pia Bandai

(にぎわい市場 ピア Bandai)
~品嘗最鮮的新潟味道

距離朱鷺 Messe 僅 10 分鐘步程的 Nigiwai 市場 Pia Bandai，是以新潟食品為主題而匯集了魚市場、物產館和餐廳的設施。這裡的「萬代島鮮魚中心」，是新潟市最大級的鮮魚專賣店，除了新鮮捕獲的海鮮外，也有種類繁多的乾貨產品。有農家廚房之稱的「お冨さん」，店內銷售來自 180 多家農戶的蔬果、特製調味料和各大品牌的新潟米等。還有以海鮮丼和漁師飯大受歡迎的「港食堂」，以及選用佐渡食材的「佐渡弁慶壽司」等，都是價廉物美的人氣食店。Pia Bandai 不僅是當地市民至愛的市集，也是遊客必訪的景點。

📍 新潟県新潟市中央区万代島 2 番地 10　🕐 一般 9:00-19:00（各店有異）
🆑 各店有異　🌐 https://www.bandai-nigiwai.jp/
🚌 (1) 由「新潟」駅前（万代口）3 號巴士站乘搭前往「（朱鷺メッセ・佐渡汽船経由）ピア Bandai 前」（新潟交通）巴士，車程 20 分鐘，車費￥210。
(2) 由「新潟」駅前（万代口）9 號巴士站乘搭前往「空港・松浜線」（新潟交通）巴士，於「宮浦中学前」下車，車程 13 分鐘，車費￥210。
(3) 由「新潟」駅前（万代口）2 號巴士站乘搭「新潟市觀光循環巴士」，於「ピア Bandai」下車，車程約 45 分鐘，車費￥210。（※ 一日乘車券￥500）

5 白山公園の櫻

在新潟市中心賞櫻除了可到信濃川 Yasuragi 堤綠地之外，附近白山公園約 160 棵染井吉野櫻亦十分精彩。白山公園位置在 Yasuragi 堤綠地的左岸，徒步至信濃川約十數分鐘而已。於 1873 年被國家指定為首批城市公園之一的白山公園，也入選了「日本都市公園 100 選」。公園佔地約 70,000 平方米，有池塘、人工山丘、花草樹木，是荷蘭風格的迴遊式庭園。遊走在 6 個空中庭園及連接它們的空中走廊上，細賞眼前滿開的櫻花，讓人感到無比喜悅，真的很美。

~市民賞櫻名所

花期：通常每年 4 月上旬至中旬

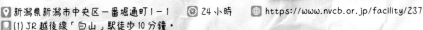

📍 新潟県新潟市中央区一番堀通町 1-1　🕐 24 小時　🌐 https://www.nvcb.or.jp/facility/237
🚃 (1) JR 越後線「白山」駅徒步 10 分鐘。
(2) 由「新潟」駅前（万代口）2 號巴士站乘搭「新潟市觀光循環巴士」，於「白山公園前」下車後徒步 2 分鐘，車程約 11 分鐘，車費￥210。（※ 一日乘車券￥500）

6 新潟故鄉村

(道の駅　新潟ふるさと村)

新潟故鄉村是縣內最大型的道の駅，主要分為魅力館和集市館兩部分，村內也可欣賞美麗的花田，當中以鬱金香園最具代表。魅力館提供縣內豐富的觀光情報，介紹新潟的歷史文化，也有很多免費參觀的精彩設施。在集市館裡匯集了近 10,000 種當地的特產，包括地酒、新潟米和手工藝品之外，於飲食街更可享用時令食材所製作的新潟鄉土風味的壽司、蕎麥麵等人氣料理。

📍 新潟縣新潟市西区山田 2307
📞 +81-25-230-3030(魅力館) / +81-25-230-3000(集市館)
🕐 魅力館 9:00-17:00；集市館 9:30-17:30(夏季延長)
🅲 年中無休
🌐 http://furusatomura.pref.niigata.jp/
📱 (1) 由「新潟」駅前 (万代口)3 號巴士站乘搭「大野・白根線」(新潟交通) 巴士，於「新潟ふるさと村」下車，車程約 40 分鐘，車費 ¥450。
　　(2) 由「朱鷺メッセ (朱鷺 Messe)」乘坐「Shuttle 便」水上巴士，於「ふるさと村」下船，船程約 50 分鐘，船費 ¥1,100。(※ 只在 3 月下旬至 11 月下旬的星期六、日及假日航行)

魅力館展示了由明治至昭和時代新潟縣民生活的變化，還有全年降雪的「雪國體驗區」，讓訪客一嚐飄雪的感受。

集市館出售日本全國引以為傲的新潟特產和傳統工藝品。

7 鳥屋野潟公園（鐘木地區）

～感動人心的櫻花天幕

鳥屋野潟公園佔地十分廣闊，分為賞櫻及觀鳥勝地的鐘木地區，以及自然科學館和圖書館所在的女池地區。在鐘木地區的「花見廣場」上，每年春季 700 棵粉櫻爭相怒放覆蓋天空，猶如超大型的粉紅櫻花天幕，景色震撼。

花期：通常每年4月上旬至中旬

公園內的日式庭園，可以感受隨季節變化的各種自然風情。

📍 新潟県新潟市中央区鐘木451
📞 +81-25-284-4720
🕐 24 小時
🌐 https://www.toyanogata-park.com/
🚌 由「新潟」駅南口1號巴士站乘搭前往「新潟市民病院・曽野木ニュータウン」(新潟交通)巴士，於「鳥屋野潟公園前」下車後徒步3分鐘，車程約20分鐘，車費￥340。

鳥屋野潟湖是珍貴的候鳥生態區，每年飛來過冬的天鵝數量是全國之首。這裡設有野鳥觀察小屋「鳥觀庵」，讓觀鳥愛好者體驗天鵝群的壯觀場面。

8 新潟仙貝王國

  （新潟せんべい王国）

～烘烤仙貝體驗樂趣多

新潟除了盛產稻米，仙貝亦相當有名。新潟仙貝王國是由人氣仙貝Bakauke（ばかうけ）的生產商所經營的仙貝主題樂園，訪客不但可以免費參觀仙貝的製造工場，還可以付費參與烘烤體驗，在特大的仙貝上繪畫獨一無二的圖案，無論大人小孩都樂在其中。這裡還有各式限定仙貝零食、清酒、稻米等新潟特產，以及可以品嘗餐飲區的特別限定美食。

烘烤仙貝體驗全程均有職員指導。

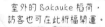

雲集全國限定商品，可以買個痛快。

室外的Bakauke稻荷，訪客也可在此祈福開運。

📍 新潟県新潟市北区新崎 2661
📞 +81-25-259-0161
🕘 9:30-17:00
📅 不定休（請瀏覽網站）

💰 免費（烘烤體驗收費成人 ¥1,500，小童 ¥1,200）
🌐 http://senbei-oukoku.jp/
🚆 JR「新崎」駅（北口）徒步約15分鐘。
　　※ 新潟駅 → 新崎駅（JR白新線，約13分鐘，¥200）

9 水の公園福島潟

~ 親近大自然的寶庫

福島潟是位於新潟市以東的湖泊，面積約 260 公頃，是縣內最大的潟湖。福島潟湖擁有超過 220 種野生鳥類和 450 種植物，當中不少是珍貴稀有的動植物，因此成為日本最豐富的自然區域之一而聞名全國。這裡隨季節變化的原始景觀十分吸引，所以有「日本自然 100 選」、「全國水之鄉 100 選」、「新潟風景名勝 100 選」和「散步 100 選」等等的美譽。

每年 4 月廣闊的油菜花田美麗如畫，成為人氣打卡熱點。

位處花田旁邊的茅草屋「潟來亭」，古色古香，是免費的休憩設施。

背後是一片鮮黃的油菜花田，面前是還有積雪的五頭山脈，也看到不遠處的櫻花，湖水倒映著各種秀麗的風光，這樣的景致確實令人眷戀。

水の駅「ビュー福島潟」

在福島潟有一座玻璃帷幕的建築物，名為水の駅「ビュー福島潟」(View 福島潟)，是介紹福島潟與人們的相關歷史和展望未來的設施。1樓是博物館商店，而3樓則是可以 360 度欣賞福島潟全景的展望室，同為免費參觀的區域。5樓是收費的展覽室，展示福島潟湖的稀有動植物和當地文化等資料。

📍 新潟県新潟市北区前新田乙 493
📞 +81-25-387-1491　🕘 9:00-17:00
🅲 星期一（公眾假期則順延至翌日）及 12 月 28 日至 1 月 4 日
💴 成人 ¥400 , 小 / 中學生 ¥200
🌐 http://www.pavc.ne.jp/~hishikui/
🚉 JR「豐栄」駅徒步約 30 分鐘或乘的士約 5 分鐘（約 ¥1,250）。
※ 新潟駅→豐栄駅（JR 白新線，約 20 分鐘，¥240）

符 さん助您安排行程：

遊覽新潟市和新發田，可考慮以新潟為住宿據點，安排兩天的行程。從白山公園可散步至信濃川、Yasuragi 堤綠地、萬代橋、Nigiwai 市場 Pia Bandai、朱鷺 Messe，如有時間還可由朱鷺 Messe 乘坐水上巴士到新潟故鄉村。新潟仙貝王國的新崎駅、福島潟的豐栄駅、新發田城址公園的新發田駅，都是 JR 白新線的沿線車站，可安排順遊行程。

新發田

1 新發田城

~粉櫻怒放百名城

覆蓋了櫻花瓣的
護城河與辰已櫓。

新發田城是由初代藩主溝口秀勝於 1598 年開始築城，直到 1654 年第 3 代藩主溝口宣直時期才完成，此後一直是溝口氏共 12 代的居城。由於明治時期廢藩立縣，城內大部分建築物被拆除，現只剩下表門、舊二之丸隅櫓、部分本丸石垣和護城河，而在 2004 年則復原了替代天守閣的三階櫓和辰已櫓，還被選定為「日本 100 名城」之一。這裡的看點是全長 350 米的石垣，當年是以「切入堆砌」的最高級技術所建造，呈現出齊齊整整沒有任何縫隙，非常美麗。每年櫻花時節，300 多棵染井吉野櫻和八重櫻絢爛綻放，與富有歷史感的城堡相得益彰，是新發田市的賞櫻名所。

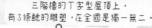

新潟縣・新發田

三階櫓的丁字型屋頂上，
有3條鯱的雕塑，在全國是獨一無二。

表門和舊二之丸隅櫓
是現時新潟縣內唯一
的江戶城郭建築物，
是國家重要文化財產。

📍 新潟県新発田市大手町 6
📞 +81-254-22-3101
🕘 9:00-17:00
🅒 12 月至 3 月
💰 免費
🌐 https://shibata-info.jp/
📖 JR「新発田」駅徒步 20 分鐘。
　※ JR新潟駅 → JR新発田駅（JR
　　白新線，約 40 分鐘，¥510）

堀部安兵衛的雕像矗立
在城堡的表門前。

2 諏訪神社

　諏訪神社始創於 648 年，當年神社位處在
聖籠町諏訪山。1756 年第 7 代藩主溝口
直溫於現址建造社殿，成為新發田的總鎮守，
護佑市民五穀豐登、身體健康、學業有成、
婚姻美滿及安產等。社殿於 2001 年被大火燒
毀，現在的社殿是在 2004 年重建而成的。

📍 新潟県新発田市諏訪町 1-8-9
📞 +81-254-22-2339
🕘 24 小時　💰 免費　🌐 http://osuwasama.jp/　📖 JR「新発田」駅徒步 3 分鐘。

Sado 佐渡

佐渡是**本州最大的島嶼**，前往佐渡必須依靠高速船和汽車渡輪。由於佐渡位置偏遠，古時曾是朝廷異見份子的流放地，有著許多歷史故事。佐渡曾是日本**最大的採金地**，島上的觀光設施可以了解400年來的金礦史，也可一試淘金沙的玩意。小木港的盆舟體驗，能感受不一樣的泛舟樂趣，是佐渡最受歡迎的活動。在適合鳥類棲息的海島上，還可以近距離觀察極為珍稀的**朱鷺**的生態。佐渡擁有豐饒的自然環境及獨特的古樸風情，值得一遊。

🌐 佐島市觀光情報：https://www.visitsado.com/

佐渡汽船

前 往佐渡必須乘坐佐渡汽船。由新潟港出發到佐渡的兩津港,可選擇航程 2 小時 30 分鐘的渡輪及航程 67 分鐘的高速船。另外,還有上越市直江津港至佐渡小木港的航線,但班次比較疏落,詳情請瀏覽網站。

📍 新潟県新潟市中央区万代島 9 番 1 号 (新潟港) ／
新潟県佐渡市兩津湊 353 (兩津港)

📞 +81-25-245-5111 (新潟港) ／
+81-259-27-5111 (兩津港)

新潟港 ～ 兩津港	成人	小童
渡輪 (2 等・1 等・特等)	¥3,370・¥5,430・¥7,710	¥1,690・¥2,720・¥3,860
高速船	單程 ¥7,460・來回 ¥14,310	單程 ¥3,740・來回 ¥7,180

※ 由於近年燃油價格急速上升,船費有可能不斷調整。

🌐 https://www.sadokisen.co.jp/

🚌 由「新潟」駅前 (万代口) 3 號巴士站乘搭前往「朱鷺メッセ・佐渡汽船」(新潟交通) 巴士,車程 15 分鐘,車費 ¥210。

新潟交通佐渡巴士

巴 士是遊覽佐渡景點的主要交通工具,全島共有 14 條巴士路線,由於前往部分景點需要轉車,最好預先瀏覽網站以掌握巴士接駁時間。每程車費由 ¥210 至 ¥840 不等,但建議購買無限次乘搭的優惠票,分別有一日乘車券 ¥1,500、兩日乘車券 ¥2,500 及三日乘車券 ¥3,000,小童半價。憑券可享有部分景點入場折扣優惠。

📍 新潟交通佐渡窗口、佐渡汽船案內所 (新潟港)、渡輪及巴士內均可購買。

🌐 http://www.sado-bus.com/route/

1 朱鷺之森公園

（トキの森公園）
～ 了解珍貴朱鷺的生態

朱 鷺在日本是特別天然紀念物，而佐渡就是朱鷺的主要棲息地。朱鷺之森公園設有「朱鷺資料展示館」，可以了解朱鷺的保育繁殖及回歸野生等資料。而「朱鷺交流廣場」則設計成朱鷺棲息的環境，讓訪客可近距離觀察朱鷺的飛行、覓食及築巢等生態。

- 📍 新潟県佐渡市新穂長畝 383 － 2
- 📞 +81-259-22-4123   🕗 8:30-17:00
- 🅲 星期一（3 月至 11 月不休息）及年末年始
- 💴 成人 ¥400、小／中學生 ¥100
- 🌐 http://tokinotayori.com/tokipark/
- 🚌 由「兩津港佐渡汽船」乘搭「南線」巴士，於「トキの森公園」下車，車程約 26 分鐘，車費 ¥450。

2 妙宣寺 ～ 新潟縣唯一五重塔

妙 宣寺是佐渡日蓮宗的三大寺院之一，由日蓮弟子阿佛房於 1278 年創立，本尊為釋迦如來。境內有一座建於 1827 年的五重塔，其纖細木造結構極為雅致，是新潟縣內唯一現存的五重塔，被指定為國家重要文化財產。

> 據說這是仿照日光東照宮的五重塔而建造。

於 1863 年重建的本堂，是島內最大的正殿。

於 1862 年重建的庫裡，是國內甚少擁有茅草屋頂的倉庫，極為珍貴。

- 📍 新潟県佐渡市阿仏坊 29   📞 +81-259-55-2061
- 🕗 24 小時   🆓 免費   🌐 https://www.visitsado.com/
- 🚌 (1) 星期六、日及假期：由「兩津港佐渡汽船」乘搭「南線」巴士，於「妙宣寺」下車，車程約 47 分鐘，車費 ¥630。
  (2) 平日：巴士不經「妙宣寺」，於「竹田橋」下車後徒步約 10 分鐘。

3 真野公園の櫻

～佐渡首屈一指的賞櫻勝地

於 1221 年因承久之亂敗北而被流放在佐渡的順德天皇，在真野宮舊址一帶度過了 22 年的歲月。這個具有歷史氣息的公園，是佐渡最著名的賞櫻勝地，每年 4 月上旬至中旬，遊步道沿路約 2,000 棵櫻花盛開，入夜還會亮起晚燈，整天都聚集了許多島民在草地上野餐賞櫻，氣氛溫馨。

真野公園是佐渡最受歡迎的賞櫻名所。

📍 新潟県佐渡市真野
🌐 https://niigata-kankou.or.jp/spot/8918
🚌 (1) 星期六、日及假期：由「兩津港佐渡汽船」乘搭「南線」巴士，於「佐渡歷史伝説館」下車，車程約 55 分鐘，車費 ¥680。
(2) 平日：由「兩津港佐渡汽船」乘搭「南線」巴士，於「真野新町」下車（車程約 53 分鐘，車費 ¥680），轉乘「小木線」巴士，於「真野御陵入口」下車後徒步 6 分鐘，車程約 5 分鐘，車費 ¥210。

走上公園的小山丘上，可一覽櫻花包圍建築物的絕美景色。

4 真野宮

真 野宮前身名為真輪寺，是順德天皇於 1242 年駕崩之地，於 1874 年被確認為縣立神社後，才改名為真野宮，供奉著順德天皇、菅原道真及日野資朝。現在的神社是建於 1920 年，其後亦擴大了神社的範圍，增建了鳥居及神橋等。

位處真野公園內的真野宮，境內氣氛莊嚴。

📍 新潟県佐渡市真野 655
📞 +81-259-55-2063
🕐 24 小時
💴 免費
🌐 https://www.visitsado.com/

5 佐渡歷史傳說館

作為古時流放之地，佐渡流傳著許多歷史人物的傳說。佐渡歷史傳說館以順德天皇、日蓮聖人以及能劇始創者世阿彌這三位重要的流亡者為中心，利用機械人介紹當地的歷史事件及傳說。館內亦設有佐渡出身的著名鑄造師，被稱為人間國寶的「佐佐木象堂」紀念館。還有令人眼花繚亂的手信商店及以供應海鮮丼有名的餐廳。

📍 新潟縣佐渡市真野 655　　📞 +81-259-55-2525　　🕐 9:00-16:00
📅 年中無休　　💴 成人 ¥900，小學生 ¥500　　🌐 https://sado-rekishi.jp/　　🚏 位於真野公園旁。

6 佐渡西三川 GOLD PARK
（佐渡西三川ゴールドパーク）

在佐渡最古老的西三川砂金山的遺址上，建有一座以黃金為主題的體驗型資料館。館內設有開挖金礦的歷史展覽室、銷售菓子和貴金屬的商店外，最大亮點就是可以參與淘金沙的體驗。在職員貼心的指導下，遊客可以輕鬆淘得金沙，並可付費製成鎖匙扣或吊墜等以收藏留念。

製作金沙鎖匙扣
每個 ¥1,500。

📍 新潟縣佐渡市西三川 835 － 1　　📞 +81-259-58-2021
🕐 3 月至 4 月・9 月至 11 月 8:30-17:00；5 月至 8 月 8:30-17:30；12 月至 2 月 9:00-16:30
📅 年中無休　　💴 成人 ¥1,200，小學生 ¥1,000（包含淘金體驗）
🌐 http://www.e-sadonet.tv/goldpark/
🚏 由「兩津港佐渡汽船」乘搭「南線」巴士，於「真野新町」下車（車程約 53 分鐘，車費 ¥680），轉乘「小木線」巴士，於「ゴールドパーク」下車，車程約 20 分鐘，車費 ¥470。

符さん有感：

我與三位好友在年青時結盟為「四葉草」。記得那一年來這裡造訪，我淘了幾粒金沙，製作了三個鎖匙扣贈給他們。歲月不留人，大家已經進化成「四葉夏枯草」了，但金沙應該還是永恆不變吧！不知他們還有沒有保存著！

7 盆舟體驗（たらい舟体験）

~ 感受獨特的海上風情

據說在明治時代的初期，小木町的居民將洗衣桶反覆改良製成盆舟，當作小船在海岸採集海帶、鮑魚及海螺等，久而久之就成為了小木港的象徵。現在用作觀光的盆舟比原始的稍大，最多可乘載三個成年人，並由一位專業的女船夫操控，在近岸一帶繞一圈需時約 7 至 8 分鐘。如想嘗試操作盆舟，可以向女船夫提出要求。

力屋觀光汽船

📍 新潟縣佐渡市小木町 1935
📞 +81-259-86-3153
🕐 8:30-17:00；10 月下旬至 11 月下旬 8:30-16:30；11 月下旬至 2 月 9:00-16:00
🅲 年中無休
💴 成人 ¥700，小學生 ¥400
🌐 http://park19.wakwak.com/~rikiyakankou/
🚌 由「真野新町」乘搭「小木線」巴士，於終點站「小木」下車，車程約 50 分鐘，車費 ¥840。（由「ゴールドパーク」上車則需時 30 分鐘，車費 ¥620。）

符さん助您安排行程：

如果以新潟為住宿據點，凌晨出發乘坐第一班船，也可安排即日往返行程。不過，其實島上還有很多自然風光，而且船費也不便宜，所以最好安排兩日一夜的時間，體驗更多佐渡的風情。

217

紅色的彌彥駅十分醒目，
在櫻花映襯下更加美麗。

📍Yahiko

彌彥

彌彥位於新潟縣中央地區靠近日本海側，擁有神聖的**彌彥山**、縣內最多信眾的神社、以櫻花紅葉知名的公園和治癒身心的溫泉。四季都有各種迷人的自然風情，是新潟縣的人氣觀光地。

🚉 新潟駅→吉田駅→弥彥駅（JR越後線、
　　JR弥彥線，約1:20分鐘，¥770）
🌐 彌彥觀光協會：https://www.e-yahiko.com/

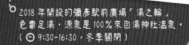

2018年開設的彌彥駅前廣場「湯之輪」
免費足湯，源泉是100%來自湯神社溫泉。
（🕐 9:30-16:30，冬季關閉）

1 彌彥公園

~ 櫻花紅葉名所

充滿日本風情的彌彥公園，佔地超過13萬平方米，擁有瀑布、溪流及多種花草樹木，四季都能欣賞不同的美景。彌彥公園是著名的賞櫻勝地，春季時節約1,000棵櫻花樹漫天飛舞，非常美麗。來到秋季，紅葉谷的景色更具人氣，是彌彥公園的風景代表作。

這裡4月可欣賞染井吉野櫻，5月可欣賞八重櫻，櫻花期特別長，很精彩。

朱紅色的觀月橋，是紅葉谷的打卡熱點。

園內有一座守護彌彥溫泉的湯神社（石藥師），據說這裡是彌彥溫泉的發祥地。

📍 新潟縣西蒲原郡弥彥村弥彥667-1
📞 +81-256-94-3154（彌彥觀光協會）
🕐 24小時　💲 免費　🚉 JR「弥彥」駅徒步1分鐘。

2 彌彥神社

朱紅色的一の鳥居，甚具氣派。

~ 新潟縣第一能量景點

坐鎮於彌彥山麓的彌彥神社，御祭神為天香山命，據說神社自創立至今已有2,400年歷史，並被寫在日本最古老的詩集《萬葉集》中，自古已為朝廷武將信奉，如今亦是縣內擁有最多信眾的神社。神社境內被鬱鬱蔥蔥的樹木包圍，散發著神聖的氣氛，是新潟縣最具能量的景點。

彌彥神社於明治末期曾發生大火，現在的本殿是在1915年重建而成。

📍 新潟縣西蒲原郡弥彥村弥彥 2887-2
📞 +81-256-94-2001
🕐 24小時（寶物殿 9:00-16:00）
🅲 年中無休
💲 免費（寶物殿 成人￥300，大學生￥200，小／中學生￥100）
🌐 http://www.yahiko-jinjya.or.jp/
🚉 JR「弥彥」駅徒步15分鐘。

3 彌彥山　~新潟縣的名山

標高 634 米的彌彥山，是新潟縣著名的靈山，自古以來就被奉為彌彥神社的御神體，深受當地人敬仰。乘搭纜車由山麓到達山頂後，可在蔚藍的天空下，盡覽遼闊的日本海、佐渡島和越後平原的全景，十分壯觀。山頂上還有彌彥神社御神廟、展望餐廳和旋轉升降展望塔等。

展望餐廳是歇息賞景的好地方。

位於山頂停車場的旋轉升降展望塔，高 100 米，能 360 度更清晰地飽覽風景。

彌彥山纜車 （弥彦山ロープウェイ）

在彌彥神社旁有免費穿梭巴士往來纜車山麓駅，車程 2 分鐘。乘搭纜車由山麓駅到山頂駅約 5 分鐘的空中漫步中，可將越後平原的景色盡收眼底。

- 📍 新潟縣西蒲原郡彌彥村彌彥 2898 番地
- 📞 +81-256-94-4141
- 🕐 9:00-17:00
- 🅲 年中無休
- 💴 纜車來回：成人 ¥1,500，小童（3 歲至 11 歲）¥750
  展望塔：成人 ¥650，小童 ¥350
- 🌐 https://www.hotel-juraku.co.jp/yahiko/
- 🚃 JR「弥彦」駅徒步 20 分鐘。

往來彌彥神社和山麓駅的穿梭巴士，每小時有 4 班次。

4 彌彥溫泉鄉

供應予彌彥溫泉鄉各旅館及足湯設施的「湯神社溫泉」，是鹼性單純泉水，觸感柔和，被認為能去除肌膚角質，有美肌功效而受到歡迎，男女老少都適合浸泡。在彌彥神社門前的溫泉街一帶，約有十數間大大小小的溫泉旅館，當中有些有提供日歸溫泉服務。

5 Omotenashi 廣場

（おもてなし広場）

位於溫泉街中心的 Omotenashi 廣場，雖然規模不大，但這裡的農產物直賣所、新鮮水果三文治及甜品店都很受歡迎；另外，還有免費足湯設施，是歇息的好地方。

📍 弥彦村弥彦 1121
🕐 一般 10:00-16:00 至 17:00（各店有異）
🚫 各店有異
🚉 JR「弥彦」駅徒步 4 分鐘。

符さん助您安排行程：

彌彥村的景點設施都集中在車站附近，徒步遊覽便可，十分方便。隨自己喜好，可安排即日往返行程，或留宿一晚溫泉旅館享受慢活人生。

大河津分水櫻花並木道

彌彥公園的櫻花當然美麗，但距離彌彥約 30 分鐘車程的分水駅及附近的大河津分水櫻花並木道就有更壯觀的櫻花。如果適逢花期又鍾情賞櫻，可考慮來這廣植 2,600 棵染井吉野櫻的防堤散步，或在樹下吃個便當，提升旅程品味。

從分水駅徒步 20 分鐘便到達大河津分水櫻花並木道。

車站月台兩旁遍植櫻花。

📍 新潟県燕市五千石地内
📞 +81-256-64-7630(燕市觀光協會)
🌐 https://tsubame-kankou.jp/seeing/sakuraspot/
🚉 JR 越後線「分水」駅徒步 20 分鐘。
　　※ JR 新潟駅→吉田駅→分水駅（JR 越後線，約 1：20 分鐘，¥860）
　　※ JR 弥彦駅→吉田駅→分水駅（JR 弥彦線・越後線，約 30 分鐘，¥240）

Echigo Yuzawa

越後湯沢

越後湯沢位於新潟縣的最南端，被日本阿爾卑斯山脈環繞，景色優美，是縣內首屈一指的滑雪度假勝地。在湯沢高原上，每逢夏季都可以觀賞到很多稀有的花草，是高山植物的寶庫。這裡還擁有開湯900年歷史的溫泉，全年造訪客絡繹不絕。由東京前往越後湯沢，乘搭新幹線約80分鐘而已，比前往新潟市更便捷，是很受當地人歡迎的觀光地。

🚄 (1) JR 東京駅 → JR 越後湯沢駅 (上越新幹線，約 1 小時 20 分鐘，¥6,790(指定席))
　　(2) JR 新潟駅 → JR 越後湯沢駅 (上越新幹線，約 40 分鐘，¥5,480(指定席))
🌐 越後湯沢觀光情報：https://www.e-yuzawa.gr.jp/

1 湯沢高原

～享受四季大自然風光

在越後湯沢駅不遠處的湯沢高原，一年四季都可以享受不同的樂趣。由山麓駅乘搭纜車到達標高 1,000 米的山頂，可以俯瞰湯沢町的小鎮風貌、谷川山脈和魚沼平原的壯麗景色。高原上有不少刺激好玩的設施，如高空滑索、高卡車及雪橇等都大受歡迎。最值得一遊是全國最大的岩石花園，可以觀賞到 200 多種稀有的高山植物，非常珍貴。這裡一到冬天便成為銀色世界，許多滑雪高手來此大顯身手，飛舞的粉雪景致別有美態。

湯沢高原纜車

湯沢高原纜車可容納 166 人，為世界上最大規模，由山麓駅到山頂駅全長 1,300 米，需時 7 分鐘。

在「高山植物園アルプの里」，周圍環繞著綠色植物和五顏六色的鮮花。

「雲上の Café」露台座位可以將壯麗的山脈和平原美景盡收眼底。

在「岩石花園」可以觀賞到生長在 2,500 米高山上的珍稀植物，200 多種花草爭奇鬥艷，非看不可。

意大利餐廳 "Edelweiss" 是山上最好景觀的餐廳。

「雲上の足湯」是非常貼心的設施，離開前來一趟消除疲勞，再看一遍美景，完美了！

🔴 新潟県南魚沼郡湯沢町大字湯沢 490　　📞 +81-25-784-3326
🕐 4 月下旬至 11 月中旬 8:40-17:00；冬季雪山觀光及滑雪期 12 月中旬至 3 月下旬 8:40-17:00
🅲 通常 11 月中旬至 12 月中旬及 3 月下旬至 4 月下旬
💴 來回：成人 ¥2,600，小學生 ¥1,300；
　　冬季有雪遊公園套票 成人 ¥3,200，小學生 ¥2,200；另有滑雪適用的吊椅、纜車全日票，請瀏覽網站
🌐 http://www.yuzawakogen.com/　　🚃 JR「越後湯沢」駅（西口）徒步 8 分鐘。

2 本酒館（ぽんしゅ館）

~ 清酒愛好者朝聖之地

位於越後湯沢駅西口 CoCoLo 湯沢內的本酒館，是非常吸引的景點。館內銷售許多以新潟米和清酒為主題的商品，亦有各式特產、紀念品和美食等，是選購手信的好地方。在最受歡迎的品酒區「唎酒番所」內，提供超過120種新潟縣所有酒藏的清酒，只要付上¥500便可試飲5小杯，是清酒愛好者的聖地。這裡亦設有日歸溫泉設施「酒風呂湯の沢」，別具特色，不妨一試。

「唎酒番所」內的清酒選擇很多，如沒有心水之選，可參考清酒人氣榜的排名。

「酒風呂湯の沢」
🕐 10:30-18:30(星期六、日及假期至 19:00)；
💴 成人¥800，小學生¥400。

📍 新潟縣南魚沼郡湯沢町湯沢 2427－3　📞 +81-25-784-3758　🕐 9:30-19:00；星期六、日及假期 9:30-19:30
🅲 年中無休　🌐 http://www.ponshukan.com/　🚉 JR「越後湯沢」駅內（西口）。

---

3 越後湯沢溫泉

~ 歷史悠久的名湯

據說越後湯沢溫泉已開湯 900 多年，泉水是一種弱鹼性的單純溫泉，對緩解肌肉疼痛和疲勞有效果，適合任何人士浸泡。受惠於魚沼的好米和好酒，自古以來這個溫泉就備受喜愛，再加上諾貝爾文學得獎者川端康成的名作《雪國》以這裡作為故事舞台而聞名全國，越後湯沢溫泉成為了新潟縣的溫泉代表。從車站西口步出溫泉街一帶，約有二十間大大小小的旅館一字排開，每逢假期都相當熱鬧。

📍 新潟縣南魚沼郡湯沢町湯沢
📞 +81-25-785-5353（越後湯沢溫泉觀光協會）
🌐 https://www.snow-country-tourism.jp/
🚉 JR「越後湯沢」駅附近一帶。

符さん助您安排行程：

越後湯沢是距離東京最近的新潟縣觀光地，以此作為住宿據點，可遊覽湯沢高原及後頁介紹的十日町市的精彩景點。

📍 Tokamachi
十日町

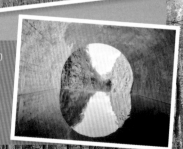

位於新潟縣南部的十日町市，距離越後湯沢只不過40分鐘車程。這裡每逢冬季積雪深達2至3米，是日本首屈一指的豪雪地帶。市內還有不少棚田，四季景色宜人，在全國是知名的攝影聖地。此外，日本三大峽谷之一的「清津峽」、日本三大山毛櫸林之一的「美人林」、日本三大藥湯之一的「松之山溫泉」及三年一度的國際藝術盛事「越後妻有大地藝術祭」，都足以展露出十日町市的超凡魅力。

🚉 JR越後湯沢駅→まつだい駅（ほくほく線・約40分鐘・¥930）
　※ まつだい駅即是松代駅，但一般不用漢字。
🌐 十日町市觀光協會：https://www.tokamachishikankou.jp/
　南越後觀光巴士：http://www.minamiechigo.co.jp/
　東頸巴士（十日町線）：https://www.marukei-g.com/publics/index/20/

美人林

225

越後妻有大地藝術祭

「越後妻有」是指日本古地名稱「越後國、妻有庄」，即現時新潟縣南部十日町市及津南町一帶。這裡以農業為主，由於缺乏平坦耕地，昔日農民將河流改道開闢棚田（即梯田），孕育出既獨特又美麗的里山文化。然而，面對高齡化及人口逐漸向都市外流等種種深刻的問題，空屋、廢校及棄耕地的情況相當嚴峻。於 2000 年開始的「越後妻有大地藝術祭」，每隔三年舉辦一次，是世界最大型的戶外藝術祭，備受國際矚目。舉辦目的就是希望善用廢棄的空間及一些觀光設施等進行大改造，透過藝術的力量為越後妻有注入新的氣息，致力振興當地農村的面貌。

⊕ https://www.echigo-tsumari.jp/

1 清津峽溪谷隧道

～欣賞日本三大峽谷絕景

位於信濃川的支流清津川的清津峽，全長 12.5 公里，因河川兩岸有被稱為「柱狀節理」的岩石，形成了宏偉的 V 型峽谷絕景而廣為人知，是日本三大峽谷之一，也被指定為國家名勝及天然紀念物。

清津峽溪谷隧道是將自然美景與藝術融為一體的觀光設施，是越後妻有極具代表性的名勝。在「越後妻有大地藝術祭 2018」開展之時，全長 750 米的隧道被改造成名為「光之隧道」的作品，以潛水艇的概念，再巧妙利用大自然「金、木、水、火、土」的五大要素，創造出極富藝術的氣氛，成為近年遊客熱捧的觀光地。

※ 日本三大峽谷：新潟縣清津峽、富山縣黑部峽谷及三重縣大杉谷。

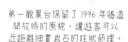

第一觀景台保留了 1996 年隧道開放時的原貌，讓遊客可以近距離細賞岩石的柱狀節理。

清津峽溪谷隧道入口。

隧道內有五種不同顏色的燈光，伴隨著神秘的音樂，感覺有點夢幻。

第二觀景台亮點落在 2021 年中旬才落成的藝術型洗手間，它是為開展「大地藝術祭 2022」而新增的作品。

第三觀景台名為「水滴」，是利用牆壁上彎曲如水滴的鏡子，反射外面的風景。

隧道的盡頭名為「光之洞窟」，這裡透過「水盤鏡」倒映清津峽壯觀的景色，是最受歡迎的打卡熱點。

走到洞窟邊緣觀賞的 V 型峽谷景致，確實嘆為觀止。

位於隧道入口旁邊，有一座設計獨持的建築物，一樓是接待處及 Café，二樓是免費的足湯設施。

📍 新潟県十日町市小出癸 2119-2

📞 +81-25-763-4800

🕘 8:30-17:00；12 月至 2 月 9:00-16:00

🅒 冬季或因積雪有臨時休息

🅕 成人 ¥1,000、小／中學生 ¥400（繁忙期間會實施「事前預約制」，現場不設售票，請務必瀏覽網站了解詳情）

🌐 https://nakasato-kiyotsu.com/

🚌 由 JR「越後湯沢」駅（東口）4 號巴士站乘搭前往「森宮野原駅」（南越後觀光）巴士，於「清津峽入口」下車後徒步約 30 分鐘，車程約 24 分鐘，車費 ¥500。

2 松代雪國農耕文化村中心

「農舞台」 （まつだい雪国農耕文化村センター「農舞台」）

松代農舞台是「越後妻有大地藝術祭」的據點設施，建築物本身都是一件藝術作品，由荷蘭建築師集團 MVRDV 所設計。農舞台內配備了展廊及餐廳，也會舉辦不同的體驗活動，可以透過美食、展品、體驗等項目了解松代的雪國農業文化。此外，農舞台的野外博物館亦很受注目，數十件藝術作品散布在周邊的里山，讓人能感受藝術融入自然的新境界，萬分精彩。

草間彌生作品（日本）：Tsumari in Bloom

📍 新潟縣十日町市松代 3743-1　　📞 +81-25-595-6180
🕐 10:00-17:00　　📅 星期二及星期三（公眾假期則順延至翌日）
💴 成人 ¥600，小／中學生 ¥300（包含松代鄉土資料館入場費）
🌐 https://matsudai-nohbutai-fieldmuseum.jp/
🚉 「まつだい」駅（南口）徒步 2 分鐘。

小沢剛作品（日本）：
Kamaboko-type Storehouse
Project

Ilya & Emilia Kabakov 作品（烏克蘭・美國）：棚田

大西治・大西雅子作品（日本）：
A great chorus of "Get Up!"

José de Guimarães
作品（葡萄牙）：
The Yellow Flower

符さん有感：

我曾在 2021 年 3 月和 6 月兩次造訪十日町市。原於 2021 年舉行的「大地藝術祭」，因受疫情關係延至 2022 年 4 月至 11 月才舉行。成人收費是 ¥1,200，中小學生免費。如非藝術祭舉行期間，野外博物館（戶外展品）是免費參觀，在「The Yellow Flower」的展品上有列明山上其餘二十多個作品的位置。如今疫情遠去，期盼下次藝術祭舉行之時，我能再訪此地。

228

3 松代鄉土資料館

（まつだい鄉土資料館）

現作為松代鄉土資料館的建築物，是建於江戶時代末期的欅木造二層建築，距今已有140年歷史，為十日町市指定文化財產。在館內可以參觀為抵擋大雪而建的壁爐、榻榻米、茶室、客房等獨特建築外，亦可透過大量展品來了解松代的生活模式和持有的自然環境，輕鬆地體驗松代的悠久歷史和文化。

📍 新潟県十日町市松代3718　　📞 +81-25-597-2138　　🕙 10:00-17:00　　🅲 星期二及星期三（公眾假期不休息）
🎫 成人 ¥300，小／中學生 ¥100（※ 農舞台共通券 ¥600，小／中學生 ¥300）
🌐 https://www.echigo-tsumari.jp/art/artwork/matsudai_history_museum/
🚉「まつだい」駅（南口）徒步1分鐘。

4 美人林 ~ 松之山隱世美景

美人林位於松之山松口，是面積3公頃的山毛櫸林。據說在大正時代末期，這地區的山毛櫸樹全部被砍伐製成木炭，但翌年卻再長出纖細挺拔兼外觀美麗的山毛櫸林，所以得名「美人林」，更被列為「日本三大山毛櫸林」之一。美人林在四季都呈現出不同的美態，在日本全國是非常有名的攝影聖地。春天，清新綠意是充滿生機的美景；夏天，陽光穿透深綠的樹葉令人倍感活力；秋天，樹葉黃橙紅的變化美如畫作；冬天，厚厚積雪映襯林木，夢幻迷人。此外，這裡的野生鳥類眾多，是受保護的野生鳥類棲息地，每年還會舉辦一次觀鳥會。

📍 新潟県十日町市松之山松口1712-2
📞 +81-25-597-3442（松代・松之山溫泉觀光案內所）
🕙 24小時　　🎫 免費
🌐 https://www.tokamachishikankou.jp/bijinbayashi/
🚌 由「まつだい」駅前乘搭前往「松之山溫泉（十日町線）」（東頸）巴士，於「堺松」下車後徒步約20分鐘，車程約15分鐘，車費 ¥370。

符さん提提您：

因為冬天積雪深厚，必須穿著雪鞋才能步入美人林。遊客可到附近的「森之學校」租用雪鞋，但由於大雪或會臨時關校，建議乘巴士前先到まつだい駅內的觀光案內所查詢「森之學校」是否如常開放。

十日町市立里山科學館「森之學校」Kyororo

📍 新潟県十日町市松之山松口1712-2
📞 +81-25-595-8311
🕙 9:00-17:00；冬季 9:00-16:00
🅲 星期二（公眾假期則順延至翌日休息）及12月26日至31日
🎫 租借雪鞋 ¥1,000（全日）
🌐 https://www.matsunoyama.com/kyororo/

5 松之山溫泉鄉・鷹之湯

～ 700 年歷史的日本三大藥湯

松之山溫泉鄉坐落在新潟和長野兩縣邊界的深雪山之中。相傳約 700 年前，一位樵夫目睹一隻翅膀受傷的鷹在湧出的熱水休息而發現了溫泉——鷹之湯。這裡的泉水鹽份含量高，且具天然保濕成份，有美肌和藥用功效，特別對各種痛症、怕冷、割傷、燙傷等見效。據說在室町時代，這裡曾是越後國守護者上杉家的秘密溫泉，其藥性自古就廣為人知，被譽為「日本三大藥湯」之一。

※ 日本三大藥湯：新潟縣松之山溫泉、兵庫縣有馬溫泉及群馬縣草津溫泉

📍 新潟縣十日町市松之山
🌐 http://www.matsunoyama-onsen.com/
🚌 由「まつだい」駅前乘搭前往「松之山溫泉（十日町線）」（東頸）巴士，於終點下車，車程約 26 分鐘，車費 ¥530。

溫泉街盡頭的不動瀧。

松之山溫泉規模不大，但短短幾百米的溫泉街也有十數間溫泉旅館、日歸溫泉設施、商店和食店。

越過不動瀧走上山丘，可俯瞰溫泉街的風貌。

ひなの宿 ちとせ

📍 新潟縣十日町市松之山湯本 49-1
📞 +81-25-596-2525
🕐 日歸溫泉：10:30-15:00
　　（※ 星期一全日及星期四中午前休息）
💴 日歸溫泉：成人 ¥1,000，小學生 ¥700
🏠 一泊二食每位 ¥18,150 起
🌐 http://www.chitose.tv/

符さん有感：

作為超級溫泉控的我，絕對不會錯過「日本三大藥湯」。我選擇了頗有名氣的「ひなの宿 ちとせ」，真心覺得泉質一流，浸泡後肌膚滑溜，也能消除疲憊，所以極力推薦。 ✓

符さん助您安排行程：

前往清津峽是在越後湯沢駅前乘搭巴士，請留意。如果以越後湯沢作為住宿據點，遊覽美人林、松之山溫泉及農舞台等景點，可以安排即日往返行程。不過，如果您熱愛攝影，可考慮在此留宿一天，有更多時間到著名的星峠梯田及其他藝術作品打卡拍照，製作豐富的藝術之旅。

230

📍 Joetsu

上越

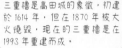

高田城址公園

～日本三大夜櫻

三重櫓是高田城的象徵，初建於 1614 年，但在 1870 年被大火燒毀，現在的三重櫓是在 1993 年重建而成。

位於上越市的高田城址公園，佔地約 50 公頃，是全國數一數二大規模的市中心公園，被指定為新潟縣的歷史遺跡。這裡是縣內第一位的賞櫻名所，每年櫻花季節約有 4,000 棵櫻花爭相怒放，美不勝收。而更加吸引的是，入夜後約有 3,000 盞紙燈籠照亮櫻花，燈火通明下的高田城三重櫓和櫻花大道營造出夢幻迷人的氛圍，被譽為「日本三大夜櫻」之一。每年一度的「高田城址公園賞櫻會」，縣內縣外人潮湧至，氣氛高漲。

※ 日本三大夜櫻：新潟縣高田城址公園、青森縣弘前公園及東京都上野恩賜公園。

從高田駅徒步往高田城址公園需時約 15 分鐘，沿途有櫻花引路，心情倍添喜悅。

📍 新潟県上越市本城町 44-1　　📞 +81-25-526-5111
🕐 24 小時　　💰 免費
🌐 http://www.city.joetsu.niigata.jp/soshiki/toshiseibi/takada-castle-site-park.html
🚉「高田」駅徒步 15 分鐘
　※ JR 越後湯沢駅 → 直江津駅 → 高田駅（スノーラビット（Snow Rabbit）・えちごトキめき鉄道，約 1 小時 10 分鐘，¥1,790）

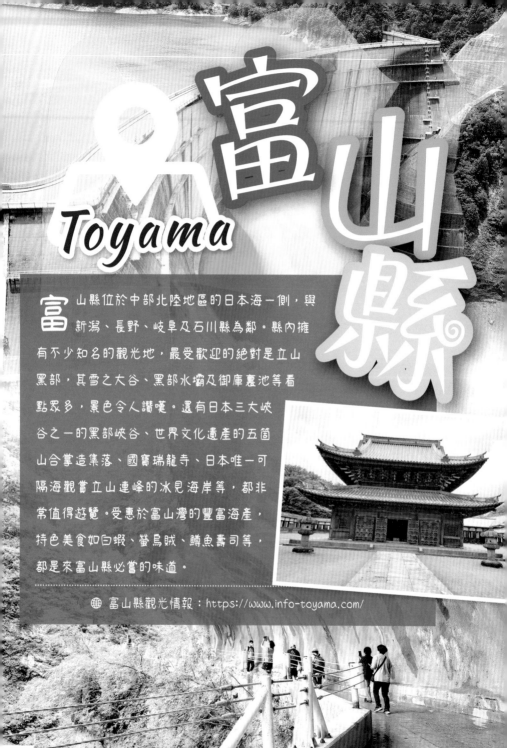

富山縣

Toyama

富山縣位於中部北陸地區的日本海一側，與新潟、長野、岐阜及石川縣為鄰。縣內擁有不少知名的觀光地，最受歡迎的絕對是立山黑部，其雪之大谷、黑部水壩及御庫裏池等看點眾多，景色令人讚嘆。還有日本三大峽谷之一的黑部峽谷、世界文化遺產的五箇山合掌造集落、國寶瑞龍寺、日本唯一可隔海觀賞立山連峰的冰見海岸等，都非常值得遊覽。受惠於富山灣的豐富海產，特色美食如白蝦、螢烏賊、鱒魚壽司等，都是來富山縣必嚐的味道。

🌐 富山縣觀光情報：https://www.info-toyama.com/

富 山市位於富山縣的中央，作為縣政府的所在地，是面積最大、最熱鬧的都市，交通十分便利，是前往縣內其他觀光地的最佳據點。富山市的主要景點都集中在富山車站附近，<u>環水公園、玻璃美術館、松川櫻花</u>都是必遊之地。喜歡古老氛圍和攝影的朋友，推薦您到岩瀨的歷史街道，感受滿滿的懷舊氣息。

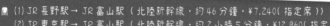

🚉 (1) JR 長野駅 → JR 富山駅（北陸新幹線，約 46 分鐘，¥7,240（指定席））
　　(2) JR 東京駅 → JR 富山駅（北陸新幹線，約 2 小時 5 分鐘，¥12,960（指定席））
　　(3) JR 名古屋駅 → JR 富山駅（高山本線特急ひだ号，約 3 小時 48 分鐘，¥7,790（指定席））
　　(4) JR 新大阪駅 → JR 金沢駅 → JR 富山駅（JR 特急サンダーバード号，北陸新幹線，約 3 小時 8 分鐘，¥9,590（指定席））
　　(5) 名鐵巴士中心（JR 名古屋駅）→ 富山駅前（名鐵．富山地方鐵道高速巴士，約 3 小時 40 分鐘，¥3,300 至 ¥5,800）
　　(6) 新潟駅前 → 富山駅前（富山地方鐵道高速巴士，約 3 小時 45 分鐘，¥4,900）
🌐 富山市觀光協會：https://www.toyamashi-kankoukyoukai.jp/
　　名鐵高速巴士：http://www.meitetsu-bus.co.jp/express/index
　　富山地方鐵道（市電．路線巴士．高速巴士）：https://www.chitetsu.co.jp/

① Kitokito 市場 ToyaMarche
（きときと市場とやマルシェ）~ 購物餐飲最方便

隨著北陸新幹線於 2015 年開通，富山駅內亦擴建了購物商場。現在「Kitokito 市場 ToyaMarche」約有 60 間銷售富山特產如鱒魚壽司、螢烏賊、菓子及各式手信等店鋪之外，也有特色鄉土料理、富山黑拉麵和大排長龍的白蝦天丼等食店。

📍 富山縣富山市明輪町 1－220　　📞 +81-76-471-8100
🕘 商店 9:00-20:30；餐廳 10:00-21:30（各店有異）
🅒 年中無休　　🌐 https://toyama-stationcity.jp/
📱 JR「富山」駅直達。

② 富山市役所展望塔
~ 免費觀景設施

位於市中心的富山市役所，最頂層是免費的展望塔，訪客可從離地面約 70 米的高度看到腳下的富山市全貌，富山城、吳羽丘陵及富山灣等景色均一覽無遺，如果天朗氣清還能遠眺壯觀的立山連峰。到了入夜之時，燈火通明的夜景又是另一種漂亮的觀感。來到富山，不妨前往展望塔享受免費的觀景設施。

📍 富山縣富山市新桜町 7－38　　📞 +81-76-443-2117(廳舍管理係)　　🅒 12 月 29 日至 1 月 3 日　　💰 免費
🕘 平日 9:00-21:00；星期六、日及假期 10:00-21:00　　(11 月至 3 月 平日 9:00-18:00；星期六、日及假期 10:00-18:00)
　（特別開放：12 月 24 至 25 日 18:00-21:00；1 月 1 日 6:00-9:00)
🌐 https://www.city.toyama.toyama.jp/zaimubu/kanzaika/shiyakushotemboto.html　　📱 JR「富山」駅 (南口) 徒步 8 分鐘。

③ 富山城址公園
～富歷史感的綠色園地

富山城最初建於 1543 年，曾是富山藩前田家 13 代約 230 年的居城。雖然經歷了數次火災後又重建，但直到明治初期新政府下令廢城，城郭建築最終都被拆毀，只保留了部分護城河及石垣。城址現已作為公園對外開放，佔地 7 公頃的廣闊土地被打造成休閒舒適的綠色空間。每年櫻季，美麗的櫻花和絕妙的石垣是最精彩的看點。園內還有鄉土博物館和佐藤紀念美術館等設施。

- 📍 富山縣富山市本丸 1
- 📞 +81-76-443-2111（富山市公園綠地課）
- 🕐 24 小時　💲 入園免費
- 🌐 http://joshipark.com/
- 🚉 JR「富山」駅（南口）徒步 10 分鐘。

鄉土博物館

於 1954 年重建的模擬天守閣，現作為鄉土博物館參觀設施，展示富山城跨越 400 年的歷史資料，訪客也可在頂層俯瞰周邊的市街容貌。

- 📍 富山縣富山市本丸 1-62
- 📞 +81-76-432-7911
- 🏛 9:00-17:00
- 📅 12 月 28 日至 1 月 4 日
  （更換展品時有臨時休館）
- 💲 成人 ¥210，中學生以下免費
- 🌐 http://www.city.toyama.toyama.jp/etc/muse/

佐藤紀念美術館

於 1961 年開館的美術館，內裡展示富山縣商家佐藤氏所捐贈的古董藝術品、書畫、茶具、陶瓷等，還有可以感受四季變化的日式庭園和茶屋。

- 📍 富山縣富山市本丸 1-33
- 📞 +81-76-432-9031　🕐 9:00-17:00
- 📅 12 月 28 日至 1 月 4 日
  （更換展品時有臨時休館）
- 💲 成人 ¥210，中學生以下免費

④ 松川 ~享受市中心的河上觀光

位於富山城址公園旁邊的松川，全長 2.5 公里，沿岸種植了 470 棵櫻花樹，是富山市的賞櫻勝地，亦為「日本櫻花名所 100 選」之一。松川亦以雕刻品弛名，共 28 件精緻雕刻散落川河兩岸，賞心悅目。除了悠閒地散步，還可以乘坐 30 分鐘的遊覽船，在春天欣賞燦爛的櫻花隧道，在夏天迎接耀眼的新綠，在秋天觀賞艷麗的紅葉，享受從船上看到的不一樣風景。

松川遊覽船

遊覽船乘船處在松川茶屋旁。

📍 富山縣富山市本丸 1-34　📞 +81-76-425-8440　🕙 10:00-17:00
🗓 星期一（公眾假期則順延至翌日）及 12 月至 3 月中旬
💴 成人 ¥1,600，3 歲至小學生 ¥750（櫻花季節：成人 ¥2,000，小童 ¥1,000）
🌐 http://matsukawa-cruise.jp/　🚉 JR「富山」駅（南口）徒步 10 分鐘。

⑤ 富山市玻璃美術館 ~富山市新地標

在富山市中心會看到一座亮麗奪目的建築物，是由世界級建築大師隈研吾所設計，於 2015 年落成的複合設施"TOYAMA Kirari"。這座以「富山玻璃城市」為重點的大樓，除了是玻璃美術館之外，也有圖書館和咖啡店。遊客可以自由進出大樓，參觀部分樓層展示的玻璃藝術展品，但在 4 樓及 6 樓的常設展示室及特別展覽則需要購票入場，才能觀賞到值得一看的現代玻璃藝術品。

以姿態萬千的立山連峰為概念，採用御影石、玻璃和鋁等建成耀眼新穎的外觀，成為富山市的新地標。

大樓內部採用了富山縣產的杉木作建材，以百葉窗式傾斜不同角度，既有溫暖感，又有充足的空間感。

📍 富山縣富山市西町 5－1　📞 +81-76-461-3100
🕙 9:30-18:00；星期五、六 9:30-20:00　🗓 每月第1、第3個星期三及年末年始
💴 常設展示室 成人 ¥200，中學生以下免費（特別展覽收費請瀏覽網站）　🌐 https://toyama-glass-art-museum.jp/
🚉 由「富山駅」乘搭前往「南富山駅前」市電，於「西町」下車後徒步 1 分鐘，車程 9 分鐘，車費 ¥210。

⑥ 池田屋安兵衛商店
～體驗手動製藥樂趣多

距離玻璃美術館3分鐘步程的池田屋安兵衛商店，是創業於昭和時代的和漢藥廠，在富山相當有名氣。以研製代表富山腸胃藥「越中反魂丹」為首，藥廠還生產多種多樣的和漢藥、草藥、健康茶等，包裝充滿懷舊色彩，加上古式裝潢的店面，讓人彷彿置身於古代。這裡最特別之處，是可以體驗手動式製作藥丸，職員更會友善地示範及講解製藥程序，在全國只有在此能體驗這種樂趣。在二樓的「藥都」，還有提供健康藥膳料理，但必須提早預約。

白牆土藏造的外觀在市中心相當突出。

充滿古老氣圍的店內陳列著各種藥製商品。

店員示範手動製藥過程，十分有趣。

📍 富山県富山市堤町通り1丁目3－5　　📞 +81-76-425-1871　　🕐 9:00-18:00；藥都 11:30-14:00
🅒 年末年始；藥都星期二、三休息　　🌐 http://www.hangontan.co.jp/
🚃 由「富山駅」乘搭前往「南富山駅前」市電，於「西町」下車後徒步2分鐘，車程9分鐘，車費￥210。

7 富岩運河環水公園

～放鬆身心的都市綠洲

天門橋是公園的象徵。

位處在富山駅北口附近的環水公園，是利用富岩運河舊有的船隻停泊處建造出都市中的水濱公園。佔地約 9.7 公頃的園內，以天門橋展望塔能俯瞰立山連峰為最大亮點，還有遼闊的草坪、野鳥觀察舍、以及可以欣賞到運河壯觀景色的世界一 Starbucks。除了可漫步於綠意盎然、波光瀲灩的水濱空間，還可以乘坐各種航線的遊覽船，享受沿河的旖旎風光。到了晚上，天門橋和樹木都被點亮，充滿夢幻氛圍。還有春天的櫻花、夏天的煙花和秋天的紅葉，四季都有不同的魅力。

📍 富山県富山市湊入船町　📞 +81-76-444-6041
🕐 24 小時；天門橋展望塔 9:00-21:30
🌐 http://www.kansui-park.jp/
🚆 JR「富山」駅（北口）徒步 9 分鐘。

天晴的時候，從天門橋展望塔可遠眺優美的立山連峰。

這裡的 Starbucks 曾獲得全球星巴克店優秀設計獎，被譽為「世上最美的 Starbucks」。

傍晚會亮起多種色彩的燈光，增添浪漫氣息。

富岩水上遊覽船

📍 富岩運河環水公園內
📞 +81-76-482-4116
🕐 9:45-16:40（請預早瀏覽網站了解航班時間）
📅 11 月下旬至 3 月下旬（另有不定休，詳情請瀏覽網站）
🌐 https://fugan-suijo-line.jp/
🎫 A 航線（60 分鐘）：環水公園→岩瀨　單程成人 ¥1,700（包含「岩瀨浜駅」→「富山駅」市電單程車票）
　 B 航線（70 分鐘）：岩瀨→環水公園　單程成人 ¥1,700（包含「富山駅」→「岩瀨浜駅」市電單程車票）
　 C 航線（70 分鐘）：環水公園～中島閘門　來回成人 ¥1,400
　 周遊航線（20 分鐘）：環水公園一周遊　成人 ¥500
　 ※ 以上船票小學生半價，小學生以下免費。

⑧ 富山港展望台
～ 外型獨特的富山港地標

以「常夜燈」的
外型與建展望台，
在全國是少有的。

建於 1985 年的富山港展望台，是仿照守護富山港（古稱東岩瀨港）而備受崇敬的金刀比羅社的「常夜燈」外型而興建，象徵了北前船時代港口的繁榮和歷史。展望台高度只有 24.8 米，從位處 20 米高的展望室可以飽覽岩瀨古街風貌，也可俯瞰富山灣、能登半島和立山連峰的景色。

展望台可以看到腳下岩瀨街道全景和遠眺立山連峰

📍富山縣富山市東岩瀨町海岸通り 5　📞+81-76-437-7131　（富山港事務所）
🕐 9:00-16:30　🈚 年中無休　💰免費　🌐 https://www.toyamashi-kankoukyoukai.jp/
🚃(1) 由「富山駅」乘搭「富山港線」市電，於「東岩瀨」、「競輪場前」或「岩瀨浜」下車後徒步 10 分鐘，車程約 21～24 分鐘，車費￥210。
　(2) 由「富岩運河環水公園」乘坐遊覽船到「岩瀨カナル会館」下船後徒步 8 分鐘。

遼闊的富山灣和石川縣的能登半島也在眼前。

9 北前船迴船問屋森家
～承載昔日航運商人的故事

從江戶時代到明治時代，岩瀬作為橫渡日本海的北前船的港口城市而十分繁榮。在昔日倉庫和航運批發商林立的大町通，有許多明治時代建造的房屋保存至今，散發出懷舊的雅致氣息。建於1878年的「北前船迴船問屋森家」，就是當年十分活躍的航運批發商之一的住宅兼店鋪，其豪華的房屋使用了全國各地名貴的材料建成，可以感受到當年富商的雄厚財力，讓人大開眼界。

「森家」於1994年被指定為國家重要文化財產。

土藏（倉庫）外牆的裝飾畫也是一大看點。

主屋使用了鹿兒島屋久杉和能登產的黑松木等上等材料建造。

📍 富山県富山市東岩瀬町108
📞 +81-76-437-8960
🕐 9:00-17:00　🅒 12月28日至1月4日
💲 成人¥100，中學生以下免費
　（※森家・馬場家共通券：成人¥180）
🚋 (1)乘市電於「東岩瀬」下車後徒步10分鐘。
　 (2)乘遊覽船於「岩瀬カナル会館」下船後徒步8分鐘。

解說員渡辺志津子熱誠講解，十分稱職。

⑩ 舊馬場家住宅
～ 現存最大規模的船商房屋

鄰接「森家」的「馬場家」，是另一家船運批發商的住宅。「馬場家」在岩瀨五大名家之中名列前茅，也被列為北陸地區「北前五大船主」之一，當年的身家十分豐厚，其住宅是現存最具規模的，氣派豪華，看點甚多。據說這座房屋是在1873年東岩瀨大火之後建造的。除了營商之外，第9代當家道久的夫人還捐贈了巨額資金建設學校，扶助弱勢，回饋社會，深受當地人敬仰。

舊馬場家於2016年被指定為國家有形文化財產。

📍 富山縣富山市東岩瀨町107-2　📞 +81-76-456-7815
🕐 9:00-17:00　　📅 12月28日至1月4日
💴 成人￥100，中學生以下免費（※ 森家・馬場家共通券：成人￥180）
🚏 鄰接北前船迴船問屋森家。

步進屋內就看到30米長的通道，可見房屋大得驚人。

大廳十分廣闊，是33張榻榻米的面積。

遇上十分專業又親和的解說員魚谷日出子，真感幸運。

庭園盡頭是西門，可通往神通川。

符さん助您安排行程：

富山市適宜作為住宿據點前往立山黑部、黑部峽谷等觀光地。市內景點主要集中在富山車站附近，安排半天或一天遊就足夠了。

242

Tateyama Kurobe Alpine Route

立山黑部

立山黑部被稱為日本阿爾卑斯山，是富山縣最具代表性的觀光地，其遊覽重點是世界知名的「立山黑部阿爾卑斯山路線」。在跨越富山縣和長野縣最高處達 3,000 米的山岳觀光路線之中，可以欣賞到日本最大落差的瀑布、珍貴的高山濕地、神秘的火山口湖、雪之大谷和雄偉壯觀的水壩等各種大自然景觀。為了保護立山黑部的天然環境，遊覽時必須乘搭六種無污染的交通工具。因高聳的山脈在寒冬積雪深厚，所以每年冬季都會封山，當 4 月中旬開山的時候，國內外的遊客又會蜂擁而至，人潮不絕。

📍 富山縣中新川郡立山町立山駅～長野縣大町市扇沢
📞 +81-76-481-1500（立山黑部綜合案內中心）
🕐 每年 4 月中旬至 11 月
🚫 每年 12 月至翌年 4 月中旬封山
🚌 (1) 電鉄富山駅→立山駅（富山地方鉄道立山線，約 65 分鐘，¥1,230）
　　(2) 信濃大町駅→扇沢（ALPICO 路線巴士，約 40 分鐘，¥1,650）
🌐 立山黑部阿爾卑斯山路線：https://www.alpen-route.com/index.php
　　富山地方鉄道：https://www.chitetsu.co.jp/
　　ALPICO 路線巴士：https://www.alpico.co.jp/traffic/local/hakuba/ogizawa/
　　ALPICO 高速・特急巴士：https://www.alpico.co.jp/traffic/express/

立山黑部阿爾卑斯山脈路線交通：

立山～扇沢全票（有效期5日）：
單程 成人 ¥10,940，小童 ¥5,480；
來回 成人 ¥19,680，小童 ¥9,840。

遊客可預先在網站以信用卡預訂車票，遊覽當日到立山駅或扇沢領取。
（※ 各種交通工具的單一收費請瀏覽網站）

立山
(3,015M)

大觀
(2,31

室堂
(2,450M)

天狗平
(2,300M)

彌陀原
(1,930M)

稱名瀑布

終點下車後**徒步** 30min

探勝巴士
15min

美女平
(977M)

立山駅
(475M)

立山登山纜車
（立山駅→美女平）
7min

立山高原巴士
（美女平→彌陀原→室堂）
30min　20min

立山隧道無軌電
（室堂→大觀峰）
10min

立山登山纜車
立山登山纜車最多可容納120人，
高低落差500米，需時7分鐘。

立山高原巴士
高原巴士全路線高低落差達1,500
米，沿途除了可以欣賞窗外不斷
變化的美景外，車內同時還會播
放精彩視頻介紹風景的特色。

立山隧道無軌電車
唯一通過立山隧道的無軌電車
往來室堂與大觀峰需時10分鐘

「立山黑部アルペンきっぷ」優惠套票

　　JR東海及JR西日本均有推出「立山黑部アルペンきっぷ」的優惠套票，不但包含這六種交通費用，也包括乘搭出發地至立山黑部入口（富山或信濃大町）的新幹線或特急列車往返各一次的費用。優惠套票有效期為8天，分為4種不同路線，出發地包括有靜岡、浜松、名古屋、岐阜、京都、大阪、神戶及姬路，不同出發地有不同票價，詳情請瀏覽網站。

🌐 https://railway.jr-central.co.jp/tickets/otoku_tateyamakurobe/

赤沢岳
(2,678M)

黑部平
(1,828M)

黑部湖　黑部水壩
(1,455M)　(1,470M)

扇沢
(1,433M)

信濃大町　長野

空中纜車	黑部登山纜車（黑部平→黑部湖）	徒步	關電隧道無軌電車（黑部水壩→扇沢）	路線巴士
峰→黑部平）				
min	5min	15min	16min	40min

特急巴士 105min

立山空中纜車
大觀峰和黑部平的空中纜車，可容納80人，高低落差488在7分鐘的空中之旅可360覽山脈和水壩的壯麗風景。

黑部登山纜車
黑部登山纜車，最大斜度達31度，車廂可容納130人，需時5分鐘。

關電隧道無軌電車
來往黑部水壩與扇沢的無軌電車，穿梭於黑部水壩建設期間開挖的隧道，需時16分鐘。

1 立山駅 ~立山黑部（富山縣）門戶

立山駅是立山黑部富山縣的出入口，從電鉄富山駅乘搭「富山地方鉄道立山線」來到立山駅之後，便可購買車票開展立山黑部探索之旅。由於第一程「立山登山纜車」有指定乘車時間，如果打算到稱名瀑布，應先在立山駅前乘搭巴士前往遊覽，其後才返回立山駅購買立山黑部全票開始登山。

立山黑部全票不包括前往稱名瀑布的車費。

立山駅的外觀。

2 稱名瀑布（称名滝）~ 落差日本一

落差 350 米的稱名瀑布，以日本落差最大的瀑布而聞名，更被指定為「國家名勝」、「天然紀念物」、「日本瀑布 100 選」及「日本音風景 100 選」之一，可謂富山縣的秘境。在初春至夏季，因立山大量融雪流入山谷，令水勢更見磅礡，水霧瀰漫的景象實為大自然的傑作。

與此同時，旁邊的ハンノキ瀑布亦因大量融雪而現身，而且落差更達 500 米，形成期間限定的V型瀑布，景色絕妙。在巴士下車處，有一座稱名平休憩所，二樓設有展示館，除了介紹稱名瀑布，也有展示世界各地著名瀑布的資料，增長知識。

左邊是稱名瀑布，右邊是ハンノキ瀑布，每年 4 月至 6 月才能看到的V型雙瀑布。

📍 富山県中新川郡立山町芦峅寺称名平
📞 +81-76-462-1001（立山町觀光協會）
🕐 5 月至 6 月、9 月至 11 月 7:00-18:00，7 月至 8 月 6:00-19:00
🚫 冬季積雪道路封閉
🌐 https://www.town.tateyama.toyama.jp/kankojoho/index.html
🚌 由「立山」駅乘搭「稱名瀑布探勝巴士（秒名滝探勝バス）」，終點下車後徒步 30 分鐘，車程 15 分鐘，車費 ¥500。

巴士時間：https://www.alpen-route.com/timetable/

3 美女平 ~ 享受森林浴

聳立在美女平車站前的美女杉。

位於海拔 977 米的美女平,四周被鬱鬱蔥蔥的原始森林所環繞,除了擁有樹齡 300 年的山毛欅和樹齡超過 1,000 年的立山巨杉之外,亦以能觀察到 60 多種鳥類而成為著名的觀鳥勝地。當夏鳥離去,十月過後樹木迅速染紅,五彩繽紛的山景也美不勝收。

這裡有 4 條散策路線,分為 30 分鐘、60 分鐘、110 分鐘和 150 分鐘的路線。

4 彌陀原(弥陀ケ原)
~ 世界珍貴高山濕地

彌陀原遊步道入口。

彌陀原是位於海拔 2,000 米的高山濕原地帶,約有 3,000 多個大大小小的沼澤散落各處,有「餓鬼田」之稱。這裡有整備完善的木步道,散策路線分為展望台、內回及外回路線,需時約 40 至 90 分鐘而已,沿途可以欣賞許多高山植物之外,也有機會看到神秘奇幻的雲海。

散步在彌陀原可以欣賞雲海、餓鬼田和美麗的山眼,悠然自在。

絢麗的高山小花盛開,治癒我心靈。

5 室堂平
~ 看點最多最熱鬧

位於海拔 2,450 米的室堂，又稱為室堂平，是阿爾卑斯山交通路線的最高點，這裡擁有很多看點和設施，如御庫裏池、地獄谷、天然溫泉及酒店等，是人潮聚集的地方。每年 4 月中旬開山之時，前來觀賞雪之大谷的遊客更是多得驚人，熱鬧氣氛覆蓋室堂。

在海拔 2,450 米的室堂，立山山脈近在咫尺。

約 1 萬年前形成的御庫裏池（みくりが池），是室堂最大的火山口湖，周長 630 米，深約 15 米，池水清澈湛藍，雄偉的山脈倒映在湖面上，景色堪稱一絕，被譽為北阿爾卑斯山最美的火山口湖。

御庫裏池溫泉是日本海拔最高的天然溫泉，源泉是來自地獄谷的白色酸性硫礦泉。這裡除了是住宿旅館，也提供日歸溫泉服務，深受登山客喜愛。
🕐 日歸入浴：9:00~16:00　💴 ¥1,000
🌐 http://www.mikuri.com/

エンマ台（地獄谷展望台）

地獄谷是禁地，只能在展望台觀看煙霧瀰漫的景象。

立山玉殿湧水含豐富礦物質，是「日本名水 100 選」之一。

雪之大谷聞名世界，每年都有許多遊客前來一睹雪壁的震撼魅力。全長約 500 米、最高達 20 米的雪壁，最佳觀賞期為 4 月中旬至 5 月中旬，其後雪壁高度逐漸降低，吸引力亦隨之減少。

6 大觀峰
~ 飽覽壯觀景色

建在懸崖絕壁上的大觀峰，海拔 2,316 米，遊客可走上車站上蓋的展望台，俯瞰黑部湖和後立山連峰的風景。這裡還有手信店和大觀峰雲上 Terrace 等設施。

從大觀峰乘坐立山空中繩車，緩緩前行欣賞四季變換的大自然全景，無比壯觀。

7 黑部平
~ 賞景與賞花

在車站外的黑部平庭園。

海拔 1,828 米的黑部平，車站上蓋的觀景展望台可欣賞雄偉的群山和黑部水壩的風景。附近的高山植物觀察園，蘊藏著多達 100 種的高山植物，隨季節綻放的鮮艷花卉十分吸睛。

從黑部平 Panorama Terrace 欣賞到的壯麗風光。

8 黑部湖・黑部水壩
立山黑部觀光重點

為解決關西地區電力不足而興建的黑部水壩,是黑部川的第四發電站。這個世紀大工程歷經 7 年歲月,終在 1963 年竣工。水壩高度 186 米、長 492 米,總儲水量約 2 億噸,是日本規模最大的拱形水壩。每年 6 月 26 日至 10 月 15 日,遊客都可以觀賞到澎湃壯觀的排水景象,幸運的話還能看到美麗的雙彩虹。滿水時海拔達 1,448 米的黑部湖,環山擁抱碧綠湖水,風景如畫,遊客可以乘坐日本最高處行駛的遊覽船,享受 30 分鐘的遊湖樂趣,記下北阿爾卑斯山獨特的湖上風光。

從水壩展望台可以在最高處觀賞每秒有 10 多噸水排放的壯觀景象。

新展望廣場還有「黑部之物語」參觀設施,讓遊客了解建設水壩的歷史。

黑部水壩餐廳的招牌名物「黑部水壩咖喱」大受歡迎。

在新展望廣場更可以近距離欣賞強勁的排水,感覺更加震撼!

黑部湖遊覽船「ガルベ」

🕐 6 月 1 日至 11 月 10 日 9:00-15:00　💴 成人 ¥1,200・小 / 中學生 ¥600　🌐 https://www.kurobe-dam.com/

⑨ 扇沢 ～立山黑部（長野縣）門戶

扇沢是立山黑部長野縣的出入口，遊客可從 JR 信濃大町駅乘搭路線巴士來到扇沢登上立山黑部。扇沢除了有巴士往來信濃大町之外，也有特急／高速巴士前往長野駅和新宿（預約制），詳情請瀏覽網站。

符さん有感：

立山黑部是十分知名的旅遊熱點，4月至5月可看雪壁、6月至10月可看排水，每年開山隨即人頭湧湧，好不熱鬧。最近這次再訪立山黑部，我卻遇上奇景，就是竟然得我一人獨霸整間酒店，這種好像世界停頓的感覺很可怕。如今疫情遠去，希望人人都可以自由自在，想飛便去飛。

符さん提提您：

在電鉄富山駅及 JR 信濃大町駅前巴士待合所旁均設有行李托運服務。每件收費 ¥2,500，但必須在早上指定時間內辦理托運，同日下午指定時間內領回行李。另外，自駕遊朋友亦可透過網站預約代駕汽車服務（立山駅～扇沢）。

符さん助您安排行程：

遊覽立山黑部可以從立山駅出發至扇沢，又或相反方向從扇沢出發至立山駅，一般都是單一方向前進不走回頭路，一天時間是可遊畢全程。但必須注意旺季時山上每個車站都有可能大排長龍，候車時間會失預算，所以應該盡早出發。如果喜歡大自然和放慢腳步，不妨考慮在山上留宿，彌陀原及堂室都有酒店旅館可供選擇。

黑部市

1 宇奈月溫泉

~ 富山一溫泉鄉

宇奈月溫泉駅前的溫泉噴泉，是溫泉鄉的地標。

位於黑部峽谷入口的宇奈月溫泉，是富山縣規模最大的溫泉鄉。這裡曾是無人居住的桃林，隨著 1923 年成功將黑部川上游的黑薙溫泉引到宇奈月，溫泉旅館便應運而生，並吸引了眾多文人墨客青睞。這裡的泉質溫和，無色透明的弱鹼性單純泉水以能美肌見稱。現時車站附近的黑部川沿岸排列著約十間溫泉旅館，可以盡情享受天然溫泉與大自然絕景的樂趣。

📍 富山縣黑部市宇奈月溫泉
📞 +81-765-62-1021（宇奈月溫泉旅館協同組合）
🌐 https://www.unazuki-onsen.com/
🚃 電鉄富山駅→宇奈月溫泉駅（富山地方鉄道本線，約 1 小時 43 分鐘，¥1,880）

「駅の足湯黑薙」是免費設施，
🕐 8:00-18:00(12 月至 3 月 16:00 止)

溫泉街有一些咖啡店和手信店，環境寧靜舒適

湯めどころ宇奈月

位於溫泉街的「湯めどころ宇奈月」，是宇奈月總湯日歸溫泉設施，在另一出口的前方設有免費足湯「ももはら」。

📍 富山縣黑部市宇奈月溫泉 256 番地 11
📞 +81-765-62-1126   🕐 9:00-22:00   C 星期二（5 月至 11 月只在第 4 個星期二休息）
💰 成人 ¥510，小／中學生 ¥250   🌐 http://yumedokoro-unazuki.jp/top/

黑部川電氣紀念館

位於宇奈月駅對面的黑部川電氣紀念館，是介紹開發黑部川水力發電歷史的參觀設施。

📍 富山県黑部市黑部峽谷口 11　　📞 +81-765-62-1334　　🕐 7:30-18:00（冬季12月至4月中旬9:00-16:00）
📅 冬季逢星期二休息　　💰 免費　　🌐 http://www.kepco.co.jp/

2 黑部峽谷鐵道
（黑部峽谷トロッコ電車）
～大人氣觀光小火車

宇奈月駅的外觀。

日本三大峽谷之一的黑部峽谷，是位於北阿爾卑斯山脈的立山和後立山之間的一個V型峽谷，據說它的深度是全國第一。乘坐觀光小火車穿梭黑部峽谷是十分享受的旅程。這種原作為運送興建水壩建材和工人的鐵道，隨著水壩落成後轉為觀光用途而大受歡迎。鐵道從起點的宇奈月到終點的欅平，全長約20公里，單程需時約80分鐘，小火車緩緩地穿越多道橋樑，欣賞黑部川清澈的溪流和針葉樹的綠意，當踏入秋季時峽谷的紅葉更加壯麗。

從車站附近的やまびこ展望台，可俯瞰小火車途經的第一條橋——新山彥橋。

「普通客車」沒有車窗，開放感十足，拍照最方便。但如果有小朋友同行就要注意安全，入秋也要帶備外套傍身。

「リラックス客車（Relax客車）」設有可開關的車窗，雨天及低溫日子乘坐最安心，不過每程要多付 ¥530。

📍 富山県黑部市黑部峽谷口 11　　📞 +81-765-62-1011　　🕐 請預先瀏覽網站了解最新班次時間
📅 12月至4月中旬　　💰 宇奈月駅～欅平駅來回 成人 ¥3,960，小童 ¥1,980（其他路段個別收費請瀏覽網站）
🌐 https://www.kurotetu.co.jp/　　🚃「宇奈月溫泉」駅徒步3分鐘。

小火車沿途看點：

雖然全線共有10個車站，但當中只有宇奈月、黑薙、鐘釣及欅平可以上落車。沿途有很多看點，要注意車內廣播和提示路牌準備拍照，如果錯過了也可待回程時再看清楚、再拍照呢！

宇奈月水壩建於 2001 年，是黑部峽谷最新的一座水壩。

高 15 米的猿猴專用吊橋，是貼心的建設。

高 60 米的後曳橋，架設在最深、最險峻的峽谷上

小火車駛過第一道新山彥橋。

| 宇奈月 | 柳橋 | 森石 | 黑薙 | 笹平 |

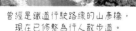
曾經是鐵道行駛路線的山彥橋，現在已修整為行人散步道。

佛石是位於黑部川旁形狀酷似佛像的天然岩石，不過造訪時茂盛的樹葉幾乎遮蓋了佛石，大家可要落足眼力啊！

於 1645 年開湯的黑薙溫泉，宇奈月溫泉的泉源。在黑薙駅後需要徒步 20 分鐘，才可到薙溫泉旅館享受露天秘湯。

🈯 成人 ¥800、小童 ¥300
🕐 入湯：9:00-16:00
C 冬季
🌐 https://www.kuronagi.jp/

建於宇奈月湖畔的新柳河原發電站，外觀是仿照歐洲古堡而建造。

六座山峰爭相較勁聳立，被稱為「出六峰」。

百賞山山上的雪因雪崩而堆積在山谷中，一直持續到冬季降雪，因夏天積雪仍未融化，所以被稱為「萬年雪」。在鐘釣駅下車徒步 3 分鐘可到展望台近距離拍照。

出平　猫又　鐘釣　小屋平　欅平

1985 年落成的出平水壩。

東鐘釣山因形狀像佛寺釣鐘而得名。

欅平駅是小火車的終點，可以在此展開輕鬆散策之旅。

③ 欅平散策遊
~深入探索峽谷風光

欅平是觀賞黑部峽谷風景的最佳地方，擁有不少看點，不妨花一至兩小時在周邊散策一番，讓身心煥然一新。這裡有3條散策路線：來回40分鐘的名劍溫泉路線（欅平駅→奧鐘橋→人喰岩→名劍橋→名劍溫泉）；來回2小時的祖母谷溫泉路線（到達名劍溫泉後繼續前行→祖母谷溫泉→祖母谷地獄）；來回40分鐘的猿飛峽路線（欅平駅→河原展望台→猿飛峽遊步道→猿飛峽展望台）。除了車站設有食店之外，在河原展望台附近的猿飛山莊也有膳食供應。

奧鐘橋高達34米，從橋上可以環顧四周，欣賞絕美的景觀。

隱世秘湯名劍溫泉除了提供住宿，也有日歸溫泉服務，入湯費成人¥800、小童¥550，入湯時間：10:00-15:00，冬季休息。https://meiken-onsen.com/meikensyousai.htm

震懾力十足的人喰岩是人氣打卡點，岩壁形狀好像一張會吃人的大嘴巴而得名。

離車站僅5分鐘步程的河原展望台，可以近距離欣賞峽谷美景，從這裡觀賞到的奧鐘山和奧鐘橋亦格外美麗。

河原展望台的「欅平園地足湯」很受歡迎，源泉是來自祖母谷溫泉。專用足湯需要投入¥200協力金予設施旁邊的協力金箱。

符さん助您安排行程：

如果清早從富山出發，是可以安排即日來回造訪以上黑部市的景點，但遊覽次序應該是乘坐觀光小火車、欅平散策遊，最後返回宇奈月溫泉散步。想再悠閒一點，最好當然是在宇奈月溫泉宿一宵呢！

猿飛峽被指定為特別名勝和天然紀念物，可以欣賞到大自然與山澗溪流的壯觀景色。從河原展望台出發至猿飛峽來回需時30分鐘。造訪時遊步道正在修整禁止通行，真遺憾！

Takaoka・Imizu・Himi

高岡市·射水市·冰見市

在高岡駅外的多啦A夢郵筒，
是採用高岡銅器技術製作而成的。

高岡、射水及冰見是位於富山縣的西北部，以高岡為中心可以開展悠閒輕鬆之旅。高岡擁有縣內唯一國寶瑞龍寺和日本三大佛，其傳統工藝**高岡銅器**亦聞名全國。射水的海王丸公園位處臨近世界上最美麗的海灣之一的**富山灣**。沿著冰見的海岸線，可以隔海觀賞鋪上白雪的立山連峰的絕景。所謂靠海吃海，射水和冰見的海鮮市場正在等候您大駕光臨。在高岡和冰見兩位著名漫畫大師的故鄉，四處都可以看到**多啦A夢和忍者小靈精**的蹤影，無論您今年貴庚，都會感到好氣氛。

高岡駅對面的 WING WING 廣場。

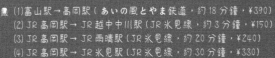

🚃 (1) 富山駅→高岡駅（あいの風とやま鉄道，約18分鐘，¥390）
(2) JR高岡駅→JR越中中川駅（JR氷見線，約3分鐘，¥150）
(3) JR高岡駅→JR雨晴駅（JR氷見線，約20分鐘，¥240）
(4) JR高岡駅→JR氷見駅（JR氷見線，約30分鐘，¥330）
🌐 高岡市觀光情報：https://www.takaoka.or.jp/
射水市觀光情報：https://www.imizu-kanko.jp/
冰見市觀光情報：https://www.kitokitohimi.com/
加越能巴士：http://www.kaetsunou.co.jp/regular/timetable/

① 萬葉線・多啦A夢電車

～粉絲們必坐

萬葉線（万葉線）是行駛高岡市至射水市之間的路面電車路線，由高岡駅至越ノ潟駅共有25個車站。出生於高岡的著名漫畫家藤子.F.不二雄老師的代表作品《多啦A夢》，是擬定於2112年9月3日誕生，為紀念多啦A夢誕生前100周年，萬葉線的多啦A夢列車於2012年9月隆重登場，列車內外滿滿都是作品中的角色，可愛至極。現時多啦A夢列車每天出動8班次（逢星期三休息），如想乘坐滿載夢想與希望的歡樂電車，建議事前瀏覽網站確定班次時間。

💲 所有列車同價，每程成人¥200至¥400，小童半價
🌐 https://www.manyosen.co.jp/

② 瑞龍寺 ～富山縣唯一國寶

高岡山瑞龍寺為曹洞宗的名寺，是加賀藩第3代藩主前田利常為祭拜第2代藩主前田利長而建造的寺廟。當時的名匠山上善右衛門仿照中式寺院的建築風格，歷經20年歲月終在1663年建成了宏偉莊嚴的七堂伽藍。作為江戶初期珍貴的禪宗寺院建築，瑞龍寺一直備受推崇，除了山門、佛殿和法堂被指定為國寶之外，其餘建築如總門、禪堂、大庫裏、大茶堂和迴廊等都被指定為重要文化財產，觀賞價值很高。

穿過雄偉的總門和山門，一個美麗莊嚴的空間展現眼前。

法堂是境內最大的建築物，內殿中央供奉著第2代藩主前田利長。

佛殿內部安放了釋迦如來本尊、文殊菩薩和普賢菩薩。

📍 富山縣高岡市關本町35
🕐 9:00-16:30；12月10日至1月31日9:00-16:00
🅲 休息：年中無休
🌐 https://www.zuiryuji.jp/
📞 +81-766-22-0179
💲 成人¥500，中學生¥200，小學生¥100
🚃 JR「高岡」駅（南口）徒步10分鐘。

③ 高岡大佛 ~ 日本三大佛

高岡大佛為青銅製坐像，與奈良大佛和鎌倉大佛並稱為日本三大佛。據說大佛前身為一座木製佛像，因不幸於 1900 年遭大火焚毀，當地人希望重新打造能抵禦火災的大佛，於是匯聚了傳統鑄銅技術的精髓，於 1907 年開始重建，足足花了 26 年時間，最終在 1933 年鑄造了高約 15.85 米、重達 65 噸的青銅大佛，成為了高岡銅器的象徵而大受注目。

大佛台座下的迴廊內，供奉著 1900 年大火中倖存下來的第 2 代大佛的頭像，牆上亦展示了 13 幅佛畫，可免費內進參觀。

📍 富山縣高岡市大手町 11 − 29
🕐 24 小時；大佛台座迴廊 6:00-18:00
🌐 http://www.takaokadaibutsu.xyz/
📞 +81-766-23-9156
🅲 年中無休
💲 免費
🚃 JR「高岡」駅古城公園口（北口）徒步 10 分鐘。

④ 高岡古城公園 ~ 櫻花紅葉勝地

高岡城始建於 1609 年，是由加賀藩第 2 代藩主前田利長下令興建，城郭早於 1615 年被廢，城址在明治時期開始改建成公園，現有動物園、博物館和射水神社等。雖然古城的建築物已不復見，但 400 年歷史的護城河幾乎能保留原貌，而且四周木種植了櫻花和楓樹，是「國家指定史跡」、「日本歷史公園 100 選」和「櫻花名所 100 選」之一。

射水神社創建於奈良時期，於 1873 年由二上山山麓遷移至古城公園內，自古作為越中總鎮守而受到崇敬。

📍 富山縣高岡市古城 1 − 9
📞 +81-766-20-1563
🕐 24 小時
🌐 http://www.kojyo.sakura.ne.jp/
🚃 (1) JR「高岡」駅古城公園口（北口）徒步 15 分鐘或 JR「越中中川」駅徒步 4 分鐘。
(2) 由「高岡駅」乘搭「万葉線」電車，於「急患医療センター前」下車後徒步 3 分鐘，車程 8 分鐘，車費 ¥200。

⑤ 藤子・F・不二雄故鄉藝廊

~ 一切創作從高岡開始

作為國際著名漫畫家藤子・F・不二雄老師的出生地，高岡是最能感受到老師創作靈感的原點。於 2015 年在高岡市美術館內，誕生了藤子・F・不二雄故鄉藝廊，展出了許多老師在高岡度過少年時期所創作的原畫和生活點滴，許多資料都是在這裡才能看到的珍貴展品。藝廊還會舉辦期間限定主題的企劃展，商店也有不少限定紀念品出售，粉絲們豈能錯過呢！

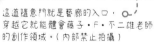

這道隨意門就是藝廊的入口，穿越它就能體會藤子・F・不二雄老師的創作領域。(內部禁止拍攝)

採用高岡傳統產業高岡銅器技術打造而成的多啦A夢像。

藝廊外圍設有小型漫畫區。

「志貴野中学校前」駅是最接近藝廊的萬葉線電車站。

📍 富山縣高岡市中川 1-1-30 高岡市美術館 2 階　　📞 +81-766-20-1170

🕐 9:30-17:00　　📅 星期一（公眾假期則順延至翌日）及 12 月 29 日至 1 月 3 日

💰 成人 ¥500，中學生 ¥300，4 歲以上至小學生 ¥200　　🌐 http://fujiko-artgallery.jp/

🚃 (1) JR「高岡」駅古城公園口（北口）徒步 20 分鐘或 JR「越中中川」駅徒步 2 分鐘。
(2) 由「高岡駅」乘搭「万葉線」電車，於「志貴野中学校前」下車後徒步 10 分鐘，車程 12 分鐘，車費 ¥200。

6 山町筋（土蔵造りのまち並み）

～散步古街感受歷史

全 長600米的山町筋，是江戶至明治時期作為物流中心的繁榮商業街道。由於1900年發生大火，為復興地區而建造了耐火結構的日式土藏倉房，並融合了西式建築風格，令整條街道營造出別樹一格的風情，被評為「國家重要傳統建造物群保存地區」。

📍 富山縣高岡市御馬出町～子馬出町
🚃 (1) JR「高岡」駅古城公園口（北口）徒步10分鐘。
　　(2) 由「高岡駅」乘搭「萬葉線」電車，於「片原町」下車後徒步3分鐘，車程4分鐘，車費¥200。

7 金屋町（格子造りの家並み）

～高岡鑄造發源地

金 屋町是高岡最古老的街道。於1609年，加賀藩主前田利長為振興高岡產業，邀請了來自砺波郡的著名鑄造師到金山町開設鑄造廠，成為高岡鑄造的發源地，並作為銅器產業中心而繁榮起來。現時綿延500米的金屋町，街道兩旁仍排列著木造格子門窗的房屋，與充滿懷舊氣息的石板路完美融合，美麗的街景與復古的氛圍成為不少電影、劇集的取景地，並於2012年被定為「國家重要傳統建造物群保存地區」。

雖然有些店鋪已遷往面積較大的郊區，但仍然有一些老鋪致力在此守業。

📍 富山縣高岡市金屋町
🚃 (1) JR「高岡」駅古城公園口（北口）徒步20分鐘。
　　(2) 由「高岡駅」乘搭「万葉線」電車，於「片原町」下車後徒步10分鐘，車程4分鐘，車費¥200。

⑧ 新湊 Kittokito 市場
（新湊きっときと市場）
～品嘗富山灣海鮮美食

位於新湊漁人碼頭的 Kittokito 市場，大量供應從新湊漁港直送的新鮮海鮮，包括有被稱為富山灣寶石的白蝦、紅楚蟹、螢烏賊、鰤魚和貝類等海產品，還有各式乾貨、土特產和手信，應有盡有，任君選擇。市場內還有海鮮餐廳，可以在眺望帆船海王丸、新湊大橋和立山連峰等迷人的景色下，品嘗鮮味刺身、海鮮丼、特色定食或燒烤海鮮等，美食和美景魅力沒法擋。

📍 富山縣射水市海王町 1　　📞 +81-766-84-1233
🕐 9:00-17:00（各店有異）　　🅲 年中無休（各店有異）　　🌐 http://kittokito-ichiba.co.jp/
🚃 由「高岡駅」乘搭「万葉線」電車，於「東新湊」下車後徒步 8 分鐘，車程 45 分鐘，車費 ¥400。

⑨ 海王丸公園・帆船海王丸
～浪漫優美海灣

面對著美麗的海灣，海王丸公園也被選定為「戀人的聖地」。

公園佔地廣闊，空間感十足，是放鬆身心的好去處。

海王丸公園面前的富山灣，能隔海眺望立山連峰的景觀，被譽為世界上最美麗的海灣之一，令公園也成為浪漫的約會聖地。公園內亦有日本海交流中心、野鳥園和帆船海王丸等設施，所以不僅是情侶，家人朋友也喜歡造訪，是射水市最受歡迎的景點。

帆船海王丸是一艘商船學校的訓練船，自 1930 年下水以來，59 年來航行了 106 萬海里，環繞地球約 50 周，共栽培了 11,190 名年青海員。帆船長年停泊在海王丸公園旁，作為歷史航海博物館公開展示船內的原狀。當帆船展開共 29 幅純白色的帆時，其美麗的化身聳立在海上的姿態，有「海の貴婦人」的美稱。

帆船海王丸每年只會進行 10 次展示 29 幅帆的全帆展，想一睹「海の貴婦人」最美的一刻，似乎有點困難。

📍 富山縣射水市海王町 8
📞 +81-766-82-5181
🕐 公園 24 小時免費開放；帆船海王丸 9:30-17:00
🅲 帆船海王丸逢星期三休息（假期則順延至翌日）及 12 月 29 日至 1 月 3 日
🎫 成人 ¥400、小／中學生 ¥200；家庭券 ¥500（1 名成人 +1 名小／中學生）
🌐 http://www.kaiwomaru.jp/
🚃 由「高岡駅」乘搭「万葉線」電車，於「海王丸」下車後徒步 10 分鐘，車程 47 分鐘，車費 ¥400。

10 新湊大橋
~ 日本海最大斜張橋

新湊大橋是橫跨射水市富山新港的日本海一側最大的斜張橋，上層是行車道，下層是行人專用通道（愛之風 Promenade）。線條端莊優美的大橋，全長 3.6 公里、主橋跨海部分長 600 米、主塔高度 127 米，走上大橋上可以感受海風的吹拂，眺望蔚藍的日本海與雄偉的立山連峰。晚上大橋亮燈下，璀璨的夜景也成為許多攝影師的目標。

新湊大橋線條優美，是賞景的好地方，橋下一帶是當地人的釣魚聖地。

📍 富山縣射水市本町 2-10-30
🕐 行人通道
5 月至 10 月 6:00-21:00；
11 月至 4 月 6:00-20:00
🌐 https://www.imizu-kanko.jp/sightseeing/286/
🚃 由「高岡駅」乘搭「万葉線」電車，於「越ノ潟」下車後徒步 5 分鐘，車程 49 分鐘，車費 ¥400。

從橋上可以看到海王丸公園、立山連峰和能登半島。

前往行人專用通道的升降機入口。

11 雨晴海岸
~ 無法抗拒的絕景

位於高岡與冰見之間的雨晴海岸，水清沙白，礁石與翠綠松林景色十分優美。這裡最大的亮點是天晴的時候，可以從海邊眺望海中女岩融合背後壯麗的立山連峰景色，四季變換的美景令人嘆為觀止，成為攝影師們朝聖之地。

📍 富山縣高岡市太田雨晴
🚃 JR「雨晴」駅徒步 5 分鐘。

據說岸邊的「義經岩」是昔日源義經前往奧州途中等待停雨的地方，也是「雨晴」地名的由來。

商店街附近的光禪寺是老師出生之地，據說
其父親曾是寺院的住持，所以就連光禪寺的
入口處也可看到4尊石造的漫畫人物像。

⑫ 潮風通り商店街（漫畫路）

~緬懷過去‧重拾童趣

富山縣除了有出身於高岡市的著名漫畫家藤子‧F‧不二雄之外，冰見市也出了另一知名漫畫家，就是藤子F老師的小學同學兼舊拍檔藤子不二雄Ⓐ。家喻戶曉的《忍者小靈精》和《怪物小王子》都是藤子不二雄Ⓐ老師的代表作品。從中之橋至北之橋的潮風通り商店街兩側綿延600米，滿滿都是老師筆下作品角色的紀念像，而每個像都裝有感應器，當有人走近便會說話，十分有趣。

📍富山縣冰見市比美町~中央町
🚃(1) JR「冰見」駅徒步12分鐘。
(2) 由JR「高岡」駅前（北口）4號巴士站乘搭「冰見線（冰見市民病院行）」（加越能）路線巴士，於「冰見中央」或「比美町」下車，車程約34分鐘，車費¥320。

令和元年12月竣工

北の橋

264

13 忍者小靈精時計台
（忍者ハットリくんカラクリ時計）

在貫穿市中心的湊川的中之橋和復興橋之間，有一座機械時鐘，忍者小靈精和其他6位人氣角色都會一同登場，在音樂伴奏下表演4分鐘的精彩伴決。表演在每小時的整點播放，周末假日則每隔30分鐘播放一次，冬季暫停。

- 📍 富山縣冰見市比美町・本町
- 🕐 平日 9:00-19:00 內的整點；星期六、日及假期每隔30分鐘（7月至8月 9:00-21:00）
- 🚫 12月中旬至3月中旬
- 🚃 JR「冰見」駅徒步12分鐘／「比美町」（加越能）路線巴士站徒步2分鐘。

14 冰見市潮風藝廊・
藤子不二雄Ⓐ Art Collection

作為漫畫界巨匠的故鄉，除了可在街道上回味陪伴成長的漫畫人物外，也可到位於商店街中央的潮風藝廊參觀，深入了解藤子不二雄Ⓐ老師的漫畫世界。館內設有介紹老師生平的作品年表、展示原畫作品及漫畫圖書室等。

- 📍 富山縣冰見市中央町3番4号
- 📞 +81-766-72-4800
- 🕐 10:00-17:00
- 🚫 12月29日至1月3日
- 💴 成人 ¥200，中學生以下免費
- 🌐 http://himi-manga.jp/shiokaze_gallery/
- 🚃 JR「冰見」駅徒步15分鐘／「冰見中央」（加越能）路線巴士站前。

265

15 冰見漁港場外市場
「冰見番屋街」~ 絕景美食道の駅

位於冰見市海岸的道の駅「冰見番屋街」，是仿照漁民的工作小屋而建成的6棟番屋，現時共有33間店鋪經營，除了售賣富山灣的新鮮水產、山珍海味的特產店外，也有各式餐廳供應迴轉壽司、冰見烏冬、冰見牛及冰見咖喱等美食。飽腹過後，還可以順道泡泡湯，走到岸邊欣賞風景。

- 📍 富山縣冰見市北大町25-5
- 📞 +81-766-72-3400
- 🕐 商店及美食廣場 8:30-18:00；
  食店 11:00-18:00；
  迴轉壽司 10:00-20:00
- ⛔ 1月1日
- 🌐 http://himi-banya.jp/
- 🚉 (1) JR「冰見」駅徒步20分鐘。
  (2) 由JR「冰見」駅前乘搭（加越能）「冰見市街地周遊巴士」，於「ひみ番屋街」下車，車程約12分鐘，車費¥100。

16 冰見溫泉鄉 總湯

總湯是冰見番屋街的附屬日歸溫泉設施，泉水直接由源泉導入，泉質為鹽化物強鹽泉，據說有助促進血液循環，紓緩各種疼痛等。男、女浴場除了有室內浴池外，還有桑拿室和露天溫泉，可以一邊享受泡湯一邊眺望富山灣的風景。

總湯的外觀

- 📍 富山縣冰見市北大町26-78
- 📞 +81-766-74-2611
- 🕐 10:00-23:00；朝風呂7:00開始
  （每月星期六、日及假期）
- ⛔ 年中無休
- 💰 成人（中學生以上）¥700，小學生¥300，3歲以下幼兒¥100
- 🌐 http://himi-banya.jp/onsen/

總湯附近還有可以眺望立山連峰的足湯設施，使用時間：8:30-17:30。

17 比美乃江公園展望台

~ 欣賞誇耀世界的絕景

從能登半島國定公園內的雨晴海岸到冰見海岸一帶，都可以隔著富山灣眺望 3,000 米高立山連峰的雄偉全景，是冰見市自豪的景觀。在冰見番屋街面前有一座外觀吸引的比美乃江公園展望台，天晴的時候就是可以觀賞立山連峰的絕景，如前來冰見番屋街，順道來賞景也不錯呢！

離岸 300 米海中的唐島，是冰見漁港的守護神，被指定為富山縣天然紀念物。

展望台外觀獨特，從遠處看到便吸引人走近它。

📍 富山縣冰見市北大町 25-4
🚋 冰見番屋街徒步 1 分鐘。

最近一次造訪因天色欠佳看不到美景，這是數年前在冰見海岸看到白雪覆蓋立山連峰的景色，美極了！

18 三井 Outlet Park 北陸小矢部

（三井アウトレットパーク北陸小矢部）

於 2015 年開業的三井 Outlet Park 北陸小矢部，是北陸地區首座 Outlet 購物中心。這裡約有 173 間國內外品牌的店鋪，當中 81 個品牌更是首次進駐北陸市場，除了高級時尚服飾、休閒便服雜貨，也有北陸地區特產，商品應有盡有，而且全店都在室內，不受雨雪影響，購物輕鬆自在。此外，這裡還有高度約 50 米的摩天輪及適合小朋友的室外廣場，在購物以外還能享受其他不同的娛樂。

📍 富山縣小矢部市西中野 972-1
📞 +81-766-78-3100
🕐 10:00-20:00；
　餐廳 11:00-21:00；美食廣場 10:30-20:00
🅒 不定休
🌐 https://mitsui-shopping-park.com/mop/oyabe/
🚋 由「高岡」駅乘搭「あいの風とやま鉄道」到「石動」駅下車（約 15 分鐘，￥390），在「石動駅前」轉乘「石動～アウトレットパーク線」（加越能）路線巴士，車程約 9 分鐘，車費￥220。

符さん助您安排行程：

建議以高岡作為住宿據點，安排兩日一夜的行程。雨晴海岸和冰見都是乘坐 JR 冰見線。由高岡駅乘搭萬葉線多啦 A 夢電車，可在終點下車到海王丸散步吃海鮮，然後回程返回高岡市內遊覽。

267

五箇山

Gokayama

五箇山是指富山縣西南部南砺市內的隱世山村地區，由於這裡是**豪雪地帶**，昔日村民想到以茅草建成厚而屋頂傾斜的擋雪房屋，稱為合掌造。時至今日，五箇山的相倉地區和菅沼地區的合掌造集落仍然保存著原始風貌，與岐阜縣的白川鄉合掌造集落同被列為**世界文化遺產**，成為國際知名的旅遊勝地。

雖然，相倉和菅沼的規模及名氣遠遠不及白川鄉，但這兩個小型合掌造比白川鄉較寧靜，少了遊客，多了空間，拍照取景更開心。

🌐 五箇山觀光情報：https://gokayama-info.jp/

世界遺產巴士、穿梭三個合掌造集落

由加越能巴士公司營運的世界遺產巴士,是往來高岡與相倉、菅沼及白川鄉三個合掌造集落的路線巴士,每天運行,不需預約,並有多種優惠券可供選擇。購買地點:加越能巴士乘車券中心(高岡駅車站大樓クルン高岡1F待合所內)。

🌐 http://www.kaetsunou.co.jp/company/sekaisan/

1. 五箇山・白川鄉 Free Pass (五箇山・白川鄉フリーきっぷ)

此券適合由高岡駅出發,來回遊覽相倉、菅沼和白川鄉三個合掌造,有效期2日。

💲 成人 ¥3,500,小童 ¥1,750。

2. 高岡⇒五箇山・白川鄉單程 Free Pass (高岡⇒五箇山・白川鄉片道フリーきっぷ)

此券適合由高岡駅出發,單方向前往相倉、菅沼和白川鄉三個合掌造,有效期2日。

💲 成人 ¥2,000,小童 ¥1,000。

1 相倉合掌造集落

~ 五箇山最具規模合掌造

相倉合掌造集落是五箇山內最具規模、最完整的合掌造集落，約100至350年前建成的合掌造房屋仍有24座屹立至今，除了作為民家之外，還有經營7間民宿、土產店、茶屋、民俗館及和紙製作體驗館等。現時全集落只有數十人在此生活，日間村民熱情招待遊客，晚間與世無爭享受寧靜空間。這裡隨季節變換出各種優美的風景，綠意盎然的山村景色、白雪覆蓋的銀色世界、又或季節性的燈飾點綴，都是令人心曠神怡的美麗風景。

從停車場旁邊沿指示步上相倉集落全景拍照點，合掌造景觀一覽無遺。

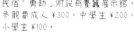
民宿「勇助」附設有養蠶展示館，參觀費成人￥300、中學生￥200、小學生￥100。

參觀「相倉民俗館」可了解昔日村莊的生活模式，收費成人￥300、小／中學生￥150。

📍 富山縣南礪市相倉　　📞 +81-763-66-2123
🕐 8:30-17:00　　　　　📅 年中無休
🌐 http://www.g-ainokura.com/
🚌 由JR「高岡」駅前（北口）7號巴士站乘搭「世界遺產バス五箇山・白川鄉方面」（加越能）巴士，於「相倉口」下車，車程約78分鐘，車費￥1,000。

位於集落中央的「茶店まつや」，逛累了可在此歇息及選購特產。

從展望廣場可俯瞰集落的全景。

2 菅沼合掌造集落

~ 最隱世的原始風光

菅沼合掌造集落位於庄川旁的狹小地段，至今保存著 9 間合掌造房屋，不但規模比相倉細小，而且遊客亦不多，沒有其他合掌造集落的濃厚商業味，是最能感受日本原始的風景，十分珍貴。現在仍然有原住民在此生活，有部分合掌造經營著特產店、食店和茶屋，亦有「塩硝の館」及「五箇山民俗館」參觀設施，而這裡的宿泊設施只有供學校團體住宿的「合掌の里」。

「五箇山民俗館」收藏著 200 多件傳統生活物品，收費成人 ¥210、小／中學生 ¥100。「塩硝の館」及「五箇山民俗館」共通券：成人 ¥300、小／中學生 ¥150。

火藥製造是昔日五箇山的主要產業，在「塩硝の館」可了解有關生產的歷史，參觀費成人 ¥210、小／中學生 ¥100。

📍 富山縣南砺市菅沼
📞 +81-763-67-3008
🕗 8:00-17:00；12 月至 3 月 9:00-16:00
📅 年中無休
🌐 https://suganuma.info/
🚌 由 JR「高岡」駅前（北口）7 號巴士站乘搭「世界遺產巴士五箇山・白川鄉方面」（加越能）巴士，於「菅沼」下車，車程約 93 分鐘，車費 ¥1,200。（由「相倉口」上車則需時 15 分鐘，車費 ¥570）

符さん助您安排行程：

由高岡出發遊覽相倉、菅沼及白川鄉三個合掌造，是可以即日往返。當然，可以選擇單方向前進，遊畢白川鄉後，邁向岐阜縣的景點繼續旅程。

石川 Ishikawa

石川縣

石川縣位於日本北陸地方，面向日本海，鄰接福井縣、岐阜縣和富山縣。在古今並存的金沢市，既有名園、茶屋街和武家屋敷等歷史觀光地，也有海鮮市場和購物街。自然資源富饒的能登半島，沿著海岸處處都是絕妙美景，還有千年歷史的人氣朝市。如果鍾情泡溫泉，具有 1,300 年歷史的加賀溫泉鄉有四個各具特色的溫泉區，總有一個合您心意。

🌐 石川縣觀光情報：https://www.hot-ishikawa.jp/

Kanazawa
金沢

位 於石川縣中央的金沢市，是縣政府的所在地，也是縣內最大的城市。金沢是北陸地方的核心都市，重要的交通樞紐，加上具備宜古宜今的魅力，成為深受歡迎的觀光地。這裡擁有日本三大名園中最具人氣的兼六園、濃厚江戶風情的三大茶屋街及展示現代藝術作品的金沢21世紀美術館等。石川縣臨近日本海，要品嘗海鮮美食，必去有金沢市民廚房之稱的近江町市場。金箔製品是金沢的名物，市內隨處都可見各式豐儉由人的金箔商品，作為手信是最佳選擇。

🚄 (1) JR富山駅 → JR金沢駅（北陸新幹線，約19分鐘，¥3,390(指定席)）
 (2) JR名古屋駅 → JR金沢駅（JR特急しらさぎ号，約3小時，¥7,860(指定席)）
 (3) JR新大阪駅 → JR金沢駅（JR特急サンダーバード号，約2小時40分鐘，¥8,190(指定席)）
 (4) 名鐵巴士中心(JR名古屋駅) → 金沢駅前東口（名鐵.北鐵高速巴士，約3小時50分鐘，¥3,600至¥5,500)

🌐 金沢市觀光情報：https://www.kanazawa-kankoukyoukai.or.jp/
 名鐵高速巴士：http://www.meitetsu-bus.co.jp/express/index
 北陸鐵道：http://www.hokutetsu.co.jp/

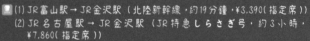

城下町金沢周遊巴士（城下まち金沢周遊バス）

北陸鐵道公司營運的「城下町金沢周遊巴士」，分為左行（綠色）及右行（紅或藍色）兩條循環路線，均由 JR 金沢駅東口 6 號巴士站出發，途經市內主要觀光景點，十分方便。周遊巴士每天由 8:30 至 18:05 運行，每隔 15 分鐘一班次，單程車費：成人 ¥200，小學生 ¥100。如打算多次乘搭周遊巴士及其他市內北鐵巴士，建議購買「金沢市內一日乘車券」，除了能節省車資，憑券也可以享有部分景點的入場折扣。

🎫 一日乘車券：成人 ¥600，小學生 ¥300　　購買地點：北鐵駅前 Centre（JR 金沢駅東口）及酒店
🌐 http://www.hokutetsu.co.jp/tourism-bus

①JR金沢駅
~ 世界上最美麗的車站之一

位於 JR 金沢駅兼六園口（東口）的鼓門，於 2005 年落成，外觀獨特而為人所知。鼓門的設計靈感來自金沢傳統能樂表演中使用的大鼓，高 13.7 米，具有兩根粗大的柱子，非常吸睛。金沢駅曾入選世界上最美麗的 14 個車站之一，一直是遊客打卡熱點。

駅前經常聚集了大量打卡的遊客，十分誇張。

晚間會打上不同色彩的燈光，更加夢幻優美。

②金沢百番街 ~ 買手信最方便

位於 JR 金沢駅內的金沢百番街，分為あんと、あんと西館及 Rinto 三個區域。這裡雲集人氣特色手信、工藝品、雜貨、時尚服飾、超市、藥妝店及各式金沢餐飲美食，十分好逛又方便。

📍 石川県金沢市木ノ新保町 1-1　　📞 +81-76-260-3700
🕐 商店 8:30-20:00；餐廳 11:00-22:00；Rinto 10:00-22:00
📅 各店有異　　🌐 https://www.100bangai.co.jp/
🚃 JR「金沢」駅內。

275

③ 近江町市場

據說從 1690 年到 1721 年之間，金沢城下町發生了多次火災後，市內的市場便陸續集中起來，隨著時代的變遷而發展成 300 年歷史的近江町市場，名副其實是「金沢市民的廚房」。場內超過 180 間店舖，售賣日本海的新鮮海鮮、蔬果、肉類、乾貨、特產、鮮花及生活雜貨等。不過，對遊客來說最吸引還是有很多選擇，價廉美味的食店，如海鮮丼、鰻魚、串燒、拉麵、燒烤海鮮等，是金沢的人氣景點。

~ 金沢市民的廚房

海鮮美食最受歡迎，但要有心理準備，排隊的人龍很長啊！

📍 石川縣金沢市上近江町 50
📞 +81-76-231-1462
（近江町市場商店街振興組合）
🕘 9:00-17:00（日用品店至 20:00）；
飲食店 11:00-23:00（各店有異）
🅲 1月1日至1月4日（各店有異）
🌐 https://ohmicho-ichiba.com/
🚃 (1) JR「金沢」駅（東口）徒步約15分鐘。
(2) 由 JR「金沢」駅（東口）6 至 9 號巴士站乘搭「北鐵巴士」或「城下町金沢周遊巴士（左回りルート）」，於「武蔵ヶ辻・近江町市場」下車，車程約5分鐘，車費￥200。

④ 尾山神社

尾山神社在市內名氣很大，和漢洋式神門令人印象深刻。

建於 1873 年的尾山神社，供奉著加賀藩初代藩主前田利家和他的妻子。神社最大亮點是被指定為國家重要文化財產的神門，其集結了日式、中式和西式風格的三層式設計，鑲嵌在頂層的彩色玻璃尤為奪目，還有日本現存最古老的避雷針，看點甚多。境內的神苑別稱為樂器之庭，是一個模仿古代舞樂樂器的池泉迴遊式庭園，可以一邊想像著樂器的形狀，一邊漫步在寧靜的花園中，是金沢市的指定名勝。

~罕有的和漢洋式神門

前田家 300 年的仁政深深地被敬仰，境內有一座威武的前田利家公像。

拜殿莊嚴宏偉甚具氣派。

📍 石川県金沢市尾山町 11-1
📞 +81-76-231-7210
🕐 8:30-18:00
🅲 年中無休
🌐 http://www.oyama-jinja.or.jp/
🚌 由 JR「金沢」駅（東口）6 號巴士站乘搭「城下町金沢周遊巴士（左回ルート）」或於 7 號巴士站乘搭「金沢大学線（93、94、97号）」北鐵巴士，於「南町・尾山神社」下車後徒步 3 分鐘，車程約 7 分鐘，車費 ¥200。

⑤ 香林坊・片町

~ 金沢最繁華購物區

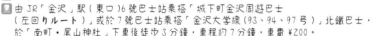

香林坊至片町一帶是金沢市著名的繁華地區，除了老字號百貨公司 DAIWA、東急廣場及香林坊 Atrio 之外，亦有很多海外知名品牌和各式精選店舖。由於兼六園及金沢 21 世紀美術館等旅遊名勝近在咫尺，所以這裡一年四季都吸引著許多購物客，是金沢的中心地標。

📍 石川県金沢市香林坊~片町　🕐 各店有異　🅲 各店有異
🚌 由 JR「金沢」駅（東口）6 號巴士站乘搭「城下町金沢周遊巴士（左回ルート）」或於 3 號、7 至 10 號巴士站乘搭「北鐵巴士」，於「香林坊」下車，車程約 9 分鐘，車費 ¥200。

⑥ 竪町商店街

~ 潮店雲集

竪 町商店街是在香林坊附近一條 430 米長的購物街。街道兩旁林立著約 200 間店舖,其特色是出售比較年輕化的潮流商品,亦是很多初創品開業之地,無論服裝、飾物、雜貨、工藝品及特色 Café 都一應俱全,是金沢潮流地帶,年青人最愛的購物天地。

- 📍 石川縣金沢市竪町
- 📞 +81-76-232-2244
- 🕐 各店有異
- 📅 各店有異
- 🌐 https://www. tatemachi.com/
- 🚌 由「香林坊」或「片町」巴士站徒步約 5 分鐘。

⑦ 長町武家屋敷跡

距 離熙熙攘攘的香林坊只有數分鐘步程的長町,有著完全不一樣的古樸氛圍,讓人能瞬間體驗金沢市宜古宜今的特色。長町武家屋敷跡曾經是加賀藩的中、上級武士的宅邸地區,在火災和戰爭中倖存下來,至今仍能保留著當時風貌的土牆、石板小巷等古街景色,被指定為「傳統環境保護區域」及「景觀地區」,極為珍貴。散步在這歷史小巷,還可以參觀高田家跡和野村家等武家屋敷。

~ 鬧市中心的古街

- 📍 石川縣金沢市長町
- 🚌 由「香林坊」巴士站徒步約 5 分鐘。

足輕資料館

足 輕是指武士僱用的步兵。足輕資料館是將兩棟藩政時代的足輕宅邸重建後,作為免費展館向公眾介紹足輕的職務和日常生活的情況。

- 📍 石川縣金沢市長町 1-9-3
- 📞 +81-76-263-3640
- 🕐 9:30-17:00
- 📅 年中無休
- 💰 免費

舊加賀藩士高田家跡

高田家遺跡將昔日藩政時代的長屋門修復後對外開放。長屋門是指位於狹長屋舍中央的門，在武家宅邸當中極具特色。

📍 石川縣金沢市長町 2-6-1
🕐 9:30-17:00　📅 年中無休　💰 免費

野村家 ～ 豪華氣派武家屋敷

野村家是唯一對外開放的武家屋敷。在前田家統治的時代，世代都擔任要職的野村家，其宅邸的建築具有豪華氣派，庭園還有 400 年樹齡的楊桃古樹，圍繞名石奇岩的流水景觀，受到外界高度讚譽。

📍 石川縣金沢市長町 1-3-32
📞 +81-76-221-3553
🕐 8:30-17:30；10 月至 3 月 8:30-16:30
📅 1 月 1 日至 2 日及 12 月 26 日至 27 日
💰 成人 ¥500，小 / 中學生 ¥250　🌐 http://www.nomurake.com/

8 金沢市老舖紀念館

金沢市老舖紀念館原是創業於 1579 年的「中屋藥舖」，由中屋家捐贈予金沢市，經修復後於 1989 年對外開放，是傳遞昔日金沢傳統文化信息的紀念館。館內重現江戶時代商家的面貌，一樓是中屋店舖，二樓則展示老舖昔日售賣的用具和金沢婚禮儀式相關的用品等。

📍 石川縣金沢市長町 2-2-45
📞 +81-76-220-2524
🕐 9:30-17:00　📅 星期一（公眾假期則順延至翌日）及 12 月 29 日至 1 月 3 日
💰 成人 ¥100，中學生以下免費　🌐 http://www.kanazawa-museum.jp/shinise/top.html
🚌 由「香林坊」巴士站徒步約 5 分鐘。

館前的 "Colour Activity House" 作品,由青、紫紅及黃色組成,隨著環境變化或人的移動會產生不同顏色的影象。

⑨金沢21世紀美術館

～作品精彩 · 趣味無窮

從地面看似是滿水的泳池,但其實池水只是一層薄玻璃,這是 "Swimming Pool" 好玩之處,所以開館至今仍然是人氣第一的打卡作品。

於2004年開館的金沢21世紀美術館,採用大量玻璃設計建成的圓形外觀,猶如飛碟降落在金沢市中心,非常獨特。這是一個以觀賞、觸摸及感受現代藝術展品的美術館,館外內都有很多精彩作品,而最具代表性是由阿根廷藝術家 Leandro Erlich 所設計的 "Swimming Pool"。館外與館內的交流區是免費參觀,但個別展覽項目需要收費,包括 "Swimming Pool" 的內部參觀。

※ 進入 "Swimming Pool" 內部參觀需提前網上預約。

作品 "Klangfeld Nr.3 für Alina" 共有12個低音大號形狀的管子散佈在館外,其中兩條管子在地底連接,可讓聲音傳到意想不到之處。

館內還有很多打卡位,少女們玩得很開心。

館後的2016年「まる」作品,也是美術館的另一象徵。

📍 石川縣金沢市広坂1-2-1　　📞 +81-76-220-2800
🕙 10:00-18:00;星期五及星期六 10:00-20:00
🅲 星期一(公眾假期則順延至翌日)及年末年始(有臨時休館)
🆘 交流區免費參觀;個別展覽會收費請瀏覽網站　🌐 https://www.kanazawa21.jp/
🚌 由JR「金沢」駅(東口)6號巴士站乘搭「城下町金沢周遊巴士」或於3號、7號巴士站乘搭「北鐵巴士」,於「広坂・21世紀美術館」下車,車程約10至20分鐘,車費¥200。

石川縣・金沢

⑩ 石浦神社

據 說神社是始建於古墳時代（547 年）的三輪神社，直到明治時期改名為石浦神社，是金沢市現存最古老的神社。神社供奉安產之神及姻緣之神，所以很多人都來參拜祈求愛情圓滿，也有孕婦祈願生育順利，是深受女性歡迎的能量點。

～金沢市最古老的神社

📍 石川県金沢市本多町 3 丁目 1-30
📞 +81-76-231-3314　🕐 24 小時
🅒 年中無休　💴 免費
🌐 http://www.ishiura.jp/
🚌 由「広坂・21 世紀美術館」巴士站下車即到達。

⑪ 金澤神社～祈願學業有成

鄰 近兼六園隨身坂口的金澤神社，是由加賀藩第 11 代藩主前田治脩為保護兼六園於 1794 年創建。神社是供奉前田家祖先有學問之神之稱的菅原道真，對祈求學業有成、生意興隆及遠離厄運而著名，全年參拜者眾多，尤其是祈願升學順利的學生特別多。

📍 石川県金沢市兼六町 1-3　📞 +81-76-261-0502　🕐 24 小時
🅒 年中無休　💴 免費　🌐 http://www.kanazawa-jj.or.jp/
🚌 由「広坂・21 世紀美術館」巴士站徒步 3 分鐘。

⑫ 成巽閣～華麗精細江戶建築

成 巽閣位於兼六園內（隨身坂口），是由前田家第 13 代藩主前田齊泰於 1863 年為母親而建造的御殿。由於成巽閣保存了當時前田家珍貴的文物，被指定為國家重要文化財產，其優美的庭園亦被指定為國家級風景名勝區。現時成巽閣作為博物館，全年通過各種主題舉辦展覽項目，展示前田家相關的建築物、庭園、工藝品和珍貴資料等。

📍 石川縣金澤市兼六町 1-2　📞 +81-76-221-0580　🕐 9:00-17:00
🅒 星期三（公眾假期則順延至翌日）及 12 月 29 日至 1 月 2 日
💴 企劃展 成人 ¥700，中學生 ¥300，小學生 ¥250；
　　特別展 成人 ¥1,000，中學生 ¥400，小學生 ¥300
🌐 http://www.seisonkaku.com/　🚌 兼六園隨身坂口，金澤神社旁邊。

⑬ 兼六園 ～日本三大名園之首

日本三大名園中最具名氣的兼六園，也被指定為國家特別名勝，全年造訪客絡繹不絕。兼六園最初是由第5代藩主前田綱紀於1676年建造，其後前田家後代將庭園陸續擴建。現時庭園佔地約11萬平方米，園內的徽軫燈籠、霞之池、蓬萊島及唐崎松等看點很多，每個季節更可欣賞各種自然美態。春天的櫻花、初夏的杜鵑、秋天的紅葉、冬天的雪吊等點綴庭園，四季景色豐富多彩。

※ 日本三大名園：石川縣兼六園、茨城縣偕樂園及岡山縣後樂園。

兼六園的代表性景觀，集結了徽軫燈籠、唐崎松及霞之池。

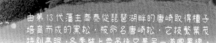
由第13代藩主齊泰從琵琶湖畔的唐崎取得種子培育而成的黑松，被命名為唐崎松，它枝繁葉茂特別亮眼。冬季裝上雪吊後又是另一道園景線。

人氣 No.1

徽軫燈籠

櫻花滿開之時，花見橋一帶特別美麗。

📍 石川県金沢市兼六町1　📞 +81-76-234-3800
🕐 7:00-18:00；10月16日至2月8:00-17:00　　📅 年中無休（時雨亭由12月29日至1月3日休息）
🎫 成人￥320，6歲至18歲￥100（※ 兼六園+1個設施共通券￥500）
🌐 http://www.pref.ishikawa.jp/siro-niwa/kenrokuen/
🚌 由JR「金沢」駅（東口）6號巴士站乘搭「城下町金沢周遊巴士（右回リルート）」或於3號、6號、7號巴士站乘搭「北鐵巴士」，於「兼六園下・金沢城」下車，車程約15分鐘，車費￥200。

⑭金沢城公園

~古城重現

作為金沢市象徵的金沢城,曾是加賀歷代藩主前田家 280 年的居城。金沢城始建於 1580 年,加賀藩始祖前田利家於 1583 年入城後開始正式築城。於 1602 年,天守閣被雷擊燒毀後沒再重建,而改為建造三階櫓。城池經歷多次火災及重建,最終在 1898 年毀於大火後,只剩下石川門、三十間長屋及鶴丸倉庫,這些珍貴遺跡已被指定為國家重要文化財產。於 1996 年金沢城被整備為公園免費開放,而在 2001 年亦已復原菱櫓、五十間長屋和橋爪門續櫓的歷史建築,重現了昔日古城的面貌。

於 1788 年重建的石川門,被指定為國家重要文化財產。

📍 石川県金沢市丸の内 1-1　　📞 +81-76-234-3800
🕐 7:00-18:00;10 月 16 日至 2 月 8:00-17:00;菱櫓・五十間長屋・橋爪門續櫓 9:00-16:30
🅲 年中無休
🈯 免費入園;菱櫓・五十間長屋・橋爪門續櫓:成人 ¥320,6 歲至 18 歲 ¥100
　　(※ 兼六園 +1 個設施共通券 ¥500)
🌐 http://www.pref.ishikawa.jp/siro-niwa/kanazawajou/　　🚋 兼六園旁邊。

兼六園與石川門之間粉櫻怒放,美得震撼我心。

參觀菱櫓、五十間長屋及橋爪門續櫓,可以了解金沢過去的歷史。

玉泉院丸庭園於 2015 年重建而成,庭園之名是來自 2 代藩主利長正室玉泉院。

在金沢城西側的鼠多門及鼠多門橋,是根據文獻繪圖資料於 2020 年 7 月復原的。

⑮ 東茶屋街（ひがし茶屋街）

金沢的茶屋是江戶時代藝伎演奏樂器和表演舞蹈的娛樂場所，也就是招待富有貴族及商人的宴客地方。金沢有著名的三大茶屋街，包括東茶屋街、西茶屋街及主計町茶屋街，當中以東茶屋街最熱鬧，特色最多。現時在東茶屋街上，仍然可以看到近200年歷史令人驚嘆的傳統木造建築，充滿古雅風情，已被指定為「國家重要傳統建築物群保存地區」。這些古老建築現已被改成料理店、咖啡店、傳統工藝店和紀念品店等，吸引眾多來自國內外的遊客。

~體驗傳統茶屋風情

擁有美麗格子窗戶的木造建築和石板路的古街，晚上還會傳來三味線的聲音，瀰漫著濃濃的江戶時代氣氛。

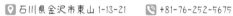

📍 石川県金沢市東山　🕐 各店有異　🅲 各店有異
🚌 由JR「金沢」駅（東口）6號巴士站乘搭「城下町金沢周遊巴士（右回りルート）」或「東山線北鐵巴士」，於「橋場町」下車後徒步3分鐘，車程約10分鐘，車費¥200。

志摩 ~ 國家重要文化財產

建於1820年的志摩，是可以付費入內參觀的茶屋。遊客可以細賞傳統茶屋的內部構造，也可以參觀昔日藝伎的物品，還可以看著優雅的庭園，品味抹茶和菓子，感受悠閒的日本風情。

📍 石川県金沢市東山1-13-21　📞 +81-76-252-5675
🕐 9:30-17:30；12月至2月 9:30-17:00　🅲 年中無休
💰 成人 ¥500，小/中學生 ¥300
　（茶室「寒村庵」：抹茶+生菓子 ¥700／乾菓子 ¥500）
🌐 http://www.ochaya-shima.com/

懷華樓

懷華樓是東茶屋街中最大的一座茶屋，參觀設施是要收費的。內裡的榻榻米茶室和朱紅色的階梯，都重現昔日的茶屋風情，還可以享用金箔製作的茶點和選購原創商品。

📍 石川縣金澤市東山1-14-8　📞 +81-76-253-0591　🕐 10:00-17:00　🅲 不定休
💰 成人 ¥750，小/中學生 ¥500　🌐 http://www.kaikaro.jp/

16 主計町茶屋街 ~ 絕美的拱橋與茶屋

主計町茶屋街就在東茶屋街附近，也被指定為「國家重要傳統建築物群保存地區」。茶屋是沿著淺野川而建，從淺野川大橋觀望一排排古建築，景致十分美麗。在每年春季，櫻花、拱橋與茶屋合併出十分迷人的畫面，但這裡有別於東茶屋街的熱鬧，遊客比較疏落，環境寧靜舒適，在此散步更能感受到閒逸的茶屋風情。

建於 1922 年大正時期的淺野川大橋，是全長 54.5 米、寬 16.5 米的三道拱形橋，也是金沢市的代表性標誌，已被登錄為有形文化財產。

📍 石川県金沢市主計町
🚌 由「橋場町」巴士站徒步 5 分鐘。

17 西茶屋街（にし茶屋街）

西茶屋街是金沢三大茶屋街之中，規模最細的，它的位處是越過犀川大橋約 500 米的地方，但因鄰近香林坊和妙立寺，所以也能吸引遊客順道一遊。到了黃昏時分，這裡也能聽到三味線的樂音，別有一番風味。

📍 石川県金沢市野町 2 丁目
🚌 由 JR「金沢」駅（東口）6 號巴士站乘搭「城下町金沢周遊巴士（左回りルート）」或於 8 號至 10 號巴士站乘搭「北鐵巴士」，於「広小路」下車後徒步 3 分鐘，車程約 15 分鐘，車費 ¥200。

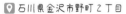

箔座ひかり藏

箔座是金沢市金箔名店之一。在東茶屋街的分店「箔座ひかり藏」，除了可以選購許多金箔商品和食品外，也可以參觀店內中庭的「黃金之藏」，閃閃發光的黃金，即使得不到，看看都開心。

📍 石川県金沢市東山 1-13-18　📞 +81-76-251-8930
🕐 9:30-17:30　🅒 年中無休
🌐 https://www.hakuza.co.jp/shop/hikarikura/

18 妙立寺 ～ 神秘的忍者寺

妙立寺是日蓮宗派的寺院，由加賀藩第3代藩主前田利常於1643年創立。最初建寺是作為前田家的祈願寺院，但其後為了預防德川幕府的監視，前田家在妙立寺的外圍建造了一批武士可以居住的寺院群，而妙立寺則成為監視所，並在寺內增設了許多隱藏機關，具備迷惑外敵的功能。因建築結構複雜，所以妙立寺又被稱為忍者寺，而並非真正有忍者在此。參觀妙立寺事前需要致電預約，或現場預約剩餘名額，並由導遊陪同參觀，過程約45分鐘。為保護珍貴的古建築，館內禁止攝影和穿鞋，未就學兒童不能參觀。

妙立寺十分受歡迎，每天人山人海，的而且確參觀寺內的機關很有趣味，值得一看。

境內的垂枝櫻十分漂亮。

📍 石川縣金澤市野町1-2-12　📞 +81-76-241-0888　🕐 9:00-16:00　📅 1月1日及佛教法要日
🎫 成人 ¥1,200，小學生 ¥800　🌐 http://www.myouryuji.or.jp/　🚌 由「広小路」巴士站徒步3分鐘。

19 湯涌溫泉鄉 ～ 金沢の奧座敷

遠離市中心的寧靜溫泉鄉，開湯已有1,300年。相傳於718年，當地一位農夫看到一隻白鷺在泉水中療癒而發現了湯涌溫泉。據說昔日這裡是加賀藩的御用溫泉地，所以備受珍視，有「金沢の奧座敷」的美稱。湯涌溫泉鄉規模不大，只有九間旅館，也有著名的總湯「白鷺之湯」日歸溫泉設施。

「白鷺之湯」
🕐 7:00-22:00
📅 每月第3個星期四休息
🎫 成人 ¥420，小學生 ¥130，幼兒 ¥50

白鷺之湯」門外設有免費足湯，使用時間：9:00-21:00。

📍 石川県金沢市湯涌町イ1番地
📞 +81-76-235-1040（湯涌溫泉觀光協會）
🌐 https://www.yuwaku.gr.jp/
🚌 由JR「金沢」駅（東口）6號巴士站乘搭「湯涌線北鐵巴士」，於「湯涌溫泉」下車，車程約55分鐘，車費 ¥610。

符さん助您安排行程：

金沢市除了郊外的湯涌溫泉外，其他景點都很集中，一天可以逛很多地方。遊覽以上景點可以安排兩天時間。

Noto
能登半島

能登半島位於石川縣的北部，左邊緊貼日本海，另一側面向富山灣，整個半島被指定為能登半島國定公園。這裡的自然資源十分豐富，沿著海岸遊覽盡是風光旖旎的名勝，如嚴門、曾曾木海岸、聖域の岬、見附島等，都是令人讚嘆的大自然傑作。作為世界首個農業遺產的白米千枚田，當地市民及志願者合力保留梯田的原始風貌，景色很美，背後努力付出的人心更美。在半島北部的輪島市，其著名傳統工藝輪島漆器和千年歷史的輪島朝市，是遊客必買必訪之地。要在能登半島留宿，首選當然是名氣超凡的和倉溫泉。能登半島位置別樹一方，仍然保留著純樸的鄉土風情，只要您到訪過，很可能像我一樣，給它迷住了！

🚃 (1) JR 金沢駅 → JR 羽咋駅 (JR 七尾線，約 57 分鐘，¥830 或 JR 特急列車，約 32 分鐘，¥2,720(指定席))
(2) JR 金沢駅 → JR 七尾駅 (JR 七尾線，約 1 小時 27 分鐘，¥1,230 或 JR 特急列車，約 52 分鐘，¥3,120(指定席))
(3) JR 金沢駅 → JR 和倉溫泉駅 (JR 特急能登 かがり火号／サンダーバード号，約 1 小時，¥3,300(指定席))
(4) 和倉溫泉駅 → 穴水駅 (能登鐵道七尾線，約 33 分鐘，¥690)
(5) 穴水駅前 → 輪島駅前 (北鐵奧能登巴士 (穴水輪島線)，約 39 ～ 53 分鐘，¥760)
(6) 金沢駅西口 → 輪島駅前／輪島マリンタウン (輪島 MarineTown)
(北鐵奧能登巴士 (輪島特急)，約 2 小時 14 ～ 36 分鐘，¥2,300)
🌐 能登半島廣域觀光協會：https://www.notohantou.com/
北鐵能登巴士／北鐵奧能登巴士：http://www.hokutetsu.co.jp/route_timetable
能登島交通：https://www.notojimakotsu.com/　　　能登鐵道：http://www.nototetsu.co.jp/
珠洲巴士：https://www.city.suzu.lg.jp/soshiki/2/1046.html

北鐵定期觀光巴士

能 登半島大部分景點都是乘搭巴士前往，但巴士的班次十分疏落，所以參加觀光巴士一天遊就方便得多。除了到下列指定地方預先購票外，亦可以網上預約。

① 北鐵駅前中心（JR 金沢駅東口），電話：076-234-0123

② 北鐵能登巴士和倉溫泉中心（和倉溫泉巴士總站），電話：0767-62-2840

③ 北鐵奧能登巴士輪島旅行中心，電話：0768-22-2314

🌐 http://www.hokutetsu.co.jp/tourism-bus/oneday_bus

金沢駅出發 ~ わじま号

觀光路線：

金沢駅東口→輪島ふらっと訪夢→輪島朝市・輪島塗會館→白米千枚田→
輪島キリコ會館→（午膳）→巖門（車窗）→千里浜→金沢駅西口

※ 遇上輪島朝市休息會改往道の駅珠洲鹽田村

💰 成人 ¥7,700，小童 ¥4,800（輪島ふらっと訪夢上車：成人 ¥5,700，小童 ¥3,800）

和倉溫泉出發 ~ あさいち号

觀光路線：

和倉溫泉巴士總站→輪島ふらっと訪夢→輪島朝市・輪島塗會館→
輪島キリコ會館→（午膳）→巖門→妙成寺→千里浜→金沢駅西口

※ 遇上輪島朝市休息會改往總持寺祖院

💰 成人 ¥7,200，小童 ¥4,700（輪島ふらっと訪夢上車：成人 ¥6,200，小童 ¥4,200）

※ 以上是撰書時的觀光巴士行程路線，由於觀光景點或會作出更改，
請務必瀏覽網站以了解最新安排。

① 千里浜
（千里浜なぎさドライブウェイ）

千里浜是現時日本唯一可以在沙灘上駕車的海濱，無論是普通私家車、電單車、單車甚至巴士，都可以駛進千里浜享受這獨特的駕駛樂趣。千里浜全長約8公里，從宝達志水町今浜海岸至羽咋市的千里浜為止，許多自駕遊人士專程到此一遊兜兜風，欣賞醉人的落日餘暉。

📍 石川県羽咋市千里浜町
🕐 24小時
🅲 強風或大浪時會關閉
🌐 https://www.city.hakui.lg.jp/kankou/kankoushisetsu/3168.html
🚗 自駕遊可使用今浜IC、のと里山海道千里浜IC。（由金沢駕車到千里浜約45分鐘）

千里浜在強風或大浪時會關閉，這次我沒運了！

能登千里浜 REST HOUSE

能登千里浜REST HOUSE就在千里浜的終點位置，內裡設有紀念品店、Café和餐廳，是一個舒適的歇息地。

📍 石川県羽咋市千里浜町夕4-1
📞 +81-767-22-2141
🕐 商店10:00-17:00；Café 10:00-18:00；餐廳11:00-16:00
🅲 年中無休
🌐 https://www.chirihama.co.jp/
🚶 由JR「羽咋」駅徒步約1.8公里，需時約20分鐘。

② 氣多大社

~ 祈求戀愛成就

氣多大社創建於 2,000 年前，根據《萬葉集》中的記載，昔日稱為氣太神宮，直到大正時代被列為國幣大社，成為能登一之宮，並改稱為氣多大社。神社供奉的大國主神是姻緣之神明，對祈求良緣有利，因此成為女性的能量神社。境內的本殿、拜殿、神門等 5 座建築物已有數百年歷史，被指定為重要文化財產，非常珍貴。氣多大社在當地名氣非凡，是能登市民慶祝節日和舉辦儀式的重地。

建於 1584 年的神門。

建於 1653 年的拜殿。

📍 石川縣羽咋市寺家町ク 1-1
📞 +81-767-22-0602
🕐 8:30-16:30；夏季 8:30-18:00　　🅲 年中無休　　💰 免費　　🌐 https://www.keta.jp/
🚍 由 JR「羽咋」駅前乘搭前往「富來」北鐵能登巴士，於「一ノ宮」下車後徒步 5 分鐘，車程約 10 分鐘，車費 ¥250。

---

③ 妙成寺 ~ 北陸唯一木造五重塔

建於 1614 年的本堂。

建於 1618 年的五重塔，是妙成寺的象徵。

創建於 1294 年的妙成寺，由日像上人開山，是佛教日蓮宗的總寺院，也是能登最大的寺院。寺院內被指定為重要文化財產的 10 座建築物，是從初代加賀藩前田家歷經五代所建造，特別是第 3 代藩主前田利常建造了本堂、祖師堂及五重塔等作為其母親的壽福院殿。寺院最受注目的是北陸唯一的木造五重塔，為江戶時代初期的建築傑作。

📍 石川縣羽咋市瀧谷町ヨ 1　　📞 +81-767-27-1226　　🕐 8:00-17:00；11 月至 3 月 8:00-16:30
🅲 年中無休　　💰 成人 ¥500，小／中學生 ¥300　　🌐 http://myojoji-noto.jp/
🚍 由 JR「羽咋」駅前乘搭前往「富來」北鐵能登巴士，於「妙成寺口」下車後徒步 10 分鐘，車程約 19 分鐘，車費 ¥440。

④ 巖門 ~ 能登金剛代表名勝

巖門是一個突出於海的岩石，因被日本海洶湧的波濤長期侵蝕下，形成了一個寬 6 米、高 15 米、深 60 米的大洞門，洞門上還長滿了老松樹，獨特的自然景觀成為能登金剛地區的代表名勝，日落時分的景色特別壯麗。能登金剛一帶還有不少奇岩絕壁，風景引人入勝，乘坐遊覽船就能穿梭巖門、千疊敷岩、鷹之巢岩、碁盤島等，近距離欣賞這大自然的雕刻品。

左邊是鷹之巢岩，右邊就是巖門。

乘坐遊覽船就可以穿越巖門，感受大自然的力量。

穿過幸福之巖門橋，可到達展望台俯瞰海岸美景。

能登金剛的風景開闊壯麗。

📍 石川県羽咋郡志賀町富来牛下巖門
📞 +81-767-42-0355（志賀町觀光協會）
🌐 https://shika-guide.jp/
🚌 由 JR「羽咋」駅前乘搭前往「富来」北鐵能登巴士，於「牛下」下車後徒步 1.3 km 約 16 分鐘，車程約 55 分鐘，車費 ¥980。

能登金剛遊覽船

📍 石川県羽咋郡志賀町富来牛下巖門
📞 +81-767-48-1261
🕐 9:00-16:00
🚫 11 月中旬至 3 月中旬
🎫 成人 ¥1,400，小學生 ¥700
🌐 https://ganmon.jp/

登船處就在能登金剛中心附近，船程約 20 分鐘，乘坐遊覽船可以仔細觀賞在陸上看不到的風景。

⑤道の駅　能登食祭市場

鄰近七尾駅及和倉溫泉的能登食祭市場，一樓有銷售來自日本海的海鮮、能登特產、工藝品的店舖，也有壽司店和海鮮燒烤店等；而二樓全是美食餐廳。雖然市場規模不大，但勝在可以品嘗到附近海域捕獲的新鮮海產，如果打算前往和倉溫泉，也值得順道一遊。

毛がに
1ケ ¥5500

📍 石川県七尾市府中町員外13－1
📞 +81-767-52-7071
🕐 8:30-18:00
🅲 星期二及1月1日（7月至11月不休息）
🌐 http://www.shokusai.co.jp/
📱 (1) JR「七尾」駅徒步10分鐘。
　　(2) 由「和倉溫泉」巴士站乘搭「和倉線（七尾駅前方面）」北鐵能登巴士，於「能登食祭市場」下車，車程約16分鐘，車費￥360。

⑥ 和倉溫泉 ～能登半島溫泉代表

和倉溫泉起源於1,200年前，最初溫泉湧出地是在藥師嶽的西側，但後來因地震致地殼變動，泉水的湧出口移至離岸60米的海中。其後一對捕魚夫婦看見受傷的白鷺在海上治療身體，就確認了溫泉的存在。於1611年，加賀藩第2代藩主前田利長到此療病後給予高度讚許，溫泉隨即聲名遠播。從德川幕府時期的宮廷貴族、富商、畫家、詩人，以至明治時代的許多皇族，都喜愛來和倉溫泉泡湯，名氣賣在超凡。這裡的源泉是約80度的無色透明高溫泉水，由於是海之溫泉，含鹽量特別豐富，據說有殺菌、保濕和美肌三種功效。現時和倉溫泉約有二十多間旅館，是能登地區很受歡迎的溫泉勝地。

鎮守在和倉溫泉的少比古那神社。

遊客可在湯元廣場一邊享用免費足湯設施，一邊自製美味溫泉蛋。雞蛋可在附近店鋪購買，一般浸泡15分鐘便可以品嘗略帶鹽味的溫泉蛋（冬季需時約20分鐘）。

📍 石川縣七尾市和倉町
📞 +81-767-62-1555
　（和倉溫泉觀光協會）
🌐 https://www.wakura.or.jp/
🚌 由「和倉溫泉駅前」乘搭「和倉線」北鐵能登巴士，於終點站下車，車程約5分鐘，車費￥170。

在弁天崎源泉公園也可享用手湯和製作溫泉蛋。

位於湯足公園的「妻戀舟之湯」，是景觀絕美的免費足湯設施，可觀賞和倉溫泉對岸的能登島和能登大橋等風景。

和倉溫泉總湯

於 2011 年開館的總湯，是和倉溫泉的日歸溫泉設施，使用 100% 源泉的泉水，場內分別有大、小浴場、露天風呂、桑拿室，設備齊全。

館外也有規模不少的免費足湯設施。

📍 石川縣七尾市和倉町ワ部 5-1　📞 +81-767-62-2221　🕐 7:00-21:00
🅲 每月 25 日（如是星期六、日則順延至星期一）　💰 成人 ¥490，小學生 ¥130，未就學幼兒 ¥50
🌐 http://www.wakura.co.jp/　🚌 和倉溫泉巴士總站附近。

渡月庵 ～ 大正浪漫の宿

建 於大正四年 (1915 年) 的渡月庵，是和倉溫泉最古老的建築物。渡月庵是「數寄屋」風格的建築，一直保存著大正時代的氛圍，設計十分雅致，非常吸晴，吸引許多遊客來打卡留念。

📍 石川縣七尾市和倉町夕部 1 番地　📞 +81-767-62-1788
🏠 一泊二食每位 ¥26,400 起　🌐 http://togetsuan.jp/
🚌 和倉溫泉巴士總站徒步 3 分鐘。

符さん提提您：

如 果一天內多次乘搭和倉線巴士（七尾駅前至和倉溫泉之間），可購買「ななおわく楽」北鐵能登巴士一日乘車券，成人 ¥500、小童 ¥250。購買地點：七尾駅前中心、和倉溫泉中心或和倉線巴士內。

⑦ 能登島大橋

於 1982 年通車的能登島大橋，全長 1,050 米，連接七尾市和能登島，是石川縣最長的橋樑。白色的大橋呈現優美的曲線，架在湛藍平靜的大海之中美麗至極，經常吸引很多遊客到大橋入口的展望台眺望大橋與海景。

～ 藍海與白橋之美

📍 石川縣七尾市石崎町～能登島須曾町
🚌 由「和倉溫泉駅前」/「和倉溫泉」乘搭「曲線（のとじま臨海公園方面）」（能登交通）巴士，於「能登島大橋入口」下車，車程約 14 / 9 分鐘，車費 ¥300。

⑧ 能登島水族館（のとじま水族館）

於 1982 年開館的能登島水族館，是石川縣唯一的水族館，也是能登島的人氣觀光設施。館內展示了約 500 種合共 40,000 隻在能登半島附近海域棲息的海洋生物，包括海豚、企鵝，以及日本海側唯一的鯨鯊等。水族館每天有多場海豚、海獅表演，也有無比可愛的企鵝散步和餵食海豚等節目，互動體驗很受小朋友歡迎。開館 40 周年以來，水族館都吸引著不少和倉溫泉的造訪客順道一遊，享受簡單卻歡樂的時光。

符さん提提您：

和 倉溫泉旅館住客可向旅館購買往來和倉溫泉與能登島水族館的（能登島交通）一日巴士乘車券，成人 ¥1,000、小童 ¥500。

📍 石川県七尾市能登島曲町 15-40　📞 +81-767-84-1271
🕐 9:00-17:00；12 月 1 日至 3 月 19 日 9:00-16:30
🅲 12 月 29 日至 31 日
💰 成人 ¥1,890、中學生以下（3 歲以上）¥510　🌐 https://www.notoaqua.jp/
🚌 由「和倉溫泉駅前」/「和倉溫泉」乘搭「曲線（のとじま臨海公園方面）」（能登島交通）巴士，於終點站下車，車程約 36／31 分鐘，車費 ¥640。

⑨ 能登酒莊

創業於 2005 年的能登酒莊，擁有日本海側最大的葡萄園，能充分利用能登半島的自然風貌和氣候，使用有蠔殼的土壤培植優良的葡萄品種，釀造出濃郁果味和香氣的葡萄酒。酒莊設有免費參觀活動，每日兩場次 (11:00 及 14:00)，每次 20 分鐘，由職員帶領並介紹釀酒工序及設備等，但必須事前網上預約。酒莊還有不用預約的商品區，顧客可以免費品酒，以及選購葡萄酒和其他特產。

📍 石川県鳳珠郡穴水町字旭ケ丘リ 5-1
📞 +81-768-58-1577
🕐 9:00-17:00；12 月至 2 月 9:00-16:30
📅 12 月 31 日至 1 月 2 日　💰 免費
🌐 https://www.notowine.com/
🚃 能登鐵道「穴水」駅乘搭的士約 15 分鐘。

在免費品酒區可以挑選自己喜愛的口味（駕駛者請勿飲酒）。

館內還出售多種以葡萄製成的商品，如蛋糕、啫喱等。

⑩ 總持寺祖院

總持寺祖院是由瑩山紹瑾禪師於 1321 年開山，正式名稱為諸嶽山總持寺，作為曹洞宗的大本山而興盛起來。於 1898 年，寺院被大火燒毀了許多建築物，因此 1910 年將本山遷至神奈川縣橫濱市的鶴見，總持寺則成為祖院。其後，重建了山門、佛殿等，連同大火中倖存的傳燈院、慈雲閣及經藏的建築，仍不失其原有的威嚴氣派。總持寺祖院設有坐禪體驗、禪修住宿及精進料理（素食），但必須提前預約。

📍 石川県輪島市門前町門前 1-18-1
📞 +81-768-42-0005
🕐 8:00-17:00　📅 年中無休
💰 參拜費 成人 ¥500，中學生 ¥400，小學生 ¥200；坐禪體驗 每人 ¥1,000；禪修住宿 (1 泊 2 食) 每人 ¥6,500；精進料理 ¥3,000／¥4,000
🌐 https://noto-soin.jp/
🚃 (1) 由能登鐵道「穴水」駅前乘搭「穴水線」北鐵奧能登巴士，於「門前總持寺前」下車，車程約 37 分鐘，車費 ¥690。
　　 (2) 由「輪島駅前」乘搭「輪島線」北鐵奧能登巴士，於「門前總持寺前」下車，車程約 37 分鐘，車費 ¥760。

於 1932 年重建的山門，正面匾額上的「諸嶽山」三字是由舊加賀藩第 16 代的前田利為題字。

建於 1743 年的經藏，是由加賀藩第 6 代藩主前田吉德捐贈，被指定為石川縣重要文化財產。

法堂（大祖堂）供奉著開山始祖瑩山紹瑾及多位禪師。

⑪ 輪島朝市

~ 日本三大朝市

提到輪島,最廣為人知應該是輪島朝市。據說早在平安時代開始,輪島市民都會在神社的祭禮日聚在一起以物易物,直到明治時期更發展至每天舉行集會。時至今日,這千年歷史的朝市已聲名遠播,是日本三大朝市之一。每天早上8時至中午時分,在全長360米的朝市通的兩旁,有100多個攤檔出售新鮮漁獲、海產乾貨、農產品、手工藝品及名物輪島塗等,充滿親和力的婆婆們不斷叫賣,朝市朝氣勃勃,顧客逛得開心。

※ 日本三大朝市:石川縣輪島朝市、岐阜縣高山市朝市及千葉縣勝浦朝市。

- -

📍 石川県輪島市河井町朝市通り
📞 +81-768-22-7653(輪島市朝市組合)
🕗 8:00-12:00
🅲 每月第2及第4個星期三及1月1日至3日
🌐 https://asaichi.info/
🚇「輪島 Marine Town」徒步2分鐘/「輪島駅前」徒步10分鐘。

符さん有感:

這次來到輪島旅遊,某個晚上在輪島 Marine Town 巧遇「捕蟹解禁日」的大食蟹活動,我和朋友買了10隻肥美的香箱蟹一同分享(每隻¥500),心感幸運之餘,也因為是唯一的海外遊客受到傳媒訪問,首次在日本報章、電視亮相,留下了一段十分難忘、有趣的回憶。

⑫ 白米千枚田

～世界初の農業遺產

白米千枚田是奧能登具代表性的梯田風景名勝，被選為「日本棚田100選」和「國家指定文化財產名勝」之外，還在2011年成為首個被登錄的「世界農業遺產」。白米千枚田是位於面對日本海的高洲山麓的陡峭斜坡上，共有1,004塊大小不一的稻田，由於又小又狹窄，耕種機械無法進入，水稻播種和收割都是由當地居民和志願者合力完成，致力保留原始風光。綠色梯田與蔚藍大海相映成趣，夕陽襯托梯田亦格外美麗，是攝影愛好者的拍攝天堂。每年秋冬休耕季節，梯田間的燈飾在入夜後會點亮，形成不一樣的風景畫作。

11月中旬造訪，收割後的梯田略為遜色。

入夜後燈飾點亮，心情雀躍起來。燈光每隔15分鐘變換著藍、綠、金和粉紅四種顏色。

📍 石川縣輪島市白米町八部99番地5
🕐 24小時　💰 免費
🌐 https://wajima-senmaida.jp/
🚌 由「輪島駅前」乘搭「町野線」北鐵奧能登巴士，於「白米千枚田」下車，車程約18分鐘，車費¥480。

⑬ 曾曾木海岸

～浪漫散步聖地

長約2公里的曾曾木海岸，被指定為國家名勝和天然紀念物。在這裡可以看到怪石嶙峋、斷崖絕壁和珍奇瀑布等天然景觀。從海岸的象徵景點窗岩開始散步，經過戀人聖地，最後到達垂水瀑布都只不過半小時，可以輕鬆打卡，既開心又浪漫。曾曾木海岸在冬季還可以看到能登的著名風景畫「波の花」，當季候風強勁的日子裡，海浪拍打在岩石上會形成白色泡沫，像雪一樣覆蓋在海岸上，景象奇特壯觀。

📍 石川縣輪島市町野町曾々木
📞 +81-768-32-0408（曾曾木觀光協會）　🌐 http://noto-sosogi.com/
🚌 由「輪島駅前」乘搭「町野線」北鐵奧能登巴士，於「曾々木口」下車，車程約33分鐘，車費¥760。

窗岩

約1,500萬年前的流紋岩，因經歷長年累月洶湧的海浪侵蝕，岩石的中央形成一個直徑約2米的洞，如窗戶一樣透光而被命名為「窗岩」，是曾曾木海岸最具代表的打卡點。當日落時分，如碰上好運，可以觀賞到夕陽落在窗洞的迷人絕景。

夫婦岩（蛙岩）

窗岩附近有不少奇岩異石，當中最有趣莫過於「夫妻岩」，由於看起來像兩隻凝視大海的青蛙，所以又被稱為「蛙岩」。

The Kissing Tunnel（せっぷんとんねる）

這裡曾是電影拍攝場地，男女主角在此深情熱吻的一幕令人印象深刻，所以被稱為"The Kissing Tunnel"。隧道被指定為「戀人の聖地」，據說如果兩個人一起穿過隧道，他們的愛情就會圓滿。從隧道出口回頭一看，還有心形燈飾呈現眼前，既驚喜又浪漫。

垂水瀑布（垂水の滝）

落差約30米的「垂水瀑布」，像白絲般從山上直奔大海，在日本是十分罕見。在能登寒冷的冬季，從日本海吹來的強風將瀑布吹向空中，蔚為奇觀，所以也被稱為「吹上瀑布」。

⑭ 道の駅珠洲鹽田村

（道の駅すず塩田村）

位於珠洲市的道の駅珠洲鹽田村，除了有銷售特產的商品區之外，還設有鹽之資料館（揚浜館）參觀設施。珠洲市是日本唯一仍保留世界上最原始的「揚げ浜式」製鹽法，即是將海水灑在鹽田上，形成濃鹽水後再煮沸，製成富含礦物質的天然食鹽，與500年前的製鹽法大致相同。資料館可以了解日本鹽的歷史，也可看到來自世界各地獨特的鹽展品外，還可以參觀製鹽的工序，十分有趣，也長知識。每年5月至9月，可參與製鹽體驗，但必須提前預約。

工人是在館外的海中直接取水製鹽。

📍 石川県珠洲市清水町1-58-1　📞 +81-768-87-2040
🕐 9:00-17:00；12月至2月 9:00-16:00　📅 年中無休
💰 免費；
　　鹽之資料館（揚浜館）成人 ¥100，小/中學生 ¥50；
　　製鹽體驗 ¥500 至 ¥7,000
🌐 http://enden.jp/
🚌 由「曽々木口」乘搭「大谷飯田線」或「狼煙大谷線」珠洲巴士（免費），於「珠洲塩田村」下車，車程11分鐘。
（※只在平日運行）

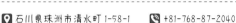
工人在製成的鹽中篩出雜質後進行包裝。

鍋爐房是用柴火煮鹽的小屋。

⑮ 祿剛埼燈塔

～ 日出日落盡收眼底

祿剛埼燈塔位於能登半島的最前端，外浦與內浦的交界位置，以能夠在同一個地方看到海上的日出和日落而聞名，而天晴時也能遠眺立山連峰和新潟縣的佐渡。這座白色燈塔由英國技師設計，於1883年落成至今仍然點亮，一直守護海上船隻的安全。燈塔只能外觀，平常不設內進參觀，但每年都有幾次對外開放。因燈塔具有歷史價值，分別入選了「日本燈塔50選」、「近代化產業遺產」和「戀愛燈塔」之一。

16 珠洲岬 （聖域の岬）

一來到珠洲岬的停車場，就被這座獨特的石雕吸引著。

珠洲岬是祿剛崎、金剛崎及長手崎的總稱，是位於能登半島的最頂端，被認為是日本三大 Power Spot 之一，又被稱為「聖域の岬」。珠洲岬是很特殊的自然界地形，是暖流與寒流碰撞的地方，所以能匯聚大量的自然氣息，令人可以吸收天地之力的強大能量點。這裡設有一座突出懸崖的空中展望台 "Sky Bird"，可以俯瞰腳下美麗的海灣和隱世溫泉旅館。沿著展望台延伸的長廊前進，就可到達「青の洞窟」吸收強勁的天地靈氣，探索內裡的神秘景象。

～日本三大能量景點

※ 日本三大能量景點：石川縣聖域の岬、長野縣分杭峠及山梨縣富士山。

珠洲岬下方的「ランプの宿」，是創業超過440年的秘湯旅館。

空中展望台和青の洞窟的售票處。

突出懸崖的空中展望台，高9.5米，確實有點驚險刺激的感覺。

青の洞窟被認為是一個凝聚了能量的洞窟，可以實現婚姻、財運及事業等願望。

洞窟內的大佛雕像。

- 📍 石川県珠洲市三崎町寺家 10-11
- 📞 +81-768-86-800
- 🕐 8:30-17:00（冬季至 16:30）
- 🅲 年中無休
- 💰 空中展望台 成人 ¥500，小學生 ¥100；
  青の洞窟 成人 ¥1,200，小學生 ¥100；
  空中展望台＋青の洞窟共通券 成人 ¥1,500，小學生 ¥200
- 🌐 https://www.lampnoyado.co.jp/
- 📖「葭ヶ浦」巴士站徒步 10 分鐘。
  (1) 由「すずなり館前」乘搭「狼煙飯田海線」珠洲巴士（免費），於「葭ヶ浦」下車，車程約 47 分鐘。
  (2) 由「狼煙」乘搭「狼煙飯田海線（能登飯田方面）」則需時 5 分鐘。

- 📍 石川県珠洲市狼煙町イ-51　🕐 24 小時
- 🌐 https://www.hot-ishikawa.jp/spot/6182
- 📖「狼煙」巴士站徒步 10 分鐘。
  (1) 由「曾々木口」/「珠洲塩田村」乘搭「狼煙大谷線」珠洲巴士（免費），於「狼煙」下車，車程約 52／41 分鐘。
  (2) 由「曾々木口」/「珠洲塩田村」乘搭「大谷飯田線」珠洲巴士（免費），於「すずなり館前」下車（車程約 49／38 分鐘），再轉乘「狼煙飯田山線」或「狼煙飯田海線」，於「狼煙」下車，車程約 46／52 分鐘。
  (3) 由「金沢駅西口」乘搭「珠洲特急線（途經穴水駅前）」北鐵奧能登巴士，於「すずなり館前」下車，車程約 3:03分，車費 ¥2,730，再轉乘「狼煙飯田山線」或「狼煙飯田海線」。

17 見附島（軍艦島）~ 能登の象徵

作為能登象徵的見附島，外觀極像一艘軍艦漂浮在海岸邊，所以也被稱為軍艦島。而見附島其名的由來，相傳是因為弘法大師從佐渡初訪能登之時，第一眼就看見此島而得名。見附島前有一條小石路，當潮退時可以行近小島。這裡不但是觀賞日出的好地方，而且天晴的日子也可眺望立山連峰的景色。見附海岸一帶也是戀人的聖地，情侶們可以敲響結緣之鐘來表達愛的宣言，甜蜜浪漫。

- 📍 石川縣珠洲市宝立町鵜飼
- 🌐 https://www.hot-ishikawa.jp/spot/6554
- 🚌 (1) 由「**すずなり館前**」乘搭「穴水珠洲線」北鐵奧能登巴士，於「見附島口」下車後徒步5分鐘，車程約25分鐘，車費￥340。
  (2) 由「**金沢駅西口**」乘搭「珠洲特急線（途經穴水駅前）」北鐵奧能登巴士，於「珠洲鵜飼」下車後徒步17分鐘，車程約2:53分，車費￥2,600。

18 戀路海岸 ~ 淒美的愛情故事

漂浮在海岸上的一座弁天島是戀路海岸的象徵。從弁天島至見附島全長3.5公里的海岸線被稱為「**えんむす海灘**」，亦即是戀路海岸的所在地。這裡流傳著一段淒美的愛情故事：約在700年前，助三郎與鍋乃相戀之時，因受情敵所害而葬身大海，其後鍋乃亦投海隨之而去。自此以後，這裡就被稱為「戀路」，如今亦設置了二人的銅像、紀念碑和幸福之鐘。因戀路海岸之名極之浪漫，所以成為情侶的拍拖聖地，每年盛夏也是受歡迎的暢泳之地。

- 📍 石川縣鳳珠郡能登町恋路
- 🌐 https://www.hot-ishikawa.jp/spot/5311
- 🚌 由「**すずなり館前**」乘搭「穴水珠洲線」北鐵奧能登巴士，於「恋路浜」下車後徒步1分鐘，車程約31分鐘，車費￥430。

據說如果情侶一同敲響幸福之鐘便會得到幸福。

鳥居和弁天島是戀路海岸的象徵。

⑲ 戀路駅
～小火車小玩意

距離幸福之鐘只有3分鐘步程的戀路駅，原是能登鐵道能登線的其中一個車站，雖然2005年能登線被取消，但因為戀路駅的名字特別，仍然吸引許多造訪客，所以車站一直得以保留，成為觀光景點。遊客可以透過預約，乘坐由宗玄酒造營運的「奧能登トロッコ鉄道」腳踏小火車，往來戀路駅至宗玄隧道之間，欣賞戀路海岸的自然風光，玩味十足。

📍 石川県鳳珠郡能登町恋路
📞 +81-80-8698-2559
（或致電宗玄酒造 +81-768-84-1314）
🕐 9:00-17:00（或因疫情暫停）
🚫 雨天及冬季
💴 成人 ¥500，小學生以下 ¥300
🌐 https://notocho.jp/experience/1317/

符さん提提您：

景點14至16所提及的珠洲巴士是免費的，但只在平日運行，星期六、日及12月29日至1月3日休息。

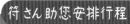

符さん助您安排行程：

遊覽能登半島最理想當然是自駕遊，建議安排三日兩夜的行程，可跟隨以上順路的介紹而遊覽景點，在和倉溫泉及輪島住宿。因為巴士班次真的很疏落，所以如果是自由行的話，還是建議參加觀光巴士遊覽景點。如果以和倉溫泉為住宿據點，再可自行前往觀光巴士不到的能登食祭市場及能登島水族館；而在輪島住宿前往曾木海岸就很方便。

Kaga Onsen
加賀溫泉鄉

石川縣西南部的加賀溫泉鄉，由四個溫泉區組成，包括山代、山中、片山津及粟津溫泉。山代溫泉最具規模，總湯位處的「湯の曲輪」街道滿滿古老溫泉文化氣息。山中溫泉擁有鶴仙溪名勝，就連松尾芭蕉也深愛此地。片山津溫泉位於柴山潟湖畔，以能觀賞每天七變的湖水顏色和白山連峰聞名。粟津溫泉歷史最悠久，附近也有紅葉仙境那谷寺。除了溫泉、美景、名寺外，加賀溫泉的九谷燒和漆器等工藝品亦相當有名。

国指定名勝
奇岩遊仙境

🚇 (1) JR名古屋駅 → JR加賀溫泉駅（JR特急しらさぎ号，約2小時32分鐘，¥7,090(指定席)）
 (2) JR新大阪駅 → JR加賀溫泉駅（JR特急サンダーバード号，約2小時15分鐘，¥7,420(指定席)）
 (3) JR金沢駅 → JR加賀溫泉駅（JR北陸本線，約52分鐘，¥770，JR特急列車，約25分鐘，¥2,460(指定席)）
 (4) 由「金沢駅西口」乘搭「溫泉特急線」北鐵加賀巴士，可直接到達片山津溫泉、山代溫泉及山中溫泉，全日兩班次，車程約43～70分鐘，車費¥1,160至¥1,370。

🌐 加賀溫泉鄉觀光情報：https://www.tabimati.net/
 北鐵加賀巴士：http://www.hokutetsu.co.jp/route_timetable

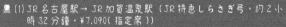

加賀周遊巴士 CAN BUS（キャン・バス）

遊 覽加賀溫泉鄉各景點，最方便是乘搭加賀周遊巴士 CAN BUS。CAN BUS 共有 5 條路線，包括：海まわり線、山まわり線、加賀小松線、加賀越前線及小松空港線，全部由 JR 加賀溫泉駅出發，設有 1 日乘車券及 2 日乘車券，憑券可無限乘搭 5 線巴士之外，並可享有部分景點及購物的折扣優惠。

💴 1 日乘車券：成人 ¥1,100，小學生 ¥550
　 2 日乘車券：成人 ¥1,300，小學生 ¥650
　 購買地點：JR 加賀溫泉駅內的觀光情報中心及 CAN BUS 內均可購買
🌐 http://kaga-canbus.jp/

① 山代溫泉～加賀溫泉鄉最大規模

山代溫泉現時約有 20 間旅館經營。

📍 石川県加賀市山代溫泉
📞 +81-761-77-1144
　（山代溫泉觀光協會）
🌐 https://yamashiro-spa.or.jp/
🚌 (1) 由 JR「加賀溫泉」駅前乘搭「山まわり線」CAN BUS，於「山代溫泉 總湯・古総湯」下車，車程約 39 分鐘。
　 (2) 由 JR「加賀溫泉」駅前乘搭「溫泉山中線」北鐵加賀巴士，於「山代溫泉」下車，車程約 13 分鐘，車費 ¥250。

開 湯至今已有 1,300 年歷史的山代溫泉，據說是行基僧侶前往白山靈峰修行途中，看到一隻翅膀受傷的八咫烏在水中療傷而發現了溫泉。山代溫泉在江戶時代曾作為加賀藩的溫泉地而繁榮起來，到了明治時代以後亦受到許多大文豪青睞。昔日被稱為「湯の曲輪」的街道是這溫泉地的中心，這裡有總湯、古總湯兩座共同浴場、足湯、旅館和商店，即使到現在仍然滲透出濃厚的古老溫泉文化氣息。

總湯

作為日歸溫泉的總湯，其歷史可追溯到江戶時代。現在總湯的入口善用了老字號的吉野家旅館的大門作裝潢，延續古老溫泉街的歷史景觀。其小賣店出售含有溫泉蛋的雪糕很受歡迎，即使不泡湯也可購買，絕對不容錯過。

必吃雪糕

人氣溫泉蛋雪糕有雲呢拿及抹茶兩種味道，滑滑美味有特色，售價只是¥400。

- 📍 石川縣加賀市山代溫泉万松園通2番地1
- 📞 +81-761-76-0144
- 🕐 6:00-22:00
- 📅 每月第4個星期三 6:00-12:00
- 💰 成人¥490，6歲至12歲¥130，3歲至5歲¥50

古總湯

古總湯是復原了明治時代的總湯原貌的另一所日歸溫泉設施，不僅其外觀，連內裡的休息區、浴場的地板和牆壁上都裝滿著九谷燒瓷磚，讓湯客能享受懷舊氛圍的泡湯樂趣。

- 📍 石川縣加賀市山代溫泉18の128番地
- 📞 +81-761-76-0144
- 🕐 6:00-22:00；12月至2月 7:00-21:00
- 📅 每月第4個星期三的6:00-12:00
- 💰 成人¥500，6歲至12歲¥200，3歲至5歲¥100

源泉足湯

在總湯旁設有免費足湯，是源用100%山代源泉，開放時間：8:00-21:00、11月至3月8:00-18:00。

藥王院溫泉寺

鎮守在溫泉街中心的藥王院溫泉寺，是由高僧行基於725年發現山代溫泉後創立。寺內收藏了平安時代初期的十一面觀世音菩薩像和鎌倉時代的不動明王像，均被指定為國家重要文化財產。

- 📍 石川縣加賀市山代溫泉18-40甲
- 📞 +81-761-76-1155
- 🕐 24小時
- 🚌 (溫泉山中線)「山代溫泉」巴士站徒步5分鐘。

服部神社

於 874 年創立的服部神社,曾於 1552 年被燒毀,直到 1873 年才在現址重建。境內有一棵樹齡超過 200 年的大樹,秋季時染紅的樹木無比壯麗,是山代溫泉著名的神社森林景觀。

📍 石川県加賀市山代溫泉 18 - 7 丁
📞 +81-761-76-0349
🕐 24 小時
🚇 鄰接藥王院溫泉寺。

魯山人寓居跡いろは草庵

於 1915 年,藝術家北大路魯山人 (1883-1959) 曾造訪山代溫泉,為旅館雕刻招牌期間,初次接觸了陶藝。在他逗留的半年間,透過體驗北陸的陶藝,最終亦成為了偉大的陶藝家。「いろは草庵」就是當時魯山人下榻的住處,這座建於 1870 年的兩層高木造建築,已登錄為國家有形文化遺產,並於 2002 年對外開放,讓公眾參觀的部分包括雕刻工作室、書房、茶室和展示室(土藏)等。

📍 石川県加賀市山代溫泉 18 - 5　📞 +81-761-77-7111
🕐 9:00-17:00　🅲 星期三(公眾假期不休息)
💰 成人 ¥560,75 歲以上 ¥280,中學生以下免費
🌐 https://iroha.kagashi-ss.com/
🚇 服部神社鳥居旁邊。

九谷燒窯跡展示館 ～ 國家指定史跡

九谷燒是指日本一種彩繪陶瓷,起源於石川縣南部的加賀市,已超過 360 年歷史。其特點是使用九谷五彩(紅、綠、紫、藍、黃)上繪,色彩鮮艷亮麗,因此深受國內外人士喜愛。在館內可以看到建於江戶時代的九谷窯遺跡和現存最古老的九谷窯,是國家指定歷史遺跡。除了參觀各種古陶瓷之外,還可以參與陶瓷上繪體驗的工作坊。

九谷窯遺跡。

建於昭和 15 年 (1940 年) 的九谷窯。

📍 石川県加賀市山代溫泉 19 の 101 番地 9
📞 +81-761-77-0020　　🕐 9:00-17:00
🅲 星期二(公眾假期照常開放)及年末年始
💰 成人 ¥350,75 歲以上 ¥170,中學生以下免費;上繪體驗 ¥3,000
🌐 https://kutani-kamaato.com/taiken/
🚇 (1) 由 JR「加賀溫泉」駅前乘搭「山まわり線」
　　CAN BUS,於「九谷燒窯跡展示館」下車,車程約 41 分鐘。
　(2) 由 JR「加賀溫泉」駅前乘搭「溫泉山中線」北鐵加賀巴士,
　　於「山代溫泉東口」下車,車程約 12 分鐘,車費 ¥250。

②山中溫泉 ～松尾芭蕉鍾愛此地

據說山中溫泉也是由行基高僧發現，開湯至今已有1,300年歷史。於1689年，日本著名俳句詩人松尾芭蕉與弟子曾良曾造訪山中溫泉，芭蕉被這療癒的溫泉和鶴仙溪的絕景深深吸引著，並在他的作品中盛讚此地。除了鶴仙溪的紅葉溪谷美景，在溫泉街中心亦有不少景點如湯氣街道、菊の湯和柏野大杉等。山中漆器和九谷燒都是這裡的名物，如果喜歡日本傳統工藝品，必定大有收穫。

山中溫泉規模也不少，現時約有20間旅館在經營。

📍 石川縣加賀市山中溫泉
📞 +81-761-78-0330 (山中溫泉觀光協會)
🌐 https://www.yamanaka-spa.or.jp/
🚌 由 JR「加賀溫泉」駅前乘搭「溫泉山中線」北鐵加賀巴士，於「山中溫泉」下車，車程約32分鐘，車費 ¥430。

鶴仙溪 ～ 石川縣最美麗的溪谷

鶴仙溪是山中溫泉的重點風景名勝，沿著大聖寺川流全長1.3米的鶴仙溪逛步道散步，從上游的蟋蟀橋、綾取橋再到下游的黑谷橋，沿途可以觀賞碧潭的奇岩美景，細味與松尾芭蕉相關的景點，更可在川床品嘗抹茶甜點，享受寂靜的自然空間。

📍 石川縣加賀市山中溫泉東町1丁目～こおろぎ町
🚌 (1) 由 JR「加賀溫泉」駅前乘搭「山まわり線」CAN BUS，於「山中溫泉 菊の湯・山中座」下車後徒步5分鐘，車程約26分鐘。
(2)(溫泉山中線)「山中溫泉」巴士站徒步3分鐘。

黑谷橋

如果乘巴士到「山中溫泉」下車，可先到最近的黑谷橋，由下游展開逛步道之旅。昔日的黑谷橋是木造橋，而現在的拱形石橋是建於1935年，據說松尾芭蕉對這裡的風景讚不絕口，特別喜歡停留在此。

芭蕉堂

在 黑谷橋下有一座紀念松尾芭蕉的佛堂，內裡供奉著芭蕉像。

綾取橋

紫 紅色呈 S 字型的綾取橋，全長 94.7 米，因設計新穎獨特成為遊客喜愛的打卡點，從橋上眺望的川床和溪谷美景堪稱一絕。

鶴仙溪川床

只 在每年 4 月至 11 月（9:30-16:00）營業的川床，由山中溫泉著名料理長主理的甜點大獲好評。置身在溪流美景之中享用高質茶點，韻味無窮。

必吃美食

「川床セット」包括熱茶和卷蛋，售價 ¥600。如在山中溫泉留宿，可享 ¥100 折扣優惠。名廚出名物，卷蛋蛋味濃郁，口感軟滑，難怪口碑載道，廣獲媒體報導。

蟋蟀橋 （こおろぎ橋）

橫 跨鶴仙溪上游的蟋蟀橋，由全柏木打造的橋身十分雅致，是山中溫泉的象徵，遊客拍照賞景的熱點。

湯氣街道（ゆげ街道）

湯氣街道是由菊の湯開始延伸至蟋蟀橋巴士站約600米長的商店街。街道兩旁有傳統工藝山中漆器、九谷燒、地酒特產、咖啡店及餐廳美食等店鋪，是遊客喜歡流連之地。

必吃美食

湯氣街道上的商店「肉のいづみや」，出售超大人氣的手造可樂餅，即買即炸，外酥內軟，超級美味，時刻大排長龍，只售¥180。

📍 石川県加賀市山中溫泉南町ゆげ街道
🌐 http://yugekaido.jp/

山中溫泉芭蕉の館

建於1905年的芭蕉の館，是山中溫泉最古老的旅館建築。館內展示著松尾芭蕉的資料及山中漆器等珍貴的展品。

📍 石川県加賀市山中溫泉本町2丁目ニ86－1
📞 +81-761-78-1720　　🕐 9:00-17:00
🅒 星期三　　💰 成人¥300，中學生以下免費
🌐 http://basyoyamanaka.com/
🚌 (溫泉山中線)「山中溫泉」巴士站徒步5分鐘。

菊の湯

菊の湯是山中溫泉的總湯，日歸溫泉的代表。菊の湯之名是來自松尾芭蕉在《奧之細道》中的詩句。男女浴場分別在兩座建築物之中，各有深達一米的浴池，可以站立泡湯，女湯門前還有免費足湯設施。

📍 石川県加賀市山中溫泉湯の出町レ1
📞 +81-761-78-4026　　🕐 6:45-22:30　　🅒 年中無休
💰 成人¥490，6歲至12歲¥130，3歲至5歲¥50
🌐 https://www.tabimati.net/spot/index.html
🚌 (1)「山まわり線」CAN BUS「山中溫泉 菊の湯・山中座」下車即到達。
　　(2)(溫泉山中線)「山中溫泉」巴士站徒步8分鐘。

山中座

與 菊の湯女湯相連的山中座，是山中地區傳統藝伎表演歌舞的場地，每逢星期六、日及假期就可以觀賞到《山中節四季之舞》的表演項目。

- 📍 +81-761-78-5523
- 🕐 表演：每逢星期六、日及假期 15:30-16:10
- 💲 成人 ¥700，小學生 ¥350；
  四季之舞＋菊の湯 成人 ¥1,000
- 🌐 https://www.yamanaka-spa.or.jp/yamanakaza/

國分山醫王寺

由 行基高僧創立的醫王寺，供奉著藥師如來以守護山中溫泉，境內的寶物館收藏了不少國家指定重要文化財產的珍貴物品。寺院位於高處，能夠一覽溫泉街的全貌。

- 📍 石川縣加賀市山中溫泉藥師町リ1
- 📞 +81-761-78-1230
- 🕐 8:30-17:00　🅲 年中無休　💲 免費
- 🌐 https://www.tabimati.net/spot/index.html
- 📱 由菊の湯徒步約5分鐘。

栢野大杉

位 於鶴仙溪上游的菅原神社境內的栢野大杉，又被稱為「天覽之大杉」。這棵神木樹幹周長11米，高54米，據說已有2,300年歷史，被指定為國家天然紀念物。

- 📍 石川縣加賀市山中溫泉栢野町ト10－1
- 🚌 由JR「加賀溫泉」駅前乘搭「溫泉山中線」北鐵加賀巴士，於「栢野」下車，車程約46分鐘，車費 ¥560。(由「山中溫泉」上車則需時14分鐘，車費 ¥200)

③ 片山津溫泉 ~ 柴山潟景色如畫

片山津溫泉的源泉是來自柴山潟的湖底，雖然早於 1653 年被大聖寺藩主前田利明發現，但礙於欠缺技術與資金而無法成功開湯，直到明治時期 (1876 年至 1882 年) 才能開墾源泉，並將部分柴山潟填海建造溫泉街。據說柴山潟湖面在每天的不同時段會呈現出 7 種不同顏色，而且在晴朗的日子裡，更可觀賞白山靈峰的倒影。環繞柴山潟湖畔，還散落浮御堂、總湯及雪之科學館等景點，即使作為日歸之旅也有樂趣。

- 📍 石川縣加賀市片山津溫泉　📞 +81-761-74-1123（片山津溫泉觀光協會）
- 🌐 http://www.katayamazu-spa.or.jp/
- 🚌 由 JR「加賀溫泉」駅前乘搭「溫泉片山津線」北鐵加賀巴士，於「片山津溫泉」下車，車程約 11 分鐘，車費 ¥250。

浮御堂（うきうき弁天）

位於湯之元公園對出的柴山潟湖上的浮御堂，別稱うきうき弁天。堂內供奉傳說中的龍神及弁財天神，是片山津溫泉必遊的景點。距離岸邊 400 米的湖面上有一座大型噴泉，定時有噴水表演，晚上更與浮御堂一起亮燈，十分耀眼美麗。遊客可以通過浮棧橋走近浮御堂欣賞各種風景，尤其每年夏季舉行花火大會，這裡就更加熱鬧。

- 📍 石川縣加賀市片山津溫泉乙浮御堂　🕐 24 小時
- 🚌 由 JR「加賀溫泉」駅前乘搭「海まわり線」或「小松空港線」CAN BUS，於「片山津溫泉・湯の元公園」下車後徒步 3 分鐘，車程約 41 / 12 分鐘。

噴水最高可噴至 70 米以上。

砂走公園

位於溫泉街中心的砂走公園，除了有草坪、池畔外，亦有很受歡迎的足湯，是舒適的休憩場所。

鄰近足湯的溫泉配湯所，主要是將不斷湧出的溫泉配送給各旅館。

「足の湯えんがわ」是 100% 來自源泉的免費足湯設施，使用時間：5:00-24:00。

- 📍 石川縣加賀市片山津溫泉砂走公園あいあい広場
- 🕐 24 小時
- 🚌 (1) CAN BUS「片山津溫泉・湯の元公園」巴士站即到達。
  (2)「溫泉片山津線」「片山津溫泉」巴士站徒步 2 分鐘。

加賀片山津溫泉總湯

於 2012 年開館的總湯，是由世界著名建築師谷口吉生設計，大部分外觀由玻璃製成，將柴山潟、天空和樹木的自然風景與周圍的景觀融為一體，製造一個非常治癒的泡湯空間。館內分別有「森の湯」和「潟の湯」，每天男女交替使用；而在景觀絕佳的 Café，可以品嘗到使用當地食材製作的美食。

📍 石川縣加賀市片山津溫泉乙 65－2　　📞 +81-761-74-0550
🕐 6:00-22:00；Café 11:00-16:00　　🅲 年中無休 (Café 有不定休)
💰 成人 ¥490，6 歲至 12 歲 ¥130，3 歲至 5 歲 ¥50
🌐 http://sou-yu.net/
🚌 (1) 由 JR「加賀溫泉」駅前乘搭「海まわり線」CAN BUS，
　　　於「片山津溫泉總湯」下車，車程約 42 分鐘。
　　(2) 由 JR「加賀溫泉」駅前乘搭「溫泉片山津線」北鐵加賀巴士，
　　　於「片山津溫泉總湯前」下車，車程約 12 分鐘，車費 ¥250。

Café 的室內與露天座位皆面向柴山潟美景。

愛染寺

愛 染寺創建於 600 多年前，最初位處在金沢兼六園附近，明治時期片山津溫泉開湯才遷移至此。愛染寺除了是片山津溫泉的守護寺外，也是供奉著姻緣佛「愛染明王」的結緣寺院。這裡的「一心繪馬」是日本首款鑲嵌式的心型繪馬，非常有特色，並已申請專利，所以很多情侶特意前來祈願。

作為結緣寺院，寺內悉心打造各種裝潢，處處浸透出浪漫氣息。

這不是多啦 A 夢的隨意門，而是「幸福之門」。愛染寺正面是柴山潟和白山靈峰，將幸福之門打開便可遙拜白山。

本堂前不但有櫻花盛開，兩旁還掛滿「一心繪馬」，難怪大受情侶歡迎。

📍 石川縣加賀市片山津溫泉 11-3-5　　📞 +81-761-74-0169
🕐 24 小時；幸福之門 6:30-17:00　　🌐 http://aizenji.jp/
🚌 (1)(溫泉片山津線)「片山津溫泉」巴士站徒步 3 分鐘。
　　(2) CAN BUS「片山津溫泉總湯」巴士站徒步 5 分鐘。

中谷宇吉郎雪の科學館 ~ 好玩有趣科學館

中谷宇吉郎 (1900-1962) 是出身於片山津溫泉的著名冰雪研究學者，是世界上第一個成功研製人造雪的科學家。為紀念中谷老師而興建的雪之科學館，除了可以了解他的生平成就外，也可以參觀大量與冰雪相關的科學展品及體驗如何製作雪結晶，十分有趣味。

雪之科學館設計獨特，四周亦滿植櫻花，未入內進已興奮。

- 📍 石川縣加賀市潮津町イ 106
- 📞 +81-761-5-3323
- 🕐 9:00-17:00
- 🅲 星期三（公眾假期照常開放）
- 💰 成人 ¥560，75 歲以上 ¥280，中學生以下免費
- 🌐 https://yukinokagakukan.kagashi-ss.com/

展出的資料和職員主導的實驗均十分吸引，令人獲益不淺。

不少有趣的實驗，實在好玩。

- 🚌 (1) 由 JR「加賀溫泉」駅前乘搭「海まわり線」CAN BUS，於「中谷宇吉郎雪の科學館」下車，車程約 38 分鐘。
  (2) 由 JR「加賀溫泉」駅前乘搭「溫泉片山津線」北鐵加賀巴士，於「雪の科學館前」下車，車程約 16 分鐘，車費 ¥250。

---

④ 粟津溫泉 ~ 北陸最古老溫泉地

據說粟津溫泉是由泰澄大師於 718 年開湯，是北陸地區最古老的溫泉地。雖然在加賀溫泉鄉之中，粟津溫泉規模較小，但這個源自靈峰白山的溫泉湯，硫酸泉質的泉水極具功效，受到不少來自全國各地的溫泉客喜愛。

粟津溫泉總湯

於 2008 年開館的總湯，位於溫泉區的中央，是粟津溫泉的日歸設施。館內分為男湯、女湯，各自只有一個室內浴池，提供無色透明的泉水，以觸感柔滑、美肌見效自豪。

- 📍 石川縣小松市粟津町イ 79-1
- 📞 +81-761-65-1120
- 🕐 8:00-22:00
- 🅲 星期二
- 💰 成人 ¥430，小學生 ¥130，幼兒 ¥50
- 🌐 http://www.komatsuguide.jp/index.php/spot/detail/76/5/1/
- 🚌 「粟津溫泉」巴士站徒步 3 分鐘。

- 📍 石川縣小松市粟津町　📞 +81-761-65-1834（粟津溫泉觀光協會）　🌐 http://www.awazuonsen.com/
- 🚌 (1) 由 JR「加賀溫泉」駅前乘搭「加賀小松線」CAN BUS，於「粟津溫泉」下車，車程約 28 分鐘。
  (2) 由 JR「粟津」駅前乘搭「粟津線（那谷寺方面）」北鐵加賀巴士，於「粟津溫泉」下車，車程約 8 分鐘，車費 ¥220。

⑤ 那谷寺 ~ 著名紅葉奇岩仙境

那谷寺是由泰澄大師於 717 年創立，當時大師親自製作了十一面千手觀音菩薩像，安放在洞內作為白山的鎮守神，並修建了殿堂稱為岩屋寺，直到 986 年才被改名為那谷寺。然而因為戰火之亂，那谷寺於 1555 年被毀於一旦。其後於 1640 年，加賀藩第 3 代藩主前田利常授命重建了岩屋本殿、拜殿、唐門、護摩堂、三重塔、書院及鐘樓，這些建築現已被指定為重要文化財產。那谷寺亦是廣為人知的賞楓名勝，每年秋季寺內的岩山遍佈紅葉，美如人間仙境，所以岩山亦得名「奇岩遊仙境」，是國家指定名勝。真誠推介，秋季必遊那谷寺。

1990 年重建的金堂華王殿，是那谷寺進行所有法事的場所。

- 📍 石川県小松市那谷町ユ 122
- 📞 +81-761-65-2111
- 🕐 9:15-16:00
- 🈺 年中無休
- 💴 成人 (中學生以上) ¥600，小學生 ¥300
- 🌐 http://www.natadera.com/
- 🚌 (1) 由 JR「加賀溫泉」駅前乘搭「山まわり線」CAN BUS，於「那谷寺」下車，車程約 52 分鐘。
  - (2) 由 JR「加賀溫泉」駅前乘搭「加賀小松線」CAN BUS，於「那谷寺」下車，車程約 36 分鐘。
  - (3) 由「粟津溫泉」乘搭「粟津線」北鐵加賀巴士，於「那谷寺」下車，車程約 9 分鐘，車費 ¥190。

本殿又稱為大悲閣，建於岩山腹部洞窟之中，下部架空如舞台般，極具特色。

連接楓月橋的展望台，可將奇岩仙境盡收眼底，令人嘆為觀止。

站在岩山上，又可觀賞到鎮守堂和絕美的「楓景畫」。

松尾芭蕉也曾造訪此地並留下了俳句。

符 さん 助您安排行程：

由金沢前來加賀溫泉，即使乘搭 JR 普通列車，也不過 1 小時，很方便。以上的溫泉區之中，以山中溫泉最熱鬧，因為鶴仙溪確實很受歡迎。建議安排至少兩日一夜遊覽加賀溫泉鄉，放鬆身心，回歸自然。

福井縣

Fukui

福井縣位於中部地區的西北部，北臨日本海，與石川、岐阜、滋賀及京都為鄰。雖然福井縣在中部地區中名氣稍弱，但仍然有值得一遊之地。擁有世界上罕有的「輝石安山岩柱狀節理」的東尋坊、若狹灣的三方五湖和蘇洞門，都是著名的天然景點。北陸唯一的天守閣丸岡城、一乘谷朝倉氏遺跡，歷史價值非凡。作為日本恐龍化石出土最多之地，縣內隨處可見恐龍的裝飾，氣氛十足。越前蟹有蟹王之美稱，越前海岸和敦賀的海鮮市場都是遊客熱門覓食天堂。北陸新幹線於2024年春天延伸至福井和敦賀，交通那麼方便，是時候到福井縣了吧！

🌐 福井縣觀光情報：https://www.fuku-e.com/

福井市及周邊

Fukui City & Suburbs

福井市位於福井縣以北，是縣內最大的城市，作為縣政府的所在地成為主要交通樞紐。福井市最有名氣的景點是全國最具規模的河畔櫻花步道足羽川櫻並木，每年櫻花祭都無比熱鬧。市內重現了400多年前的一乘谷朝倉氏遺跡，成為備受矚目的特別史跡。福井市周邊散落不少著名觀光地，如あわら市的蘆原溫泉、坂井市的丸岡城及東尋坊、勝山市的恐龍博物館等，都是來福井必逛之地。

🚄 (1) JR 新大阪駅 → JR 福井駅
　　(JR 特急サンダーバード号，約 1 小時 50 分鐘，¥6,540(指定席))
　(2) JR 名古屋駅 → JR 福井駅
　　(JR 特急しらさぎ号，約 2 小時 10 分鐘，¥6,210(指定席))
　(3) 名鐵巴士中心 (JR 名古屋駅) → 福井駅東口
　　(名鐵・福井鐵道高速巴士，約 2 小時 50 分鐘，¥3,300)
　(4) JR 金沢駅 → JR 福井駅
　　(JR 特急列車，約 46 分鐘，¥3,470(指定席))
🌐 福井市觀光情報：http://fuku-iro.jp/
　名鐵高速巴士：http://www.meitetsu-bus.co.jp/express/index
　福井鐵道：https://fukutetsu.jp/
　越前鐵道：https://www.echizen-tetudo.co.jp/
　京福巴士：https://bus.keifuku.co.jp/
　勝山市路線巴士：https://www.city.katsuyama.fukui.jp/site/koukyou-koutsu/

① 福井駅恐龍廣場

車站外牆有長 45 米、寬 10 米的巨型恐龍畫作。

3D 恐龍彩繪，立體感十足。

～第一打卡熱點

隨著北陸新幹線於 2015 年開通，福井駅也來重新包裝，在車站西口建設恐龍廣場，突顯其「恐龍王國」的形象以迎接旅客。廣場上設有福井盜龍、福井龍和福井巨龍三具實物大小的恐龍模型，從上午 9 點至晚上 9 點期間每隔 30 分鐘就會活動肢體，栩栩如生。還有車站外牆的巨型恐龍壁畫、3D 恐龍彩繪、恐龍腳印化石等，是到福井的第一打卡位。

三具恐龍前分別設置了各自的腳印化石，是福井出土化石的複製品。

📍 福井県福井市中央 1 丁目
🌐 https://www.pref.fukui.lg.jp/doc/brandeigyou/plaza.html
🚃 JR「福井」駅（西口）即到達。

永見耕己先生友善好客，
用心經營食店，食物水準高，
得到大量食客支持。

② あみだそば 福の井

～越前蕎麥麵名店

福井縣自江戶時代開始已盛產蕎麥麵，名物越前蕎麥麵（越前おろしそば）不但是福井縣的代表美食，而且在縣民心目中比越前蟹更受歡迎。越前蕎麥麵獨特之處是加上大量蘿蔔泥的醬汁，麵條的香甜配合蘿蔔泥的辛辣就是它美味的特徵。在福井車站附近的「あみだそば 福の井」，是品嚐越前蕎麥麵的人氣名店，第二代店主永見耕己先生在十多年前開始跟隨父親造麵，師承其父精湛廚藝，三十來歲已主理這間人氣食店，廣獲縣內縣外食客好評。

「越前おろしそば」售價¥950；
還有「越前おろしそば三味」亦很受歡迎，
三味是指除了蘿蔔泥，還有山芋泥及
Wasabi醬汁，售價¥1,700。

📍 福井県福井市中央1丁目2-1 ハピリン 1F
📞 +81-776-43-0739
🕐 10:30-20:30
🅒 年中無休
🌐 https://www.amidasoba.com/
🚃 JR「福井」駅徒步1分鐘。

「あみだそば 福の井」
位於JR福井駅旁邊的
Happiring商場內。

③ 福井城址

福井城跡是極受歡迎的賞櫻勝地，櫻花會開出石牆外，並映照在護城河中。

福井城建於 1606 年，初代藩主為德川家康的次子結城秀康，城池曾是越前松平家 17 代共 270 年間的居城。昔日的福井城曾有一座高達 37 米的天守閣和三重護城河，十分壯觀，但已毀於大火，現在只剩下石垣和部分護城河。城址內還殘存一個「福の井」，據說就是福井名字的由來。

📍 福井縣福井市大手 3 丁目
🌐 https://fuku-iro.jp/spot/index.html
🕐 24 小時
🚃 JR「福井」駅徒步 5 分鐘。

④ 養浩館庭園

～ 江戶風情日式庭園

在江戶時代被稱為御泉水屋敷的養浩館庭園，是福井藩主松平家的別邸，坐擁優美的書院建築與迴遊式林泉庭園，是江戶中期最具代表性的珍貴名園之一。雖然在 1945 年的福井大空襲中，建築物幾乎全被燒毀，但當地政府認為庭園仍保持完好，所以將其指定為國家名勝，並同時修整園內植物和重建主屋等建築，於 1993 年竣工後對外開放。

庭園造景與園內建築和諧交融，冬末春初梅花及山櫻盛開，秋季楓葉變紅，每季均各有風情。

📍 福井縣福井市宝永 3 丁目 11 - 36
📞 +81-776-20-5367
🕐 9:00-19:00；11 月 6 日至 2 月 9:00-17:00
📅 12 月 28 日至 1 月 4 日
💴 成人 ¥220，中學生以下及 70 歲以上免費
🌐 http://www.fukuisan.jp/ja/yokokan/
🚃 JR「福井」駅徒步 15 分鐘。

櫻花祭期間各式美食攤擋應有盡有。

在日本最大規模的河畔櫻花道上散步，多享受。

⑤ 足羽川櫻並木

買穿福井市中心的足羽川，從木田橋和新明里橋之間約 2.2 公里的堤岸上，廣植了 600 棵櫻花樹，每逢春季形成的粉紅色櫻花隧道何其震撼，除了被選為「櫻花名所 100 選」之一，也是日本最大規模的河畔櫻花步道而聞名。每年 3 月下旬至 4 月中旬舉行的櫻花祭，賞花客蜂擁而至，從早到晚瀰漫著歡樂氣氛。

~ 日本一河畔櫻花步道

📍 福井縣福井市つくもほか 足羽川堤防
🚃 JR「福井」駅徒步 15 分鐘。

---

⑦ 一乘谷朝倉氏遺跡

免費參觀

朝倉館跡是第 5 代當主朝倉義景的宅邸。

一乘谷朝倉氏遺跡位於福井市東南面約 10 公里的地方，是戰國時代朝倉氏 5 代統治越前國歷經 103 年的城下町遺址。於 1573 年，織田信長打敗朝倉氏，並把一乘谷城燒毀。朝倉氏滅亡後，一乘谷被荒廢而埋没在田野之中。直到 1967 年進行發掘調查後，武家宅邸、寺院、町屋、道路等街道景觀幾乎完整地出土，沉睡了 400 多年的遺跡得以重現眼前，具有超凡的歷史價值，因此被指定為國家重要文化財產、特別史跡及特別名勝。

📍 福井縣福井市城戶ノ内町 28-37　📞 +81-776-41-2330（朝倉氏遺跡保存協會）　🕘 9:00-17:00
📅 年末年始　💴 復原町並 成人 ¥330，小 / 中學生 ¥100　🌐 http://www3.fctv.ne.jp/~asakura/

6 足羽山公園

標高 116.5 米的足羽山公園，不但能飽覽福井市的全景，園內也擁有自然史博物館、小型動物園、遊樂園及足羽神社等設施，是大人和小孩都能暢遊玩樂的休閒公園。每年春天全山約 3,500 棵櫻花樹滿開，當中包括足羽神社樹齡 370 年的垂枝櫻，美麗壯觀，是市民喜愛的賞櫻之地。

~櫻花遍山

- 📍 福井県福井市足羽上町・山奥町
- 📞 +81-776-34-1680
  （足羽山公園事務所）
- 🕐 24 小時
- 🌐 https://fuku-iro.jp/spot/index.html
- 🚃 (1) 福井鉄道「足羽山公園口」徒步 5 分鐘。
  (2) JR「福井」駅徒步 25 分鐘。
  (3) 由 JR「福井」駅（西口）4 號巴士站乘搭「清水グリーンライン」（京福）巴士，於「足羽山公園下」下車後徒步 10 分鐘，車程約 6 分鐘，車費 ¥210。

足羽神社

供奉著繼體天皇和坐摩神五柱的足羽神社，是越前歷史最悠久的神社。神社除了有樹齡 370 年的垂枝櫻外，參道中央也有樹齡 420 年的楓樹，均是福井市的天然紀念物。

- 📍 福井県福井市足羽上町 108
- 📞 +81-776-36-0287
- 🕐 24 小時
- 🌐 http://www.asuwajinja.jp/

壯觀的垂枝櫻極受注目，是神社之寶。

復原町並 ~珍貴歷史價值

免費參觀

復原町並是需要付費參觀，這裡是根據發掘出土物品及資料，復原了武家屋敷群，重現了昔日一乘谷城下町的面貌。

一乘谷朝倉氏遺跡面積十分廣闊，可以一邊賞櫻、一邊了解歷史。

🚃 (1) 由 JR「福井」駅乘搭「JR越美北線」，於「一乘谷」駅下車後徒步 25 分鐘，車程約 16 分鐘，車費 ¥240。
(2) 由 JR「福井」駅（西口）5 號巴士站乘搭「一乘谷東郷線（淨教寺方面）」（京福）巴士，於「復原町並」下車，車程約 28 分鐘，車費 ¥680。

體驗朝倉氏歷史的全新設施

於 2022 年 10 月開館的一乘谷朝倉氏遺跡博物館,可以讓遊客深入了解朝倉氏城下町的歷史和全貌。展示室內除了有 500 多件出土文物外,還陳列著許多國家指定的重要文化財產、歷史資料和一乘谷的地形模型等。

館內展示著很有價值的出土文物。

城下町的巨大立體模型是一大看點,不容錯過。

博物館的外觀。

📍 福井縣福井市安波賀中島 8-10
📞 +81-776-41-7700　🕘 9:00-17:00
📅 星期一及年末年始(公眾假期則順延至翌日)
💰 成人 ¥700,75 歲以上 ¥350,
　高校生 ¥400,小 / 中學生 ¥200
🌐 https://asakura-museum.pref.fukui.lg.jp/
🚃 (1) JR「一乘谷」駅徒步 3 分鐘。
　(2) 由 JR「福井」駅(西口)5 號巴士站乘搭
　　「一乘谷東鄉線(淨教寺方面)」(京福)
　　巴士,於「一乘谷朝倉氏遺跡博物館」下
　　車,車程約 24 分鐘,車費 ¥640。

⑨ 一乘瀑布 (一乘滝)

在流經朝倉氏遺跡的一乘谷川的上游,有一落差達 12 米的瀑布傾瀉而下,稱為一乘瀑布。這裡是泰澄大師供奉白山大權現和建立淨教寺的地方而廣為人知,也是劍客佐佐木小次郎(約 1575-1612)修練劍法之地,相傳其「燕返」的獨門絕招就是在一乘瀑布苦練的成果。

📍 福井縣福井市淨教寺町
🚃 由 JR「福井」駅(西口)5 號巴士站乘搭
　「一乘谷東鄉線(淨教寺方面)」(京福)
　巴士,於終點下車後徒步 20 分鐘,車程
　約 34 分鐘,車費 ¥720。

瀑布旁邊豎立了英偉的佐佐木小次郎雕像。

10 蘆原溫泉 （あわら溫泉）

蘆原溫泉開湯於 1883 年，當時被發現在農田灌溉的井中湧出了泉水，其後溫泉旅館陸續開業，成為福井縣首屈一指的溫泉鄉。蘆原溫泉擁有 74 處源泉，現時約有 30 間旅館經營，而每間旅館都各有自己的源泉，可以享受不同的泉質。在溫泉街中心的湯之町廣場，有大型免費足湯設施及屋台村等。這裡鄰近名勝東尋坊，所以成為了許多遊客作為北陸地區觀光的據點。

湯之町廣場。

📍 福井県あわら市溫泉
📞 +81-776-78-6767（あわら市觀光協會）
🌐 https://awara.info/
🚃 (1) 由「福井」駅乘搭「えちぜん鐵道（越前鐵道）三国芦原線」，於「あわら湯のまち」駅下車，車程約 41 分鐘，車費 ¥680。
　 (2) 由 JR「芦原溫泉」駅 2 號巴士站乘搭「東尋坊線」（京福）巴士，於「溫泉街入口」下車，車程約 10 分鐘，車費 ¥290。

あわら溫泉「芦湯」

「芦湯」是湯之町廣場的免費足湯設施，可在 5 個溫泉池中享受 3 種源泉的足湯。

🕐 7:00-23:00　📅 年中無休
🚃 越前鐵道「あわら湯のまち」駅徒步 2 分鐘。

あわら溫泉屋台村「湯けむり横丁」

湯之町廣場上掛著懷舊紅燈籠的屋台村，現時約有 7 間食店經營，提供拉麵、串燒、炸物、鐵板燒等各式美食。

🕐 一般 11:30-14:00 及 17:00-24:00（各店有異）
📅 各店有異
🌐 https://yukemuriyokocho.com/
🚃「芦湯」足湯旁邊。

11 丸岡城 ~北陸唯一天守閣

建於1576年的丸岡城，別名霞城，由戰國時代柴田勝家的侄兒柴田勝豐築城，城堡曾作為本多氏、有馬氏等共17代藩主的居城，至今仍然保持完好。丸岡城是北陸地區僅存的天守閣，歷史價值極高，已被指定為重要文化財產。每年來到櫻花季節，周邊的霞城公園約400棵吉野櫻滿開之時，城堡猶如漂浮在櫻花樹上，夢幻而美麗。

走上天守閣展望台，腳下風光一覽無遺。

📍 福井縣坂井市丸岡町霞町1-59
📞 +81-776-66-0303　🕐 8:30-17:00　📅 年中無休
💴 成人￥450，小／中學生￥150　🌐 https://maruoka-castle.jp/
🚌 (1) 由JR「福井」駅(西口)1號巴士站乘搭「大和田丸岡線」(京福)巴士，於終點站下車，車程約61分鐘，車費￥670。
　　(2) 由「あわら湯のまち駅」／「芦原溫泉駅」乘搭「芦原丸岡永平寺線・芦原丸岡線」(京福)巴士，於「丸岡城」下車，車程約36／19分鐘，車費￥720／￥570。

12 東尋坊 ~世界罕有奇岩景觀

東尋坊位處在越前加賀海岸國定公園範圍內，是國家風景名勝區和天然紀念物。約在1,300萬年前的火山活動後，形成了綿延一公里的岩石絕壁，經過日本海千百年的狂濤巨浪侵蝕，岩石呈現出五角形、六角形的「輝石安山岩柱狀節理」，非常壯觀又罕見，是世界上只有三處地方才有的奇岩景觀，具有珍貴的地質研究價值。遊客可在高達30米的絕壁上行走，非常刺激；也可乘坐遊覽船，在海中多角度欣賞東尋坊的絕景。

📍 福井県坂井市三国町東尋坊
📞 +81-776-82-5515（東尋坊觀光案內所）
🌐 https://kanko-sakai.com/tojinbo/
🚌 (1) 由「三国」駅乘搭「東尋坊線」(京福) 巴士，於
「東尋坊」下車，車程約 9 分鐘，車費￥280。
　※ 福井駅→三国駅（越前鐵道三国芦原線，約 47 分
鐘，￥730）
(2) 由 JR「芦原温泉」駅乘搭「東尋坊線」(京福) 巴
士，於「東尋坊」下車，車程約 40 分鐘，車費￥790。

遊客們紛紛
走出岩石上
打卡拍照，
睇在很興奮。

東尋坊是福井縣
最具代表的觀光地，
遊客眾多，海鮮食店、
Café、紀念品商店
看來生意興隆。

東尋坊觀光遊覽船

半 小時的遊覽
船旅程，可
以近距離觀賞壯
觀的景色，如獅子
岩、蠟燭岩等天然
奇岩，揭開神秘的
面貌，另有體會。

📍 福井県坂井市三国町安島 64-1
📞 +81-776-81-3808　🕘 9:00-16:00；11 月至 3 月 9:00-15:30
📅 12 月 29 日至 1 月 31 日　💰 成人￥1,500，小學生￥750
🌐 http://www.toujinbou-yuransen.jp/

東尋坊塔
（東尋坊タワー）

東 尋坊塔海拔 100 米，展望台
則離地面 55 米高，不僅可
以俯瞰東尋坊全景，也能眺望雄
島、越前海岸和白山連峰等景色。

📍 福井県坂井市三国町安島東尋坊
📞 +81-776-81-3700　🕘 9:00-17:00
📅 12 月 30 日至 1 月 1 日
💰 成人￥500，小學生￥300
🌐 http://www.tojinbo.net/

於 1902 年重建的佛殿，供奉著曹洞宗本尊釋迦牟尼佛。

13 永平寺~日本禪宗修行第一道場

永平寺是曹洞宗的大本山，是由道元禪師於 1244 年創立的坐禪修行道場，坐落於深山幽谷之中，佔地約 33 萬平方米的境內有 70 多座殿堂樓閣，包括作為僧侶修行的法堂、佛殿、僧堂、庫院等七堂伽藍，全寺被樹齡達 680 年的老杉樹環繞，氣氛莊嚴寧靜。寺院現有 150 多名僧侶在修行，是日本寺院裡僧侶人數最多，為日本禪宗修行第一道場而聞名。

永平寺按宋代明川禪寺格局建造，以七堂伽藍為中心，並以迴廊連接其他堂宇建築。

永平寺除了可以參觀古老的建築和感受禪修的氛圍外，美艷的紅葉也相當有名。

📍 福井縣吉田郡永平寺町志比 5-15　　📞 +81-776-63-3102　　🕐 8:30-16:30　　📅 年中無休

💰 成人 ¥500，小／中學生 ¥200　　🌐 https://daihonzan-eiheiji.com/

🚇 (1) 由 JR「福井」駅（東口）1 號巴士站乘搭「永平寺ライナー」（京福觀光特急）巴士，於「永平寺」下車，車程約 28 分鐘，車費 ¥750。

　　(2) 由「永平寺口」駅乘搭「永平寺線」（京福）巴士，於「永平寺」下車後徒步 5 分鐘，車程約 19 分鐘，車費 ¥430。

　　※ 福井駅→永平寺口駅（越前鐵道勝山永平寺線，約 25 分鐘，¥460）

14 福井縣立恐龍博物館

福井縣勝山市是聞名全國的恐龍化石寶庫,於 2000 年在勝山市開館的恐龍博物館,不但是日本最大的恐龍博物館,更是世界三大恐龍博物館之一。在巨大的無柱樑空間裡,展示著在勝山市出土的福井盜龍等 44 具恐龍全身骨骼、化石、1,000 多個標本,以及復原的大型立體模型等,令人大開眼界,如此龐大而珍貴的材料,舉世注目。

多具大型立體模型及骨骼,栩栩如生。

📍 福井県勝山市村岡町寺尾 51－11
📞 +81-779-88-0001
🏛 9:00-17:00
🅒 每月第 2 及第 4 個星期三(公眾假期則順延至翌日,夏季不休息)及 12 月 31 日至 1 月 1 日
💲 成人 ¥1,000,高校生／大學生 ¥800,小／中學生 ¥500

~世界級恐龍博物館

福井県の恐竜

福井縣的恐龍骨骼標本。

🌐 https://www.dinosaur.pref.fukui.jp/
🚌 由「勝山」駅乘搭「市街地中部方面ぐるりん」勝山市 Community Bus,於「恐竜博物館前」下車,車程約 14 分鐘,車費 ¥300。
※ 福井駅→勝山駅(越前鐵道勝山永平寺線,約 54 分鐘,¥770)

符さん助您安排行程:

建議安排三日兩夜遊覽以上景點,可以在福井駅附近及蘆原溫泉各住一天。

越前海岸・越前町

⦿Echizen

提到「越前」兩字，就令我聯想到「越前三寶」：越前海岸自然景觀、越前蟹和越前水仙。越前海岸是福井縣具代表性的風景區，受到長年累月的海蝕風化，綿延的海岸線上佈滿了奇岩怪石，如鉾島，呼鳥門等的天然景觀，是令人讚嘆的大自然藝術品。越前的海鮮漁獲豐富，特別是冬季出產的越前蟹更是頂級美食，遠近馳名。越前海岸還是日本水仙的三大群生地之一，每年冬季在海岸多處山坡上有數萬朵水仙花滿開，嬌美清香，迷住了不少愛花客。

⊕ 越前町觀光情報：https://www.town-echizen.jp/
福井鐵道巴士：https://fukutetsu.jp/bus/timetable.php

越前水仙の里公園

1 鉾島 ～迷你東尋坊

鉾島位於福井市南菅生町，是越前海岸其中一處的自然景觀。因長年受到日本海的巨浪侵蝕而形成了柱狀岩石群，與東尋坊的柱狀節理相同，像是迷你版的東尋坊。鉾島的周長80米、高50米，頂部生長了松樹之外，當地漁民亦將從海上撈獲的不動明王安放在島上供奉，祈願能抵擋風雨及漁獲豐收。

📍 福井県福井市南菅生町・鉾島
🚌 由JR「福井」駅（西口）3號巴士站乘搭「越前海岸ブルーライン（波の華方面）」（京福）巴士，於「鉾島」下車，車程約56分鐘，車費￥730。

2 越前水仙の里公園

～深入認識福井縣花

越前海岸與千葉縣的房總半島及兵庫縣的淡路島，是日本水仙的三大群生地。越前水仙在日本海的寒風和洶湧的海浪下生長，與其他日本水仙花相比，花朵更結實、香氣更濃，作為新年的裝飾花很受歡迎。越前水仙の里公園位處的居倉地區，就是越前水仙的發源地，每年從12月至2月在公園山坡上都盛開著數萬朵水仙花，芬芳漂亮。這裡還有一座圓頂的建築物，內裡是溫室、展覽室和商店，全年都能欣賞到世界各地多個品種的水仙花、與水仙相關的展品和了解栽種水仙的知識。

溫室內有不少珍貴的水仙品種。

📍 福井県福井市居倉町43-25　📞 +81-776-89-2381
🕐 9:00-17:00　🅒 12月29日至1月1日
💴 成人￥310，中學生以下免費（包含越迺故鄉資料館入場費）
🌐 https://www.city.fukui.lg.jp/kankou/index.html
🚃 由JR「福井」駅乘坐的士約1小時。

女士們最愛跟美麗的花朵合照。

各式與水仙相關的展品也很精緻漂亮。

③ 越廼故鄉資料館

越廼故鄉資料館與越前水仙の里公園是共同收費的參館設施。為紀念舊越廼村建村 50 周年而建的資料館內，以五個主題介紹越廼地區近現代生活的面貌、歷史和文化等，展品豐富，資料詳盡，能讓訪客認識越廼村的風土特色。

(越廼ふるさと資料館)

📍 福井縣福井市居倉町 50-1-2
📞 +81-776-89-7100　🕐 9:00-17:00
📅 12 月 29 日至 1 月 1 日
💴 成人￥310，中學生以下免費
　　(包含越前水仙の里公園入場費)
🌐 https://www.city.fukui.lg.jp/kankou/kankou/sisetu/furusatosiryoukan.html
🚶 由「越前水仙の里公園」徒步 20 分鐘。

④ 越前蟹博物館

(越前がにミュージアム)

於 2016 年全新裝修後再度營運的越前蟹博物館，是一座展示越前蟹及越前海岸魚類奧秘的體驗、學習和遊樂設施。館內分為多個部分，包括海遊步道、全景劇場、螃蟹研究室、繪畫水族館和捕魚模擬體驗等，訪客可透過多元化的設施，邊玩邊了解越前海洋生態，接觸螃蟹文化，趣味滿溢。

📍 福井県丹生郡越前町厨 71-324-1　　📞 +81-778-37-2626　　🕐 9:00-17:00

🅒 星期二（公眾假期則順延至翌日，但夏季不休息，而11月至3月只在第2及第4個星期二休息）

💰 成人 ¥500，3歲至小中學生 ¥300　　🌐 https://www.echizenkk.jp/kanimuseum

🚌 (1) 由「福井」駅乘搭「福井鐵道（越前武生行）」，於「神明」駅下車（車程39分鐘，車費 ¥380）。
再由「神明駅」轉乘「鯖浦線」（福井鐵道）巴士，於「道の駅越前」下車（車程約78分，車費 ¥1,170）
（※ 巴士只在平日行駛）。

(2) 由JR「福井」駅乘搭「JR北陸本線」，於JR「武生」駅下車（車程約20分鐘，車費 ¥330）。再
由「JR武生駅前」轉乘「武生越前海岸線（かれい崎行）」（福井鐵道）巴士，於「道の駅越前」
下車（車程約65分鐘，車費 ¥1,130）。

越前蟹博物館海鮮市場

博物館當然有趣好玩，但其附設的海鮮市場
都很有吸引力。越前海岸近越前町一帶
是當地最有名的越前蟹食店集中地，包括這間
海鮮市場在內，除了有售各
種漁市場直送的新鮮海產
外，餐廳還供應各類以
越前蟹為主打的美食，
包括蟹肉丼及燒蟹腳
等，也有供應其他海鮮
菜餚。市場與博物館各
自有出入口，不用購票也
可進出市場。

📍 福井県丹生郡越前町厨 71-324-1

📞 +81-778-37-2500

🕐 9:00-17:00

🅒 星期二

🌐 https://kane1-suisan.com/
oshokuji-uoichi#shop_info

符さん助您安排行程：

前 往越前海岸、越前町的巴士班次很
疏落，所以最好安排自駕一天遊，
兜風賞景吃海鮮。

敦賀市

Tsuruga

敦賀市位於福井縣的中央，是面向日本海側的港口城市，百多年前開港連繫亞洲與歐洲，曾經是日本海陸交通樞紐而繁華起來。於 1999 年為紀念敦賀開港 100 周年，市政府與日本著名漫畫家松本零士 (1938-2023) 合作，將《銀河鐵道 999》及《宇宙戰艦大和號》這兩個作品作為敦賀市的代表，所以在市內可以看到許多漫畫人物的雕像及產品。敦賀有著一份浪漫的氣息，花一天時間來遊覽日本三大松原、到戀の宮賞櫻、散步在滿佈漫畫雕像的街道、品嘗由敦賀港直送的新鮮海產，可以締造一趟開心之旅。

🚄 (1) JR 新大阪駅 → JR 敦賀駅 (JR 特急サンダーバード号，約 1 小時 15 分鐘，¥5,100(指定席))
(2) JR 名古屋駅 → JR 敦賀駅 (JR 特急しらさぎ号，約 1 小時 35 分鐘，¥5,100(指定席))
(3) JR 福井駅 → JR 敦賀駅 (JR 北陸本線，約 52 分鐘，¥990)
🌐 敦賀觀光協會：https://tsuruga-kanko.jp/

觀光周遊巴士「ぐるっと敦賀周遊バス」

遊 覽敦賀市內景點,主要是乘搭巴士前往。除了有一般路線巴士,還有分為觀光路線及購物路線的周遊巴士,均由敦賀駅出發,途經各個主要景點。觀光路線和可以前往海鮮市場的購物路線每天有7班次,而星期六、日及假期的觀光路線會增至12班次。單程車費:成人¥200,小學生¥100。如打算多次乘搭,應購買一日乘車券,憑券也可乘搭路線巴士。

🚌 一日乘車券:成人¥500,小學生¥250　📍 在車上購買
🌐 https://www.city.tsuruga.lg.jp/communitybus/route/route13.html

1 氣比神宮

日本三大木造大鳥居
果真氣派十足。

創 建於702年的氣比神宮,供奉著伊奢沙別命等七位神明,護佑豐夜足食、漁業及交通安全等,是北陸的總鎮守,地位超凡,深受崇敬。神宮擁有一座高11米的大鳥居,是日本三大木造大鳥居之一,被指定為重要文化財產。莊嚴神聖的境內,也豎立了松尾芭蕉像,據說芭蕉曾經到訪此地,並吟詠了著名的俳句。

~日本三大木造大鳥居

※ 日本三大木造鳥居位處:福井縣氣比神宮、奈良縣春日大社及廣島縣嚴島神社。

📍 福井縣敦賀市曙町 11 - 68
📞 +81-770-22-0794
🕐 4月至9月 5:00-17:00;
　 10月至3月 6:00-17:00
🅲 年中無休
💴 免費
🌐 https://kehijingu.jp/
🚃 (1) JR「敦賀」駅徒步15分鐘。
　 (2) 由JR「敦賀」駅乘搭「ぐるっと敦賀周遊バス(觀光路線)」,於「氣比神宮」下車,車程約3分鐘。

曾經被指定為國寶的本殿於 1945 年被戰火燒毀,
現在的本殿及多座建築是在戰後重建。

於 1336 年，新田義貞為守護恒良、尊良兩位親王與足利軍作戰，金ヶ崎城正是當年的戰場，最終戰事慘敗，兩位親王相繼身亡。創建於 1890 年的金崎宮，位處就在金ヶ崎城跡的山腰，供奉著恒良、尊良兩位親王，以戀愛成就、突破難關及開運招福而聞名。神社不但是著名的賞櫻勝地，每年 4 月亦會舉行逾百年歷史的「花換祭」，祈求真愛良緣的人都聚集於此，久而久之金崎宮又被稱為「戀の宮」。

~戀の宮賞櫻名所

由於境內的建築日久破損，本殿及拜殿曾於 1982 年作大規模修葺。

📍 福井県敦賀市金ヶ崎町 1-4
📞 +81-770-22-0938
🕐 24 小時　　💰 免費
🌐 http://kanegasakigu.jp/
🚌 由 JR「敦賀」駅乘搭「ぐるっと敦賀周遊バス（觀光路線）」，於「金崎宮」下車後徒步 5 分鐘，車程約 8 分鐘。

造訪時適逢舉行「花換祭」，即是來金崎宮賞櫻的男女交換櫻花技表達愛意，十分浪漫。

③ 舊敦賀港駅舍

明 治時期的敦賀港，曾是船隻往來日本與俄羅斯之間的主要港口。敦賀港駅就是昔日「歐亞國際連絡列車」的終點站，人們會乘列車來到這裡，再乘船前往俄羅斯後，經西伯利亞鐵路連接歐洲其他國家。為紀念敦賀港開港 100 周年，當地市政府根據原貌重建了車站，並作為敦賀鐵路及敦賀港歷史資料館，於 2009 年免費對外開放。

（旧敦賀港駅舍）

📍 福井県敦賀市港町 1-25　　📞 +81-770-21-0056
🕐 9:00-17:00　　📅 星期三（公眾假期則順延至翌日）及 12 月 29 日至 1 月 3 日　　💰 免費
🌐 https://tsuruga-kanko.jp/spot/history_culture/railway-museum/
🚌 由 JR「敦賀」駅乘搭「ぐるっと敦賀周遊バス（觀光路線）」，於「金ヶ崎緑地」下車，車程約 10 分鐘。

4 敦賀紅磚倉庫

（敦賀赤レンガ倉庫）

昔 日曾作為通往歐洲的門戶而繁榮發展的敦賀港，在港口一帶的舊倉庫鱗次櫛比，營造出獨特的海港氣息。就在敦賀港的東面，有一座建於 1905 年曾用作儲藏石油及昆布等的紅磚倉庫，於 2015 年被改為觀光設施，分為北館的立體模型館及南館的飲食餐廳，成為可以感受歷史文化、品嘗美食的全新觀光地。

🅟 福井県敦賀市金ケ崎町 4-1
📞 +81-770-47-6612
🕐 立體模型館 9:30-17:30；餐廳 9:30-22:00（各店有異）
🅲 星期三（公眾假期則順延至翌日）及 12 月 30 日至 1 月 2 日
💰 立體模型館 成人 ¥400，小學生 ¥200
🌐 http://tsuruga-akarenga.jp/
🚌 由 JR「敦賀」駅乘搭「ぐるっと敦賀周遊バス（觀光路線）」，於「赤レンガ倉庫」下車，車程約 11 分鐘。

5 氣比松原 ~日本三大松原

氣 比松原全長約 1.5 公里，在佔地約 40 萬平方米的土地上，生長著 17,000 棵樹齡超過 200 年的赤松與黑松，氣勢宏大，是日本三大松原之一。蔚藍的大海、潔白的沙灘和青翠的松樹，是大自然編織的美麗風景，敦賀市自豪的勝地。

※ 日本三大松原：福井縣氣比松原、靜岡縣三保松原及佐賀縣虹之松原。

🅟 福井県敦賀市松島町
🚌 (1) 由 JR「敦賀」駅乘搭「ぐるっと敦賀周遊バス（觀光路線）」，於「松原海岸」下車，車程約 15 分鐘。
(2) 由 JR「敦賀」駅乘搭「松原線」路線巴士，於「気比の松原」下車，車程約 12 分鐘，車費 ¥200。

⑥ 日本海さかな街

～必到海鮮市場

日本海さかな街是日本海側最大型的海鮮市場，店舖多達60間，包括有敦賀港直送的海鮮、水產加工、昆布、漬物及菓子店等，也有供應海鮮丼、壽司、烤魚等美食店舖。市場內保留著昭和時代的市街氛圍，店員活力充沛，叫賣聲不絕於耳，遊客可以開心閒逛，選擇最喜愛的美食和商品。

- 📍 福井縣敦賀市若葉町1丁目1531
- 📞 +81-770-24-3800
- 🕙 10:00-17:00；星期六、日及假期 10:00-17:30
- Ⓒ 不定休
- 🌐 https://www.sakanamachi.info/
- 🚌 由JR「敦賀」駅乘搭「ぐるっと敦賀周遊バス（購物路線）」，於「日本海さかな街」下車，車程約10分鐘。

市場內各類海產應有盡有。

海鮮食店也有很多選擇，一定要空肚來啊！

還可以選購各式特產手信，真開心。

符さん有感：

越前蟹是蟹之王者，當地政府為保護產量，只限在冬季捕捉，所以每年在11月至3月下旬才有供應。作為「蟹后」的我，有緣邂逅了「蟹王」，怎可以放過它！記得那次和朋友合資買了3隻已煮熟的越前蟹，走到金ヶ崎綠地，面對著敦賀港的遼闊大海，慢慢品嘗蟹王的味道，肉質鮮甜，蟹膏飽滿，一世難忘。

符さん助您安排行程：

敦賀的景點都很集中，距離不太遠，乘搭周遊巴士安排一天遊最合適。

若狹町・小浜市

Wakasa・Obama

若狹町與小浜市不但海產資源豐富,而且不擁有自豪的自然景勝地。三方五湖和蘇洞門均是若狹灣國定公園的代表性景點,最好不要錯過。瓜割瀑布位於面積廣闊的名水公園內,沐浴在森林之中,細嘗瀑布的優雅意境,喝一口日本名水,清涼透心。

🚄 (1) JR敦賀駅 → JR美浜駅
　　(JR小浜線,約21分鐘,¥330)
　　(2) JR敦賀駅 → JR上中駅
　　(JR小浜線,約50分鐘,¥770)
　　(3) JR敦賀駅 → JR小浜駅
　　(JR小浜線,約66分鐘,¥990)

🌐 若狹町情報:https://www.town.fukui-wakasa.
　lg.jp/index.html
　小浜市觀光情報:https://www.wakasa-obama.jp/
　若狹灣觀光連盟:https://wakasabay.jp/

① 三方五湖・Rainbow Line 山頂公園

三方五湖跨越在美浜町與若狹町之間，屬於若狹灣國定公園的一部分。所謂三方五湖，即是水月湖、久久子湖、菅湖、三方湖及日向湖的總稱。由於這五個湖的深度、海拔、鹽度都不一樣，會呈現出不同的湖色，四季風景變幻多彩，是若狹最著名的賞景名勝。欣賞三方五湖的最佳地方是梅丈岳的 Rainbow Line 山頂公園，漫遊在山頂 5 個天空展望台，可飽覽三方五湖的全景，十分美麗。山頂上還有足湯、神社、Café 等設施，可以度過輕鬆的時光。因為沒有巴士到達山頂公園，遊客必須駕車或乘的士經 Rainbow Line 道路前往，單車及徒步是不能進入的。

遊客購票後，可選擇乘坐吊椅或纜車上山頂公園，需時 2 分鐘。

山頂公園是戀人之聖地，談情說愛的好地方。

還有不少與愛情相關的雕刻品，處處都是打卡位。

📍 福井縣三方上中郡若狹町気山 18-2-2
📞 +81-770-45-2678
🕐 9:00-17:00；12 月至 2 月 9:00-16:30
📅 年中無休（年檢時或會休息）
💴 成人（中學生以上）¥1,000，65 歲以上 ¥900，小學生 ¥500
🌐 http://www.mikatagoko.com/
🚃 JR「美浜」駅乘搭的士約 15 分鐘。

和合神社護佑夫妻、子女、情侶、朋友等能和諧共處。

在山頂上可以 360 度觀賞四周風光，三方五湖一覽無遺，景色絕美。

② 瓜割瀑布 ~ 全國名水第 2 位

若狹町著名的瓜割瀑布，位於若狹瓜割名水公園內，由於水溫冰冷清澈，被形容為冷得連瓜都能裂開而得名。瓜割瀑布落差不大，它有別於一般瀑布的磅礡氣勢，其吸引之處是瀑布流淌在長滿青苔的岩石間所呈現出的意境。這裡的湧水更獲日本環境省選為「日本名水 100 選」之一，含有高純度礦物質，除了可直接飲用，據說用來沖調咖啡、泡茶等也特別味美。

📍 福井県三方上中郡若狹町天德寺 37 - 1 若狹瓜割名水公園
📞 +81-770-62-0186（名水の里）　🕐 24 小時
💰 免費　🚃 JR「上中」駅徒步約 15 分鐘。

名水公園面積廣闊，除了有庭園、繡球花廣場外，還有泰澄大師開山的天德寺。

名水真的很受歡迎，很多人專程來取水，一箱又一箱，很誇張。
取水前要先到名水の里店鋪，支付 ¥300（清掃協力費）購買貼紙貼在容器上，就可以帶走天然礦泉水。

341

③ 蘇洞門 ～若狹灣屈指名勝

蘇洞門位於小浜市內外海半島北側的海岸，長年累月經日本海驚濤駭浪的沖擊侵蝕下，創造了綿延約6公里的奇岩絕壁，是若狹灣國定公園的代表景點，也被指定為國家名勝。觀賞蘇洞門的雄偉景觀，乘坐遊覽船是唯一的方法。在60分鐘的海上巡遊中，可近距離欣賞地獄門、唐船島、網掛岩、夫婦龜岩、大門及小門等多個天然雕刻品。

大門與小門是蘇洞門的代表景觀。

蘇洞門遊覽船

遊 覽船從若狹漁人碼頭出發，航程60分鐘，每日有5班次，冬季休息。

📍 營業時間：9:30-15:30
🅲 12月至2月
💲 成人 ¥2,200，小學生 ¥1,100
🌐 https://www.wakasa-fishermans.com/sotomo

若狹漁人碼頭

來 到蘇洞門除了乘船賞景，別忘記到漁人碼頭的大樓內逛逛。樓高兩層的建築內，1樓有特產手信、鮮魚和壽司的外賣專區；2樓則是餐廳「海幸苑」，供應各式海鮮美食。

📍 福井県小浜市川崎1-3-2
📞 +81-770-52-3111
🕐 8:30-17:00；12月至3月 9:00-17:00
🅲 12月至31日及1月1日（個別店舖有不定休）
🌐 http://www.wakasa-fishermans.com/
🚃 JR「小浜」駅徒步約15分鐘。

符さん助您安排行程：

以 上景點均是乘搭 JR 小浜線前往，由敦賀出發很方便，建議以敦賀作為住宿據點，安排三日兩夜遊覽敦賀和若狹。

日本中部 符さん日・記

作　　者：符さん
設　　計：Liz Hung
出　　版：朝日文化出版社有限公司
　　　　　GLORY JAPAN PUBLISHING LIMITED
地　　址：香港葵涌和宜合道 109 號長榮工業大廈 6 樓
電　　郵：info@gloryjapan.com.hk
發　　行：泛華發行代理有限公司
地　　址：香港將軍澳工業邨駿昌街七號二樓
印　　刷：高科技印刷集團有限公司
國際書號：978-988-76410-2-5
版　　次：2023 年 7 月 (第一版)
定　　價：港幣 $118

香港出版　Published & Printed in Hong Kong

© 版權所有 翻印必究
未經本公司授權，不得作任何形式的公開借閱。

本刊物之所有內容全屬朝日文化出版社有限公司擁有，並受國際公約及香港法律保障。嚴禁未得出版人及原作者書面同意以任何形式或途徑（包括利用電子、機械、影印、錄音等方式）對本刊物的文字（包括中文或其他語文）或插圖等作全部或部分抄襲、複製、翻版、改編、翻譯或傳播，或將此刊物儲存於任何檢索庫存系統內，或指使、授權、協助他人作上述行為。

本刊物出售條件為購買者不得將本刊物租賃營利，亦不得將原書部分分割出售。

本書如有缺頁或破損，請與本公司聯絡。